仕事の成果がみるみる上がる！

ひとつ上の
エクセル
大全
たいぜん

きたみあきこ

青春出版社

はじめに

「この集計作業、同じことの繰り返しでいつも大変…」
「データから売れ行きの傾向を読みとりたい！」

このように、エクセルを自動化やデータ分析など、"ひとつ上"の目的にも活用したい人は多いでしょう。

本書では、既刊の『エクセルの裏ワザ・基本ワザ大全』（青春出版社）の発展型として、ビジネスシーンに欠かせない「関数」「データ分析」「マクロ」の3分野に的を絞り、便利ワザや上級ワザを紹介していきます。

関数編では、関数の入力方法やセルの参照などの基本から始めて、約80の実用的な関数を解説します。これで実務は万全、という選りすぐりのものです。

データ分析編では、データベースの基本操作はもちろん、Zチャート、ヒストグラム、パレート図といった定番の分析グラフの作成方法、ピボットテーブルを使用した集計など、データ分析機能を徹底的に盛り込みました。

マクロ編では、エクセルの定型的な単純作業を自動化することを目標に、マクロの作成方法やマクロを編集するための文法を紹介しています。

解説はエクセル2016、2013、2010、2007の4バージョンに対応。基本的にエクセル2016の画面を使って説明していますが、バージョンによって操作方法が異なる場合はそれも併記しています。

本書が、読者のみなさまがエクセルをさらに活用できる一助になれば幸いです。

きたみあきこ

仕事の成果がみるみる上がる!
ひとつ上のエクセル大全

CONTENTS

第1章 [関数編] まずは関数を使いこなすための予備知識

A 関数の基本

[1-1] 数式の仕組みを知る ……… 22

[1-2] 関数の仕組みを知る ……… 23

[1-3] 関数を入力するには ……… 24

[1-4] 関数を直接入力するには ……… 25

B セル参照

[1-5] 数式をコピーするには ……… 26

[1-6] 数式をコピーしたら書式が崩れてしまった！ ……… 27

[1-7] セル番号を変化させずに数式をコピーするには ……… 28

[1-8] 行方向だけ、または列方向だけを固定するには ……… 30

[1-9] ほかのシートのセルを参照するには ……… 31

[1-10] テーブルのセルを参照するには ……… 32

[1-11] セルに名前を付けて関数で利用するには ……… 33

[1-12] 名前の参照範囲を変更するには ……………………… 34

C 数式のエラー

　　[1-13] エラー値の意味を知る ……………………………………… 36
　　[1-14] エラーインジケーターを消したい！ ……………………… 37

D 関数の互換性

　　[1-15] 関数の互換性に関する注意 ……………………………… 38

第2章 [関数編] 関数を利用して集計する
——合計・平均・カウント・etc.

A 合計

　　[2-1] 合計を求めるには …………………………………………… 40
　　[2-2] あとから追加したデータも自動で合計に加えたい！ …… 41
　　[2-3] 累計を求めるには …………………………………………… 42
　　[2-4] 特定の商品の売上だけを合計するには ………………… 43
　　[2-5] 「○以上」という条件で合計を求めるには ………………… 44
　　[2-6] 「○○を含む」という条件で合計を求めるには ………… 45
　　[2-7] 「AまたはB」という条件で合計を求めるには ………… 46
　　[2-8] 「AかつB」という条件で合計を求めるには …………… 47

[2-9]「○以上△以下」の条件で合計を求めるには ……… 48

[2-10]クロス集計表を作成するには ……… 49

[2-11]小計と総計を求めるには ……… 50

[2-12]オートフィルターの抽出結果を集計したい ……… 52

[2-13]月ごとに集計するには ……… 53

B 平均

[2-14]平均値を求めるには ……… 54

[2-15]文字データを「0」として平均を求めたい ……… 55

[2-16]顧客区分ごとに年齢の平均を求めるには ……… 56

[2-17]複数の条件で平均を求めるには ……… 57

[2-18]「0」を除外して平均を求めたい ……… 58

[2-19]上下○%を除外して平均を求める ……… 59

C カウント

[2-20]数値データをカウントするには ……… 60

[2-21]入力済みのセルをカウントする ……… 61

[2-22]空白のセルをカウントするには ……… 62

[2-23]顧客区分ごとに人数を調べるには ……… 63

[2-24]複数の条件に合致するデータをカウントするには …… 64

[2-25]オートフィルターで抽出された件数を調べたい ……… 65

D 最大値・小さい値

[2-26] 最大値／最小値を求めるには ……………………… 66

[2-27] 大きいほうや小さいほうの数値を求めるには ……… 67

E 順位

[2-28] 順位を求めるには ……………………………………… 68

[2-29] 同じ数値に異なる順位を付けるには ………………… 69

[2-30] ベスト5の数値を調べるには ………………………… 70

[2-31] ワースト5の数値を調べるには ……………………… 71

[2-32] 氏名入りの順位表を作成するには …………………… 72

F ばらつき

[2-33] 母集団のデータから分散を求めるには ……………… 74

[2-34] 標本のデータから分散を推定するには ……………… 75

[2-35] 母集団のデータから標準偏差を求めるには ………… 76

[2-36] 標本のデータから標準偏差を求めるには …………… 77

[2-37] 偏差値を求めるには …………………………………… 78

[2-38] 中央値を求めるには …………………………………… 79

G データベース関数

[2-39] 条件表で指定した条件で合計を求めるには ………… 80

[2-40] 条件に応じて平均やデータ数、最大値を求めたい …… 82

[2-41] 完全一致／部分一致の条件を指定するには ………… 84

第3章 [関数編] データ操作の極意
端数も日付も文字列も自由自在

A 数値計算

[3-1] 割り算の整数商と余りを求める ……………………… 86

[3-2] べき乗や平方根を求めるには ………………………… 87

B 端数処理

[3-3] 数値を四捨五入するには ……………………………… 88

[3-4] 数値を切り上げ／切り捨てする ……………………… 89

[3-5] 小数点以下を切り捨てて簡単に整数にするには …… 90

[3-6] 税込価格と本体価格を互いに求めるには …………… 91

[3-7] 数値を「500円単位」で切り上げ／切り捨てするには … 92

[3-8] 数値を「500円単位」で丸めるには …………………… 93

[3-9] ケース単位の発注数を求める ………………………… 94

C 財務計算

[3-10] 住宅ローンの毎月の返済額を試算する …………… 96

[3-11] 返済可能な資金からマイホームの予算を決める ……… 97

D 日付と時刻

[3-12] シリアル値って何？ ……… 98

[3-13] 現在の日付と時刻を表示するには ……… 99

[3-14] 日付を年月日に分解するには ……… 100

[3-15] 年月日から日付データを作成するには ……… 101

[3-16] 前月末、当月末、翌月末の日付を求めるには ……… 102

[3-17] 翌月10日の日付を求めるには ……… 103

[3-18] 土日祝日を除いて3営業日後の日付を求めたい ……… 104

[3-19] 15日締め翌月10日払いの
引落日（営業日）を求めたい ……… 105

[3-20] 土日以外を定休日として3営業日後を求めたい ……… 106

[3-21] 土日祝日を除いた期間の営業日数を求めたい ……… 108

[3-22] 土日以外を定休日として営業日数を求めたい ……… 109

[3-23] 日付から曜日番号を求める ……… 110

[3-24] 日付の隣のセルに曜日を表示するには ……… 111

[3-25] 勤務時間を計算するには ……… 112

[3-26] 生年月日から年齢を求めるには ……… 114

E 文字列操作

[3-27] セルに入力した氏名からふりがなを取り出したい … 115

[3-28] 全角／半角を統一するには …… 116

[3-29] 大文字と小文字を統一するには …… 117

[3-30] 文字列から部分的に文字列を取り出すには …… 118

[3-31] 文字列を別の文字列で置き換えるには …… 119

[3-32] 氏名から「氏」と「名」を取り出したい …… 120

[3-33] 住所から都道府県を取り出すには …… 122

[3-34] 全角スペースと半角スペースを統一するには …… 124

[3-35] 単語間のスペースを1つ残して削除するには …… 125

[3-36] セル内改行を削除して
各行をスペースでつなげたい …… 126

第4章 [関数編] 条件分岐と表引き
複雑な処理も関数を使えば簡単

A 条件分岐

[4-1] 金額に応じて送料を切り替えるには …… 128

[4-2] 得点に応じて「A」「B」「C」の3段階に
ランク分けするには …… 129

[4-3] 「かつ(AND)」でつないで複数条件を指定するには … 130

[4-4]「または(OR)」でつないで複数条件を指定するには … 131

B 表引き

[4-5] 指定した品番の商品名を表から転記するには ……………… 132

[4-6] 別シートにある表から商品名を転記するには ……………… 133

[4-7] コピーしたときにエラーが表示されない
　　　見積書を作る！ …………………………………………… 134

[4-8] 追加した商品も自動で検索範囲に含めるには ……………… 136

[4-9]「○以上△未満」の条件で表を検索するには ……………… 138

[4-10]「1、2、3…」の番号に応じて
　　　表示を切り替えるには …………………………………… 139

[4-11] 2次元のクロス表からデータを転記するには ………… 140

[4-12] 指定したシートからデータを転記するには …………… 142

第5章 [データ分析編] データベース機能の利用
——並べ替え・抽出・テーブル

A データ管理

[5-1] データベースって何？ ……………………………………… 144

[5-2] 顧客リストから特定の顧客データを検索するには …… 145

[5-3]「(株)」と「（株）」を「株式会社」に統一する ……………… 146

[5-4] 目的外のデータまで置換されてしまった！ ……… 147

[5-5] 半角と全角、大文字と小文字。
　　　文字種を統一するには ……… 148

[5-6] 重複データをチェックするには ……… 150

[5-7] 重複している行を削除するには ……… 151

B　並べ替え

[5-8] データを並べ替えるには ……… 152

[5-9] 漢字データの並べ替えがうまくいかないときは ……… 153

[5-10] 複数の条件で並べ替えるには ……… 154

[5-11] 都道府県順、部署順…独自の並び順を登録する ……… 156

[5-12] 独自に決めた順序で並べ替えるには ……… 158

C　抽出

[5-13] オートフィルターを設定するには ……… 160

[5-14] 表から特定のデータだけを抽出するには ……… 161

[5-15] 部分一致の条件でデータを抽出するには ……… 162

[5-16]「○以上△以下」の条件でデータを抽出するには ……… 163

[5-17] 売上トップ5の社員を抽出するには ……… 164

[5-18] 黄色のセルを抽出するには ……… 165

[5-19] 条件表に指定した条件で抽出するには ……… 166

[5-20] 商品リストから仕入先を重複なく抜き出すには ……… 168

D テーブル

[5-21] 表をテーブルに変換するには ……………………… 169

[5-22] スライサーを利用して抽出するには
(2016/2013) ……………………………………… 170

[5-23] テーブルに集計行を追加するには ………………… 172

E テキストファイル

[5-24] テキストファイルをエクセルで開くには ………… 173

[5-25] ウィザードを使ってCSVファイルを開くには ……… 176

第6章 [データ分析編] データを可視化する ──条件付き書式・グラフ

A 条件付き書式

[6-1] 売上の少ない支店に色を付けて目立たせる ………… 178

[6-2] 数値の傾向をひと目で把握したい ………………… 180

B グラフの基本

[6-3] グラフを作成するには …………………………… 182

[6-4] グラフの構成要素を知る ……………………………… 184

[6-5] グラフの凡例項目と横軸の項目を入れ替えるには …… 185

[6-6] データ分析に効果的なグラフの種類 ………………… 186

[6-7] 数値軸を調整して折れ線の変化を強調するには ……… 188

[6-8] 棒を1本だけ違う色にして目立たせたい …………… 189

[6-9] 棒グラフの棒を太くしたい ………………………… 190

[6-10] 横棒グラフの並び順が表とは逆になってしまう！ … 191

[6-11] 円グラフにパーセンテージを表示するには ………… 192

[6-12] 円グラフの扇形を切り離して目立たせたい ………… 193

C 分析グラフ

[6-13] レーダーチャートでバランスを表す ……………… 194

[6-14] Zチャートで長期的な傾向を明らかにする ………… 196

[6-15] ヒストグラムでデータの分布を表す ……………… 200

[6-16] 散布図で相関関係を分析する ……………………… 206

[6-17] パレート図でABC分析をする …………………… 210

第7章 [データ分析編] 大量のデータも瞬時に集計 ──小計・統合・ピボットテーブル

A 集計と統合

[7-1] 各シートの表を串刺し集計したい ……… 216

[7-2] 各シートに作成した表を1つの表に統合したい ……… 218

[7-3] 同じ項目ごとに小計行を挿入してデータを集計！ ……… 220

B ピボットテーブルの基本

[7-4] ピボットテーブルの概要 ……… 222

[7-5] ピボットテーブルを作成するには ……… 225

[7-6] ピボットテーブルの数値を見やすくするには ……… 228

[7-7] 元データの変更をピボットテーブルに反映させる ……… 230

[7-8] ピボットテーブルの集計項目を変更するには ……… 232

[7-9]「商品分類」と「商品」の2階層で集計するには ……… 236

C グループ化と並べ替え

[7-10] 四半期単位や月単位で集計するには(2016) ……… 238

[7-11] 四半期単位や月単位で集計するには
(2013/2010/2007) ……… 243

[7-12] 総計額の高い順に並べ替えるには ……… 246

[7-13] 自由な位置に並べるには ……………………………………… 247

[7-14] ピボットテーブルを独自の順序で並べ替えるには … 248

D ピボットテーブルで抽出

[7-15] ピボットテーブルの表示項目を絞り込むには ………… 250

[7-16] 3次元集計で集計対象のデータを絞り込むには ……… 252

[7-17] スライサーで集計対象を絞り込むには
   (2016/2013/2010) ……………………………………… 254

[7-18] タイムラインで集計対象を絞り込むには
   (2016/2013) …………………………………………… 256

[7-19] 集計項目を展開して内訳を分析するには ……………… 258

[7-20] 特定の集計値の元データを確認するには ……………… 260

E ピボットテーブルで計算

[7-21] ピボットテーブルで
   データ数や平均値を求めるには …………………………… 261

[7-22] 総計行や総計列を基準に売上構成比を求めるには … 264

[7-23] 前月比を求めるには ……………………………………… 266

[7-24] 累計を求めるには ………………………………………… 268

F ピボットグラフ

[7-25] ピボットグラフを作成して分析するには ……… 270

第8章 [データ分析編] 便利機能を徹底活用
──回帰分析とシミュレーション

A シミュレーション

[8-1] ゴールシークを利用して逆算する ……… 274

[8-2] 予測シートを使用して今後の売上を予測する
（2016）……… 276

B 回帰分析

[8-3] 単回帰分析を行う ……… 280

[8-4] 重回帰分析を行う ……… 284

[8-5] 分析ツールを利用して回帰分析を行う ……… 288

第9章 [マクロ編] 自動化の基本
──マクロの記録と基本構文

A マクロの準備

[9-1] マクロって何？ ……… 292

[9-2] マクロ作成の環境を整える ……………………………… 294

B 基本操作

[9-3] 記録機能を利用してマクロを作る ……………………… 296

[9-4] マクロを含むファイルを開くには ……………………… 301

[9-5] マクロを実行するには ………………………………… 302

[9-6] ワークシートに実行用のボタンを配置するには ……… 304

[9-7] クイックアクセスツールバーに
　　　ボタンを配置して実行！ ………………………………… 306

[9-8] VBEを起動／終了するには …………………………… 308

[9-9] マクロを編集するには ………………………………… 310

[9-10] マクロをイチから作成したい！ ……………………… 314

[9-11] エラーが発生したときは ……………………………… 318

C 基本構文

[9-12] オブジェクトとメソッド、プロパティ ……………… 320

[9-13] マクロ実行時に入力画面を表示するには …………… 322

[9-14] 変数を使用するには ………………………………… 324

[9-15] 条件が成立するかどうかで処理を分けるには ……… 328

[9-16] 処理を繰り返し実行するには ………………………… 332

[9-17] 汎用性を高めるセルの指定方法 ……………………… 336

第10章 [マクロ編] マクロを活用するとできること

A 実用マクロ

[10-1] ふりがなのないセルにふりがなを一括作成する ……… 340

[10-2] ひらがなや半角カタカナを一気に全角カタカナに変換！ ……… 342

[10-3] ワンクリックで表が並べ替えられるようにする ……… 344

[10-4] セルに入れた文字を条件に抽出を実行する ……… 347

[10-5] 四半期ごとに小計表を挿入する ……… 350

[10-6] 4行単位で横罫線が点線となる罫線を引く ……… 353

[10-7] 納品書のデータを一覧表に転記する ……… 356

付録1
マクロ例文集 ……… 360

付録2
関数索引 ……… 370

索引 ……… 378

○サンプルデータをダウンロードできます○

本文中で解説に使用しているエクセルのデータを、下記の青春出版社サイトより無料でダウンロードできます。操作手順を確認しつつ本書を読み進めていけば、より理解が深まるでしょう。データはzip形式で圧縮されているので、ダウンロード後に解凍してご利用ください。

http://www.seishun.co.jp/exceltaizen02/

本書の内容は、2016年12月時点における「Windows 10」「Excel 2016」という環境で制作し、動作を検証しています。これらの情報は変更・更新される可能性があるため、本書の説明と実際の画面に相違が出てくることもあります。あらかじめご了承ください。

第 1 章
[関数編]

まずは関数を使いこなすための予備知識

A　関数の基本……22
B　セル参照……26
C　数式のエラー……36
D　関数の互換性……38

関数の基本 1-1 数式の仕組みを知る

以下の決まりに従ってセルに数式(計算式のこと)を入力すると、セルに計算結果が表示される。

・「=計算式」の形式で入力する。
・記号やセル番号は半角文字で入力する。

例えば、「=B2*C2」と入力すると、セルB2の値とセルC2の値を掛け算できる。

数式を入力するセルD2を選択して、「=」を入力。セルB2をクリックすると、数式は「=B2」になる。続いて、「*」を入力し、セルC2をクリックすると、数式は「=B2*C2」になる。「Enter」キーを押すと、セルD2に計算結果が表示される。セルD2を選択すると、数式バーに数式が表示される。

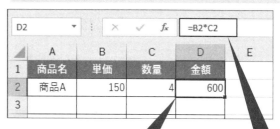

数式を入力して「Enter」キーを押すと、計算結果が表示される

セルに入力した数式は数式バーに表示される

●よく使う演算子

	数式	結果
+	=3+2	5 (足し算)
-	=3-2	1 (引き算)
*	=3*2	6 (掛け算)

	数式	結果
/	=3/2	1.5 (割り算)
^	=3^2	9 (べき乗)
&	="A" & "B"	AB (文字列結合)

関数の基本 1-2 関数の仕組みを知る

関数とは、「引数(ひきすう)」と呼ばれるデータをもとに、計算や加工を行う仕組みのことだ。セルに関数を入力すると、その結果が表示される。例えば、セルにSUM(サム)関数を入れると、引数の数値の合計が求められる。また、UPPER(アッパー)関数を入れると、引数の英字を大文字に変換できる。エクセルには多数の関数が用意されており、引数の種類や数は関数によって決められている。

第1章 まずは関数を使いこなすための予備知識

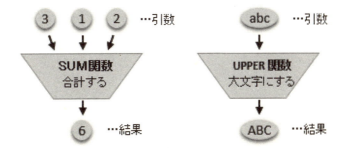

●関数の書式

```
=関数名(引数1, 引数2, …)
=SUM (3,1,2)
=UPPER ("abc")
```

セルに関数を入力するときは、「=関数名」に続けて、半角のカッコの中に引数を入力する。引数が複数ある場合は、半角のカンマ「,」で区切る。引数に文字列を指定するときは、文字列をダブルクォーテーション「"」で囲む。

Column　省略可能な引数もある

引数には指定が必須なものと省略可能なものがある。本書では、省略可能な引数を角カッコ「[ ]」で囲んで表記する。

1-3 関数を入力するには

「数式」タブには関数入力用のボタンが用意されている。関数を選ぶと引数の入力画面が開き、簡単に関数を入力できる。

ここでは、LEFT関数を使用して、セルB1の文字列から先頭2文字を抜き出す。まず、❶関数を入力するセルを選択して、❷「数式」タブの❸「文字列操作」→❹「LEFT」を選ぶ。「関数の引数」画面が表示されたら、❺引数「文字列」に「B1」、❻引数「文字数」に「2」を入力して、❼「OK」をクリックする。

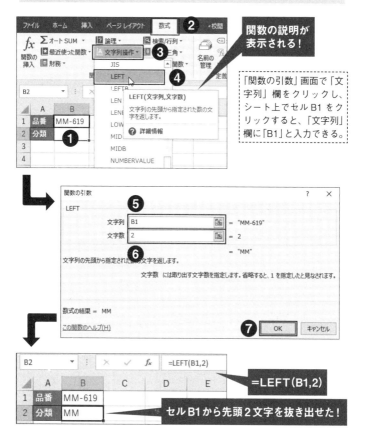

関数の説明が表示される!

「関数の引数」画面で「文字列」欄をクリックし、シート上でセル B1 をクリックすると、「文字列」欄に「B1」と入力できる。

=LEFT(B1,2)

セル B1 から先頭2文字を抜き出せた!

関数の基本 1-4 関数を直接入力するには

関数の最速の入力手段は、キーボードから手入力する方法だ。入力の際に入力補助機能が働くので、つづりや構文がうろ覚えでも安心して入力できる。

ここでは、LEFT関数を使用して、セルB1の文字列から先頭2文字を抜き出す。❶半角で「=L」を入力すると、「L」から始まる関数が一覧表示される。❷「↓」キーで「LEFT」に合わせて「Tab」キーを押すか、直接「LEFT」をダブルクリックする。

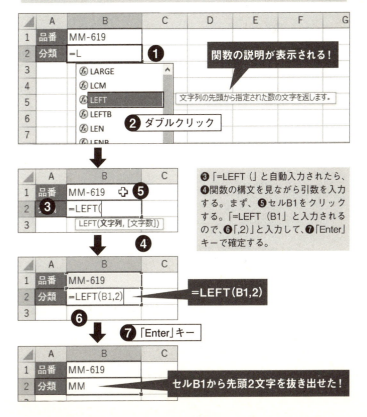

❸「=LEFT（」と自動入力されたら、❹関数の構文を見ながら引数を入力する。まず、❺セルB1をクリックする。「=LEFT（B1」と入力されるので、❻「,2）」と入力して、❼「Enter」キーで確定する。

第1章 まずは関数を使いこなすための予備知識

セル参照 1-5 数式をコピーするには

表に数式を入れるには、オートフィルが便利だ。先頭のセルに数式を入力し、フィルハンドルをドラッグしてオートフィルを実行すると、先頭の数式を隣接するセルに素早くコピーできる。コピーした数式中のセル番号は自動的にずれるので、コピー先でも常に正しい計算結果が得られる。

❶「金額」欄のセルD2を選択する。❷このセルに入力されている「=B2*C2」という数式をコピーするには、❸セルD2の右下隅のフィルハンドルにポインターを合わせ、ドラッグする。

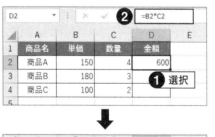

数式をコピーすると、数式中のセル番号はコピー先の位置関係に応じて自動的に変化する。例えば、「=B2*C2」を1行下に移動すると、行番号に「1」が加算されて「=B3*C3」になる。

数式をコピーできた！

セル参照 1-6 数式をコピーしたら書式が崩れてしまった！

オートフィルを使用して数式をコピーすると、先頭のセルに設定されていた書式も一緒にコピーされる。そのため、縞模様や罫線が崩れてしまい、驚くことがある。そんなときは、「書式なしコピー」を実行して、元の書式に戻せばよい。

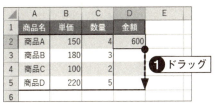

❶数式をオートフィルでコピーしたら、書式が崩れてしまった。❷「オートフィルオプション」ボタンをクリックし、❸「書式なしコピー（フィル）」をクリックすると、書式が元に戻る。

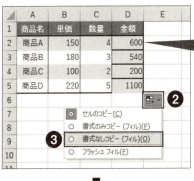

縞模様や罫線が崩れた！

元の表の書式に戻った！

セル参照 1-7 セル番号を変化させずに数式をコピーするには

数式をコピーすると、コピー先の位置関係に応じて数式中のセル番号が自動でずれる。そのようなセル番号の指定方法を「相対参照」と呼ぶ。[1-5]（P26）で紹介したように、たいていの場合はセル番号がずれることで計算がうまくいく。

ところが、下の例のように、セル番号がずれるとエラーになることもある。セル番号をずらしたくないときは、「絶対参照」で指定してセル番号を固定しておこう。行番号と列番号の前にそれぞれ「$」記号を付けると、絶対参照になる。

●相対参照で計算した失敗例

❶「=B2/B5」という数式を立てて、各人数を合計人数で割って割合を計算した。❷この数式をオートフィルでコピーすると、❸コピー先でエラーが出てしまう。コピー先でセル「B5」が「B6」「B7」とずれてしまい、正しい合計人数で割れないためだ。

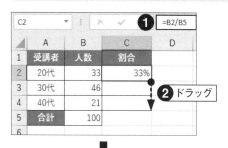

「割合」欄のセルを選択して、「ホーム」タブの「パーセントスタイル」ボタンをクリックすると、計算結果がパーセント表示になる。

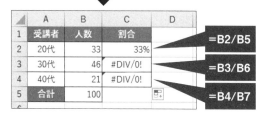

●絶対参照で計算した成功例

数式を入れ直そう。❶「=B2/B5」まで入力できたら、❷「F4」キーを押す。すると、セルB5が絶対参照になって、❸数式が「=B2/$B$5」になる。❹数式を入れたセルを、オートフィルでコピーする。

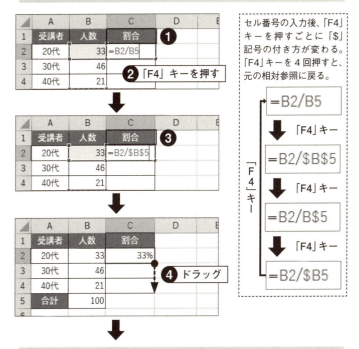

相対参照で指定した「人数」のセルは「B2」「B3」「B4」と変化するが、絶対参照で指定した「合計人数」のセルは「$B$5」に固定され、それぞれの人数を常に正しい合計人数で割ることができる。

セル参照 1-8 行方向だけ、または列方向だけを固定するには

[1-7] (P28) で紹介した相対参照 (「A1」形式) と絶対参照 (「$A$1」形式) のほかに、行または列のみを固定する「複合参照」がある。行のみに「$」を付けて「A$1」形式で指定すると、コピー時に行を固定できる。また、列のみに「$」を付けて「$A1」形式で指定すると、列を固定できる。

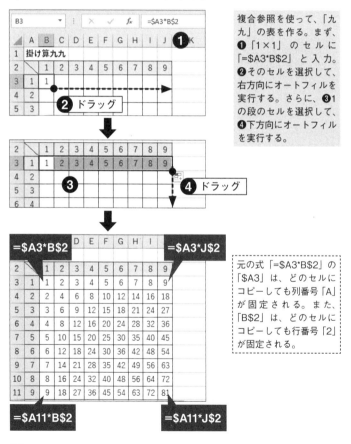

複合参照を使って、「九九」の表を作る。まず、❶「1×1」のセルに「=$A3*B$2」と入力。❷そのセルを選択して、右方向にオートフィルを実行する。さらに、❸1の段のセルを選択して、❹下方向にオートフィルを実行する。

元の式「=$A3*B$2」の「$A3」は、どのセルにコピーしても列番号「A」が固定される。また、「B$2」は、どのセルにコピーしても行番号「2」が固定される。

セル参照 1-9 ほかのシートのセルを参照するには

セルに「=シート名!セル番号」と入力すると、ほかのシートのセルの値を表示できる。例えば、「首都圏」シートのセルB5は、「首都圏!B5」と表せる。数式を入力するときに、「首都圏」シートのシート見出しをクリックして、セルB5をクリックすれば、簡単に「首都圏!B5」と入力できる。

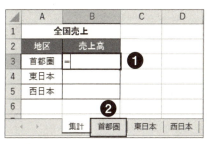

❶セルに「=」と入力し、❷「首都圏」シートのシート見出しをクリックして、❸セルB5をクリック。❹「=首都圏!B5」と入力されたら、「Enter」キーを押す。

シート名の先頭が数値の場合やシート名に空白が含まれる場合、「'シート名'!セル番号」のようにシート名が半角のシングルクォーテーション「'」で囲まれる。

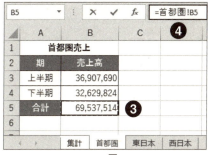

「首都圏」シートのセルB5の値を表示できた!

第1章 まずは関数を使いこなすための予備知識

1-10 テーブルのセルを参照するには

セル参照

エクセルには、表をデータベースとして活用するための「テーブル」という機能がある。数式の入力中にテーブル内のセルをクリックすると、セル番号の代わりに「構造化参照」と呼ばれるセルの指定形式が自動入力される。自動入力を利用すればいいので、「構造化参照」に関する詳しい知識は不要だ。ただ、「テーブルではセル番号の代わりに別の参照式が入力される」ことを知っておこう。

❶「金額」欄の先頭のセルD2を選択して、「=」を入力。セルB2をクリックし、「*」を入力して、セルC2をクリックすると、数式は「=[@単価]*[@数量]」になる。❷「Enter」キーを押すと、自動的に下のセルにも同じ数式が入力される。

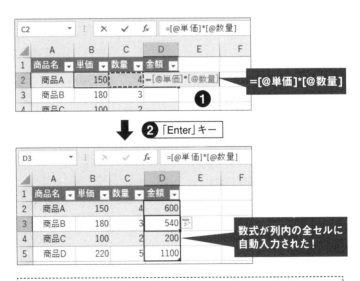

エクセル2007では、構造化参照は「=テーブル1[[#この行],[単価]]*テーブル1[[#この行],[数量]]」という形式で入力される。テーブルについては、[5-21]（P169）で解説する。

セル参照 1-11 セルに名前を付けて関数で利用するには

セル範囲に名前を付けると、関数の中でセル番号の代わりに名前を使える。ここでは、名前の付け方と使い方を紹介する。

●名前を付ける

❶名前を付けるセル範囲を選択して、❷数式バーに名前（ここでは「契約数」）を入力する。「Enter」キーを押すと、名前が確定する。

●名前を使う

関数の引数に名前を使うには、直接「契約数」と入力してもよいし、「数式で使用」ボタンから入力することもできる。例えば、「契約数」の合計を求めるには、❶合計欄のセルを選択し、❷「数式」タブの❸「オートSUM」をクリック後、❹「数式で使用」→❺「契約数」を選ぶ。❻「=SUM（契約数）」と入力されるので、❼「Enter」キーで確定する。

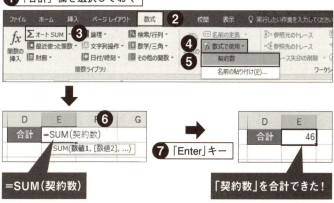

第1章 まずは関数を使いこなすための予備知識

セル参照 1-12 名前の参照範囲を変更するには

名前を付けた範囲にデータを追加したときは、名前の設定を修正しよう。その名前を引数に指定した関数は、数式に手を加えなくても、自動的に更新されるので便利だ。

左図では、関数の引数に「契約数」という名前を指定して、「合計」や「平均」などを求めている。❶「契約数」の参照範囲はセルB2〜B4。

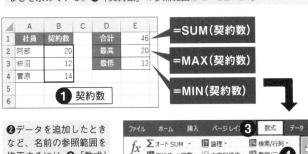

❷データを追加したときなど、名前の参照範囲を修正するには、❸「数式」タブの❹「名前の管理」をクリックする。設定画面が開いたら、❺名前（ここでは「契約数」）を選択して、❻「参照範囲」欄の右端のボタンをクリックする。

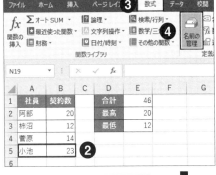

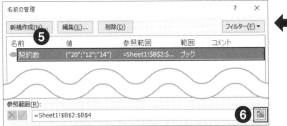

❼新しい参照範囲をドラッグして選択し、❽セル番号が正しく入力されたことを確認して、❾右端のボタンをクリックする。元の設定画面に戻ったら、❿「✓」ボタンをクリックして、⓫「閉じる」をクリックする。

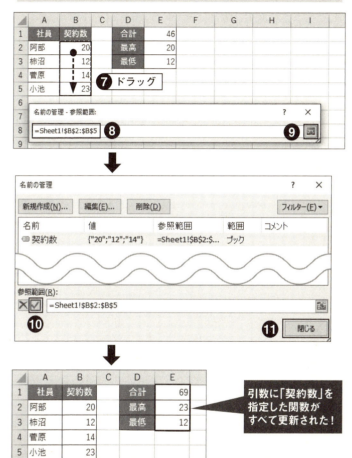

Column　名前を削除するには

使わなくなった名前は、手順❸〜❺を実行し、設定画面上部にある「削除」ボタンをクリックして削除しよう。

1-13 エラー値の意味を知る

数式のエラー

数式の結果がエラーになる場合、セルには「エラー値」と呼ばれる「#」で始まる記号が表示される。エラー値の意味を知っておけば、エラーの原因を探る手掛かりになる。

●エラー記号とエラーの原因

エラー記号	エラーの原因
#VALUE!	数値を指定すべきところに文字列を指定した場合や、単一のセルを指定すべきところにセル範囲を指定した場合など、データの種類が間違っていると表示される。
#DIV/0!	0や空白のセルによる除算が行われると表示される。
#REF!	数式中のセル番号のセルが削除されると表示される。数式を確認すると、削除されたセルの部分にも「#REF!」と表示される。
#NAME?	存在しない関数名や名前を使用したときに表示される。また、文字列を「"」で囲み忘れたときも、存在しない名前を使用したと見なされて表示される。
#NUM!	計算結果の数値や日付がエクセルで扱える範囲を超えているなど、数値や日付に問題があると表示される。
#N/A	値が未定であることを意味する。VLOOKUP関数などの検索関数で値が見つからなかったときに表示される。
#NULL!	参照するセル範囲が間違っていることを意味する。セル範囲を指定するときに「A1:B3」と「:」を入れるべきところを「A1 B3」のように半角スペースを入れてしまったときなどに表示される。
######	セル幅が狭すぎて数値や日付を正しく表示できないときに表示される。また、日付や時刻の計算結果が負（マイナス）になるときにも表示される。

1-14 エラーインジケーターを消したい！

数式のエラー

数式を入れたセルの左上に、「エラーインジケーター」と呼ばれる緑色の小さい三角形のマークが表示されることがある。「#VALUE!」や「#DIV/0!」などの明らかなエラーだけでなく、間違いの可能性がある場合にも表示される。数式をチェックし、間違っている場合は修正しよう。間違っていない場合はそのままにしていても差し支えないが、気になるようなら「エラーを無視する」を設定すると消せる。

1	採用試験					
2	氏名	年齢	教養	英語	論文	合計
3	伊藤久幸	22	68	72	45	185
4	望月遥	21	52	60	80	192
5	渡辺祐樹	24	81	70	76	227

❶「教養」「英語」「論文」を合計した「合計」のセルにエラー記号が表示されている。「年齢」欄を足し忘れている可能性を指摘するものだ。

↓

1	採用試験					
2	氏名	年齢	教養	英語	論文	合計 ❷
3	伊藤久幸	22	68		❸ !	185
4	望月遥	数式は隣接したセルを使用していません				192
5	渡辺祐樹	数式を更新してセルを含める(U)				227
6		このエラーに関するヘルプ(H)				
7		エラーを無視する(I)			❹	
8		数式バーで編集(F)				
9		エラー チェック オプション(O)...				

エラーマークを消すには、❷セルを選択して、❸「!」ボタンをクリックし、❹「エラーを無視する」をクリックする。

↓

1	採用試験					
2	氏名	年齢	教養	英語	論文	合計
3	伊藤久幸	22	68	72	45	185
4	望月遥	21	52	60	80	192
5	渡辺祐樹	24	81	70	76	227

エラーマークが消えた！

第1章 まずは関数を使いこなすための予備知識

1-15 関数の互換性に関する注意

エクセルではバージョンが上がるごとに新関数が追加されているが、新関数は追加前のバージョンでは使用できない。新関数を使ったファイルを旧バージョンのエクセルで開くと、再計算時にエラーになるので注意しよう。

新関数の中には、従来と同じ機能を持つものがある。下位バージョンと共通で使用するブックでは従来からある関数、現バージョンのみで使用するブックでは新関数という具合に使い分けよう。

●本書で紹介する新関数

関数の分類	新関数	対応する旧関数
統計関数	RANK.EQ	RNAK
統計関数	VAR.P	VARP
統計関数	VAR.S	VAR
統計関数	STDEV.P	STDEVP
統計関数	STDEV.S	STDEV
日付/時刻関数	WORKDAY.INTL	なし
日付/時刻関数	NETWORKDAY.INTL	なし

Column 関数の分類と「数式」タブのボタン

上表の関数は、いずれもエクセル2010で追加された関数だ。2010以降のエクセルで旧関数を使用する場合は、「数式」タブの「その他の関数」→「互換性」から入力する。エクセル2007では上表の新関数は使えないので、対応する旧関数を使おう。

# 第2章
[関数編]

関数を利用して集計する
——合計・平均・カウント・etc.

- A 合計……40
- B 平均……54
- C カウント……60
- D 最大値・最小値……66
- E 順位……68
- F ばらつき……74
- G データベース関数……80

2-1 合計を求めるには

合計

数値の合計を求めるには、SUM(サム)関数を使う。引数に指定したセルの数値を一気に合計できる。

●「売上高」のデータを合計する

「売上高」欄の数値の合計を求めたい。SUM関数を使って、合計するセル範囲を「B3:B5」のように指定すると、セルB3～B5の数値を一気に合計できる。

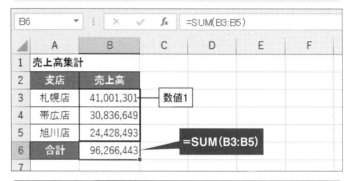

=SUM(数値1 [, 数値2] …)

指定した「数値」の合計を求める。

Column　隣接するセルの合計には「オートSUM」が便利

使用頻度の高い合計計算を簡単に実行できるように、「数式」タブに「オートSUM」ボタンが用意されている。
「合計」欄のセルを選択して、「数式」タブにある「オートSUM」をクリックすると、隣接する数値のセルを合計範囲として「=SUM(B3:B5)」が自動入力される。

合計 2-2 あとから追加したデータも自動で合計に加えたい！

SUM関数の引数に数値の範囲をピッタリ指定すると、あとからデータを追加したときに引数を修正しなければならず面倒だ。列内に合計対象の数値しか入力されていないなら、引数として列全体を指定してしまおう。

●データ追加時に更新されるように合計を求める

B列に入力されている全数値を対象に合計を求めたい。❶SUM関数の引数に、B列全体を意味する「B:B」と指定する。「=SUM(」まで入力したあと、B列の列番号をクリックすると、「B:B」と自動で入力できる。なお、セルB1に入力されている「売上数」という文字は、SUM関数では無視される。日付は数値の一種と見なされるので、B列に入力しないこと。❷データを追加すると、❸合計が更新される。

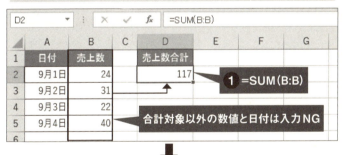

=SUM(数値1 [, 数値2] …) ➡P40

2-3 累計を求めるには

表に入力した数値の累計を求めたいことがある。SUM関数の引数の始点を絶対参照、終点を相対参照で指定し、その数式をコピーすると、累計を一気に計算できる。

●「売上数」の累計を求める

「売上数」の累計を求めたい。❶先頭のセルに「=SUM（$B$2:B2）」と入力。❷そのセルを選択して右下角をドラッグし、数式をコピーする。すると、始点の「$B$2」は固定されたまま、終点の「B2」は❸「B3」、❹「B4」、❺「B5」と変わる。コピー後、❻累計のセルの一部にエラーインジケーターが表示される。気になるようなら［1-14］（P37）を参考に非表示にしよう。

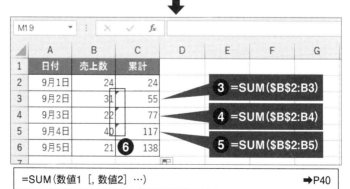

=SUM（数値1 [, 数値2] …）　　　　　　　　　　　　　→P40

合計 2-4 特定の商品の売上だけを合計するには

SUMIF（サムイフ）関数を使うと、指定した範囲の中で、条件に当てはまる行の数値を合計できる。

●商品ごとに売上高を合計する

セルE3～E5に入れた商品名ごとに、売上表の「売上高」の合計を求めたい。
❶先頭のセルF3にSUMIF関数を入力。引数「条件範囲」に「商品名」欄のセルB3～B8、「条件」にセルE3、「合計範囲」に「売上高」欄のセルC3～C8を指定する。「条件範囲」と「合計範囲」はコピー時に固定されるように絶対参照で指定すること。❷この数式を、下のセルにコピーする。

F3 = =SUMIF($B$3:$B$8,E3,$C$3:$C$8)

	A	B	C	D	E	F
1	売上表（12月1日）				商品別集計	
2	No	商品名	売上高		商品名	売上高
3	1001	パソコン	205,000	条件	パソコン	455,000
4	1002	プリンター	38,000		プリンター	62,000
5	1003	タブレット	68,000		タブレット	68,000
6	1004	パソコン	154,000			
7	1005	パソコン	96,000			
8	1006	プリンター	24,000			

❷コピー
❶=SUMIF($B$3:$B$8,E3,$C$3:$C$8)
条件範囲　合計範囲

=SUMIF(条件範囲, 条件 [, 合計範囲])

指定した「条件範囲」の中から「条件」に合うデータを探し、見つかった行の「合計範囲」のデータを合計する。「合計範囲」を省略した場合、「条件範囲」のデータが合計対象となる。

●引数「条件」の指定例

条件の種類	指定方法	指定例
数値	そのまま入力	=SUMIF(A1:A5,3,B1:B5)
文字列	「"」で囲む	=SUMIF(A1:A5,"営業部",B1:B5)
日付	「"」で囲む	=SUMIF(A1:A5,"2016/9/1",B1:B5)

合計 2-5 「○以上」という条件で合計を求めるには

SUMIF関数で比較演算子を使用した条件を指定すると、「○以上」「○より大きい」「○でない」など、範囲を条件として合計を計算できる。

●「勤続年数」が10年以上の「契約数」を合計する

営業成績表から「勤続年数」が10年以上（条件の「10」はセルE3に入力）のスタッフを探し、その契約数を合計したい。SUMIF関数の引数「条件」に「">=" & E3」と指定。セルE3の値は「10」なので、条件は">=10"と同じになる。

=SUMIF(条件範囲, 条件 [, 合計範囲]) ➡P43

●比較演算子の種類

比較演算子	説明	使用例	意味
>=	以上	">=10"	10以上
>	より大きい	">10"	10より大きい
<=	以下	"<=10"	10以下
<	より小さい	"<10"	10より小さい
<>	等しくない	"<>10"	10に等しくない

合計 2-6 「○○を含む」という条件で合計を求めるには

SUMIF関数でワイルドカードを使用すると、「○○を含む」「○○で始まる」といった、あいまいな条件で集計できる。ワイルドカードには0文字以上の任意の文字列を表す「*」と、任意の1文字を表す「?」がある。

●「販売地」が「東京」で始まる「売上高」を合計する

売上表から「販売地」が「東京」（セルD3の値）で始まるデータを探し、「売上高」の合計を求めたい。SUMIF関数の引数「条件」に「D3 & "*"」と指定すると、条件は「"東京*"」となり、「東京で始まる」という意味になる。

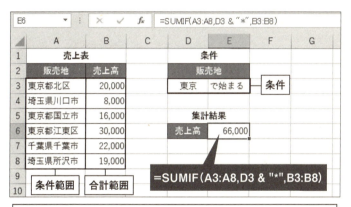

=SUMIF(条件範囲, 条件 [, 合計範囲]) →P43

●ワイルドカードを使用した条件の指定例

指定例	意味	一致するデータの例
"*東京*"	「東京」を含む	東京、東京駅、首都東京
"*東京"	「東京」で終わる	東京、首都東京
"東京*区"	「東京」で始まり「区」で終わる	東京都港区、東京都大田区
"東京?区"	「東京」+1文字+「区」	東京都港区

合計 2-7 「AまたはB」という条件で合計を求めるには

SUMIF関数とSUM関数を組み合わせて「配列数式」という特殊な数式を使うと、「AまたはB」の条件で合計を求められる。

●セルE3～G3に入れた都道府県の「売上高」を合計する

セルE3～G3に入力した都道府県を売上表の「所在地」欄から探し、「売上高」の合計を求めたい。❶引数「条件」に「E3:G3」を指定したSUMIF関数をSUM関数の中に入れて入力し、❷「Ctrl」+「Shift」+「Enter」キーを押して確定する。すると、❸数式が波カッコ「{ }」で囲まれて「配列数式」になり、埼玉県または千葉県または神奈川県の売上高が合計される。

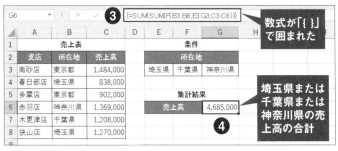

=SUMIF(条件範囲, 条件 [, 合計範囲])　　　　　　　　　➡P43

合計 2-8 「AかつB」という条件で合計を求めるには

SUMIF関数では条件を1つしか指定できないが、複数形版のSUMIFS(サムイフエス)関数なら複数の条件を指定できる。「条件範囲」と「条件」のペアを複数指定すると、そのすべてに当てはまる行のデータを合計できる。

●東日本にある売り場面積が500(㎡)以上の店舗を集計する

売上表から「地区」が「東日本」(セルG2の値)、「面積」が500以上(「500」はセルG3の値)である店舗を探して、「売上数」を合計したい。SUMIFS関数を使用して、「G2」(東日本)と「">=" & G3」(500以上)の2つの条件を指定して求めればよい。

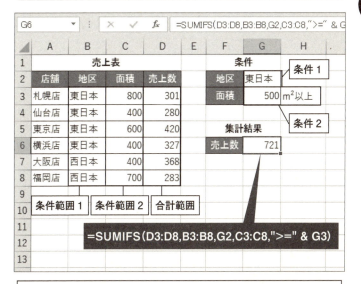

=SUMIFS(合計範囲, 条件範囲1, 条件1 [, 条件範囲2, 条件2] , …)

それぞれの「条件範囲」の中から「条件」に合うデータを探し、すべての条件に当てはまる行の「合計範囲」のデータを合計する。「条件」の指定方法は、SUMIF関数と同じだ。P43〜P45を参考に条件を指定しよう。

2-9 「○以上△以下」の条件で合計を求めるには

合計

「○以上△以下」の条件で合計を求めるには、SUMIFS関数を使い、「○以上」と「△以下」の2つの条件を指定しよう。

●30歳以上39歳以下の社員の売上合計を求める

「年齢」が30歳以上39歳以下(「30」はセルF2、「39」はセルF3に入力)である社員の「売上高」を合計したい。SUMIFS関数を使用して、「30以上」を表す「">=" & F2」と「39以下」を表す「"<=" & F3」の2つの条件を指定すればよい。

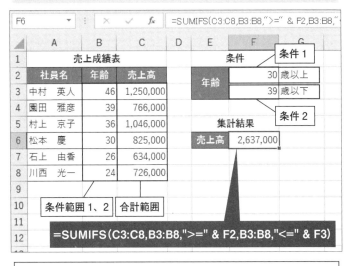

=SUMIFS(合計範囲, 条件範囲1, 条件1 [, 条件範囲2, 条件2], …)
➡P47

Column　SUMIFS 関数の引数の順序に注意

SUMIF関数とSUMIFS関数では、引数の並び順が異なるので注意しよう。SUMIF関数では「条件範囲」「条件」「合計範囲」の順だが、SUMIFS関数では「合計範囲」が1番目で、そのあとに「条件範囲」と「条件」のペアが並ぶ。

2-10 クロス集計表を作成するには

先頭行と先頭列に入力した項目を集計する表を「クロス集計表」と呼ぶ。SUMIFS関数と絶対参照、複合参照を上手に利用すると、クロス集計表を作成できる。

●表の先頭行と先頭列の項目に合致したデータを集計する

売上表から「商品名」が「ワゴン」(セルF3の値)、「地区」が「西区」(セルG2の値)のデータを探し、「売上高」を合計したい。❶セルG3にSUMIFS関数を入力。右や下のセルにコピーしたときにコピー先でも正しく集計できるように、「条件範囲」を絶対参照、「条件」を複合参照で指定しよう。

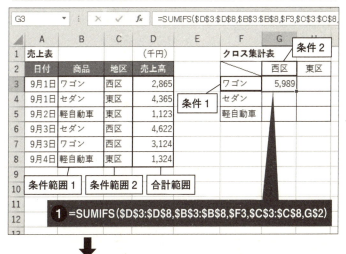

数式を入力したセルG3を選択し、❷右隣のセルH3にコピーする。さらに、セルG3～H3を選択した状態で、❸2行下までコピーする。

```
=SUMIFS(合計範囲,条件範囲1,条件1 [,条件範囲2,条件2] ,…)
```
➡P47

合計 2-11 小計と総計を求めるには

小計と総計を計算するには、SUBTOTAL(サブトータル)関数を使う。SUBTOTAL関数で合計する際、引数に指定したセル範囲の数値から自動的に小計が除外される。とびとびに入力されたセルをそれぞれ指定しなくても、小計を含む範囲をまとめて指定して合計できるので便利だ。

●小計と総計を求める

SUBTOTAL関数は、指定した集計方法で集計を行う関数だ。合計を求めるには、引数「集計方法」に「9」を指定する。まず、❶小計欄のセルにSUBTOTAL関数を入力して小計を求める。❷同様に、もう1つの小計を求める。

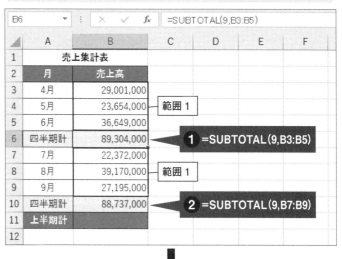

❸続いて、総計欄のセルにSUBTOTAL関数を入力。引数「範囲1」に「B3:B10」と指定すると、セルB3～B10から小計欄のセルB6とセルB10を除いた残りのセルの数値が合計の対象となる。

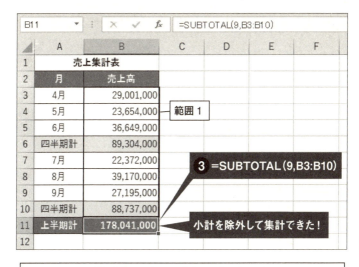

=SUBTOTAL（集計方法 , 範囲 1 [, 範囲 2] …）

「範囲」の数値を、指定した「集計方法」で集計する。

●引数「集計方法」の主な設定値

	設定値	集計方法
1	101	平均
2	102	数値の個数
3	103	データの個数

	設定値	集計方法
4	104	最大値
5	105	最小値
9	109	合計

> **Column　2種類の「集計方法」の使い分け**
>
> 引数「集計方法」に1～11を指定した場合は、非表示の行の値も集計対象になる。101～111を指定した場合は、非表示の行の値は集計されない。この場合の「非表示」とは、行番号を右クリックして「非表示」を選択した結果、非表示になった行のこと。オートフィルターで非表示になった行（抽出されなかった行）の値は、「集計方法」の指定にかかわらず集計されない。

2-12 オートフィルターの抽出結果を集計したい

表に「オートフィルター」（［5-13］〈P160〉参照）を設定すると、見出しのセルに「▼」ボタンが表示される。これをクリックして抽出条件を指定すると、表のデータを抽出できる。抽出したデータを集計するには、SUBTOTAL関数を使う。

●抽出されたデータだけを対象に合計する

SUBTOTAL関数の引数「集計方法」に合計を意味する「9」、「範囲1」に「金額」全体のセル範囲C4〜C11を指定する。抽出を実行していないときは、全データが合計され、抽出を実行したときは、抽出されたデータだけが合計される。

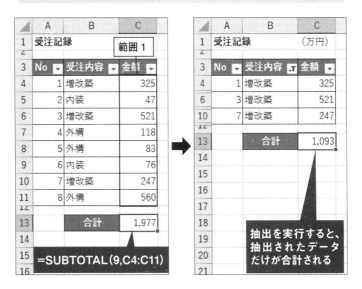

=SUBTOTAL(集計方法, 範囲1 [, 範囲2] …)　　→P50

2-13 月ごとに集計するには

受注記録のデータを月ごとに集計するには、各データが何月の受注なのかを求める必要がある。そこで、受注記録表の脇に作業列を設け、MONTH関数を使用して「月」を求める。その「月」を条件の対象としてSUMIF関数で集計する。

●「受注金額」を月ごとに合計する

❶セルC3にMONTH関数を入力して「受注日」から「月」を求め、❷下のセルにコピーする。次に、❸SUMIF関数を使用して、4月の受注金額を合計する。数式をコピーしたときに「条件範囲」と「合計範囲」がずれないように、絶対参照で指定しよう。❹この数式をコピーして、5、6月の合計を求める。

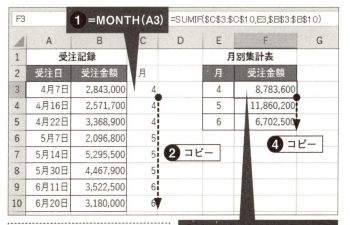

C列の列番号を右クリックして、表示されるメニューから「非表示」を選ぶと、C列を隠すことができる。

=MONTH（日付）	➡P100
=SUMIF（条件範囲, 条件 ［, 合計範囲］）	➡P43

2-14 平均値を求めるには

平均

平均値を求めるには、AVERAGE(アベレージ)関数を使う。AVERAGE関数では、データの合計をデータ数で割った平均値が求められる。

●「来客数」の平均を求める

AVERAGE関数を使って、「来客数」欄の数値の平均値を求める。平均対象のセル範囲を「B3:B6」のように指定すると、セルB3～B6の数値の平均を求められる。

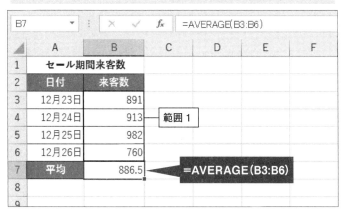

```
=AVERAGE(数値1 [, 数値2] …)
```

指定した「数値」の平均を求める。

Column　平均値に端数が出たときは

データによっては平均値が小数になる。「ホーム」タブの「小数点以下の表示桁数を減らす」ボタンを使うと、小数部の表示桁数を減らすことができる。

2-15 文字データを「0」として平均を求めたい

平均

AVERAGE関数（[2-14]〈P54〉参照）では、文字列を無視して平均が求められる。無視せずに、文字列を「0」として平均を求めたい場合は、AVERAGEA（アベレージエー）関数を使う。なお、いずれの関数も空白セルは無視される。

● 「得点」の平均を求める

成績表の「得点」の平均を2つの方法で求める。❶1つはAVERAGE関数を使い、欠席者を含まない4人の人数で割った平均を求める。❷もう1つはAVERAGEA関数を使い、欠席者を含む5人の人数で割った平均を求める。

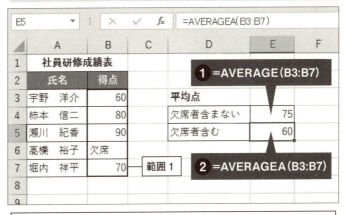

```
=AVERAGE(数値1 [, 数値2] …)                    ➡ P54
```

```
=AVERAGEA(数値1 [, 数値2] …)
```
指定した「数値」の平均を求める。文字列は「0」と見なされる。

Column	平均点の計算

ここでは以下の計算が行われている。
- 欠席者を含まない ……(60＋80＋90＋70)÷4＝75
- 欠席者を含む …………(60＋80＋90＋0＋70)÷5＝60

平均 2-16 顧客区分ごとに年齢の平均を求めるには

AVERAGEIF(アベレージイフ)関数を使うと、指定した範囲の中で、条件に当てはまる行の数値の平均を求めることができる。条件の指定次第でさまざまな集計に役に立つ。

●「ランク」ごとに「年齢」の平均を求める

セルF3～F5に入れたランクごとに、顧客名簿の「年齢」の平均を求めたい。❶先頭のセルG3にAVERAGEIF関数を入力。引数「条件範囲」に「ランク」欄のセルC3～C10、「条件」にセルF3、「平均範囲」に「年齢」欄のセルD3～D10を指定する。「条件範囲」と「平均範囲」はコピー時に固定されるように絶対参照で指定すること。❷この数式を、下のセルにコピーすると、ほかのランクの平均も求められる。

G3			× ✓ fx	=AVERAGEIF($C$3:$C$10,F3,$D$3:$D$10)			
	A	B	C	D	E	F	G	H
1	顧客名簿					顧客層分析	
2	No	顧客名	ランク	年齢		ランク	平均年齢
3	1001	岡島 美紀	A	41	条件	A	35.5
4	1002	小林 祥吾	B	27		B	31
5	1003	丹羽 紗枝	B	32		C	25
6	1004	町田 孝行	C	22			❷ コピー
7	1005	大黒 鞠子	B	34			
8	1006	相川 祐樹	A	30			
9	1007	鈴木 博也	C	28	平均範囲		
10	1008	曽我 秀美	C	25			
11	条件範囲						
12	❶ =AVERAGEIF($C$3:$C$10,F3,$D$3:$D$10)						

=AVERAGEIF(条件範囲,条件 [,平均範囲])

指定した「条件範囲」の中から「条件」に合うデータを探し、見つかった行の「平均範囲」のデータの平均を求める。「平均範囲」を省略した場合、「条件範囲」のデータが計算対象となる。「条件」の指定方法は、SUMIF関数と同じだ。P43～P45を参考に条件を指定しよう。

2-17 複数の条件で平均を求めるには

AVERAGEIFS（アベレージイフエス）関数を使用すると、複数の条件に合致するデータの平均を求められる。「条件範囲」と「条件」のペアを複数指定すると、そのすべてに当てはまる行のデータが計算の対象になる。

●東日本にある売り場面積が500（㎡）以上の店舗を集計する

売上表から「地区」が「東日本」（「東日本」はセルG2に入力）、「面積」が500以上（「500」はセルG3に入力）である店舗を探して、「売上数」の平均を求めたい。AVERAGEIFS関数を使用して、「G2」（東日本）と「">=" & G3」（500以上）の2つの条件を指定して求めればよい。

	A	B	C	D	E	F	G	H
	G6			fx	=AVERAGEIFS(D3:D8,B3:B8,G2,C3:C8,">="			
1	売上表					条件		
2	店舗	地区	面積	売上数		地区	東日本	条件1
3	札幌店	東日本	800	301		面積	500	㎡以上
4	仙台店	東日本	400	280				条件2
5	東京店	東日本	600	420		集計結果（平均）		
6	横浜店	東日本	400	327		売上数	360.5	
7	大阪店	西日本	400	368				
8	福岡店	西日本	700	283				

条件範囲1　条件範囲2　平均範囲

=AVERAGEIFS(D3:D8,B3:B8,G2,C3:C8,">=" & G3)

=AVERAGEIFS(平均範囲, 条件範囲1, 条件1 [, 条件範囲2, 条件2], …)

それぞれの「条件範囲」の中から「条件」に合うデータを探し、すべての条件に当てはまる行の「平均範囲」のデータの平均を求める。「条件」の指定方法は、SUMIF関数と同じだ。P43～P45を参考に条件を指定しよう。

平均 2-18 「0」を除外して平均を求めたい

数値の範囲に「0」が入力されている表から平均を求めると、「0」も1件のデータと見なされ、分母に加算されて計算される。「0」を除外して計算したい場合は、AVERAGEIF関数を使用して、「0でない」ことを条件に平均を求めよう。

●休暇中の社員を除外して平均を求める

「売上高」欄に入力されている「0」以外の数値から平均を求めたい。AVERAGEIF関数の引数「条件範囲」に「売上高」欄のセルB3〜B8、「条件」に「"<>0"」を指定する。条件対象と計算対象が同じセルなので、引数「平均範囲」は省略可能。

B10 =AVERAGEIF(B3:B8,"<>0")

	A	B
1	3月度売上成績	
2	社員名	売上高
3	市川　純一	4,215,000
4	森田　雅彦	2,982,000
5	大川　いずみ	4,204,000
6	杉本　祐介	2,314,000
7	中居　陽子	0 ※産休中
8	香川　俊太	2,136,000
9	平均（0含む）	2,641,833
10	平均（0除外）	3,170,200

数値1 / 条件範囲

=AVERAGE(B3:B8)

=AVERAGEIF(B3:B8,"<>0")

=AVERAGE(数値1 [, 数値2] …)　　　　　　　　　　→ P54

=AVERAGEIF(条件範囲, 条件 [, 平均範囲])　　　　　　→ P56

2-19 平均 上下○%を除外して平均を求める

TRIMMEAN（トリムミーン）関数を使うと、数値の集合の上位と下位から一定の割合のデータを除外して、平均を計算できる。例えば、データ数が100個、除外する割合が「20%」の場合、大きいほうから10個（10%）と小さいほうから10個（10%）を除いた80個の数値で平均が求められる。

●上下から20%ずつを除外して平均を求める

5人の審査員の採点のうち、最高点と最低点を除いた3人分の点数から平均点を求めたい。❶先頭のセルG3にTRIMMEAN関数を入力し、引数「配列」に採点、「割合」に「40%」または「0.4」と指定して、❷下のセルにコピーすればよい。なお、サンプルは、小数点以下が1桁表示されるように設定してある。

参加番号	審査員1	審査員2	審査員3	審査員4	審査員5	平均
A1001	68	70	66	54	88	68.0
A1002	66	57	84	84	74	74.7
A1003	86	85	85	78	51	82.7
A1004	78	60	79	93	70	75.7

G3 =TRIMMEAN(B3:F3,40%)

❶ =TRIMMEAN(B3:F3,40%)　配列
❷ コピー

=TRIMMEAN(配列, 割合)

指定した「配列」の上位と下位から、指定した「割合」のデータを除外して、残りの数値の平均を求める。計算上、除外されるデータ数が奇数になる場合、それ以下の最も近い偶数個のデータ数になるように調整される。

2-20 カウント 数値データをカウントするには

エクセルには、データ数を求める関数が複数用意されている。数値データをカウントしたい場合は、COUNT（カウント）関数を使う。指定したセル範囲の中から、空白セルや文字のセルを除いた、数値のセルだけをカウントできる。

● 「得点」欄の数値データをカウントする

COUNT関数を使って、「得点」欄から受験者の数（数値データの数）を求める。「得点」欄には8個のセルがあるが、文字が入力されたセルが除外されて、6個の数値のセルがカウントの対象になる。

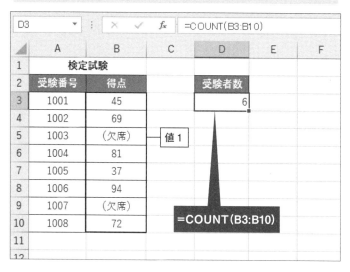

=COUNT(値1 [, 値2] …)

指定した「値」に含まれる数値の数を求める。数式の結果としてセルに表示されている数値もカウント対象。日付も数値の一種なので対象になる。

カウント 2-21 入力済みのセルをカウントする

COUNTA（カウントエー）関数を使うと、データが入力されているセルをカウントできる。COUNT関数が数値と日付だけをカウントするのに対して、COUNTA関数はあらゆる種類のデータをカウントする。

●「成約状況」欄のデータ数を調べる

COUNTA関数を使って、「成約状況」欄に入力されているデータの数を求める。

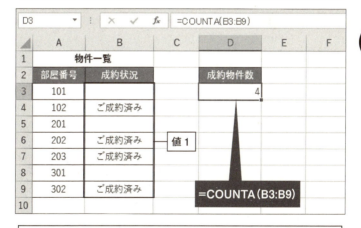

=COUNTA(値1 [, 値2] …)

指定した「値」に含まれるデータの数を求める。未入力のセルはカウントされない。数式の結果として何も表示されていないセルは、カウントされる。

Column　セル範囲の行数や列数を求めるには

セル範囲の行数はROWS（ロウズ）関数、列数はCOLUMNS（カラムズ）関数で求められる。例えば、「売上」という名前を付けたセルの行数は「ROWS(売上)」、列数は「COLUMNS(売上)」で求められる。

2-22 カウント 空白のセルをカウントするには

空白のセルをカウントするには、COUNTBLANK（カウントブランク）関数を使う。未入力のセルと、数式の結果として空白になっているセルがカウントの対象になる。

●「成約状況」欄の空白のセル数を調べる

COUNTBLANK関数を使って、「成約状況」欄から空白セルの数を調べる。

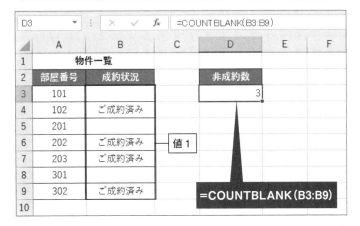

=COUNTBLANK(セル範囲)

指定した「セル範囲」に含まれる空白のセルをカウントする。空白文字列「""」が入力されているセルもカウント対象になる。半角や全角のスペースが入力されているセルはカウントされない。

| Column | 見た目も中身も空白のセルをカウントするには |

COUNTBLANK関数では、数式の結果が「""」となるセルもカウントされる。そのようなセルを除外して、データも数式も入力されていないセルをカウントするには、COUNTA関数で求めたデータ数を全セル数から引くとよい。

カウント 2-23 顧客区分ごとに人数を調べるには

COUNTIF（カウントイフ）関数を使うと、指定した範囲の中で、条件に当てはまるデータの数を求めることができる。ここでは、「A」「B」「C」が入力されたセルの数をそれぞれカウントする。

●「ランク」ごとに顧客数を求める

セルE3～E5に入れたランクごとに、顧客の人数を求めたい。❶先頭のセルF3にCOUNTIF関数を入力。引数「条件範囲」に「ランク」欄のセルC3～C10、「条件」にセルE3を指定する。コピー時に、「条件」は「A」「B」「C」と変わるように相対参照で指定し、「条件範囲」は固定されるように絶対参照で指定しよう。❷この数式を、下のセルにコピーする。

	A	B	C	D	E	F	G
1	顧客名簿				顧客層分析		
2	No	顧客名	ランク		ランク	人数	
3	1001	岡島 美紀	A	条件	A	2	
4	1002	小林 祥吾	B		B	3	
5	1003	丹羽 紗枝	B		C	3	
6	1004	町田 孝行	C			❷ コピー	
7	1005	大黒 鞠子	B				
8	1006	相川 祐樹	A				
9	1007	鈴木 博也	C				
10	1008	曽我 秀美	C		❶ =COUNTIF($C$3:$C$10,E3)		
11							
12		条件範囲					

F3 =COUNTIF($C$3:$C$10,E3)

=COUNTIF（条件範囲，条件）

指定した「条件範囲」の中から「条件」に合うデータの数を求める。「条件」の指定方法は、SUMIF関数と同じだ。P43～P45を参考に条件を指定しよう。

2-24 複数の条件に合致するデータをカウントするには

カウントするデータの条件が複数ある場合は、COUNTIFS（カウントイフエス）関数を使う。「条件範囲」と「条件」のペアを複数指定すると、そのすべてに当てはまるデータがカウントされる。

●性別が「女」、ランクが「A」以外の顧客数を求める

顧客名簿から「性別」が「女」（「女」はセルG2に入力）、「ランク」が「A」以外（「A」はセルG3に入力）であるデータの数を求めたい。COUNTIFS関数を使用して、「G2」（女）と「"<>" & G3」（「A」ではない）の2つの条件を指定して求めればよい。

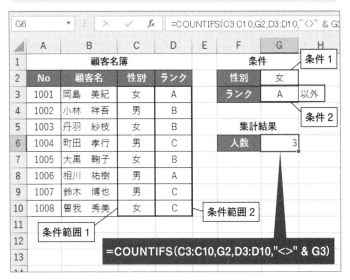

=COUNTIFS(条件範囲1, 条件1 [, 条件範囲2, 条件2], …)

それぞれの「条件範囲」の中から「条件」に合うデータを探し、すべての条件に当てはまるデータの数を求める。「条件」の指定方法は、SUMIF関数と同じだ。P43～P45の内容を参考に、条件を指定しよう。

2-25 カウント オートフィルターで抽出された件数を調べたい

「オートフィルター」（[5-13]〈P160〉参照）で抽出したデータの数を知りたいときは、SUBTOTAL関数を使う。引数「集計方法」に「3」を指定すると、データ数が求められる。データをもれなくカウントするには、確実にデータが入力されている列を引数「範囲1」に指定することがポイントだ。

●抽出されたデータ数を求める

SUBTOTAL関数の引数「集計方法」にデータ数を意味する「3」、「範囲1」に「No」全体のセル範囲A4～A11を指定する。抽出を実行していないときは全データ数、抽出を実行したときは抽出されたデータ数が表示される。なお、今回のサンプルでは表内のすべてのセルにデータが入力されているので、「範囲1」にほかの列のセルを指定しても同じ結果になる。

=SUBTOTAL(集計方法, 範囲1 [, 範囲2] …)　　➡P50

2-26 最大値/最小値を求めるには

最大値・最小値

数値の最大値はMAX(マックス)関数、最小値はMIN(ミニマム)関数で求める。得点表から第1位と最下位の点数を求めたり、売上表からトップやワーストの売上を調べたりするときに役に立つ。

● 「契約数」の最大値と最小値を求める

「契約数」を対象に、MAX関数で最大値、MIN関数で最小値を求める。

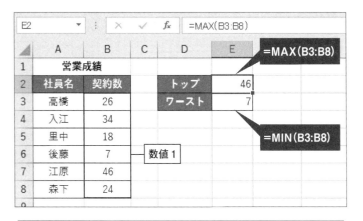

=MAX(数値1 [, 数値2] …)

指定した「数値」の最大値を求める。

=MIN(数値1 [, 数値2] …)

指定した「数値」の最小値を求める。

2-27 大きいほうや小さいほうの数値を求めるには

最大値・最小値

MAX関数とMIN関数は、2つの数値の大きいほうや小さいほうを調べるときにも役に立つ。ここでは1万円を上限として資格取得費用を支給するケースを紹介する。実費が6,000円なら満額支給、12,000円なら上限の1万円を支給する。

●上限を1万円として支給額を求める

1万円を上限として、資格取得費用の支給額を求めたい。❶「支給額」欄の先頭のセルにMIN関数を入力。引数に実費が入力されたセルB3と「10000」を指定すると、実費と1万円のうち小さいほうの金額が表示される。❷この数式を下のセルにコピーする。

	A	B	C
1	資格取得費用支給額計算		
2	社員名	申請額（実費）	支給額
3	松本　章一	6,000	6,000
4	斉藤　正治	12,000	10,000
5	岡本　絵里	10,000	10,000
6	飯島　直美	8,500	8,500

C3: =MIN(B3,10000)

❶ =MIN(B3,10000)
❷ コピー

=MIN(数値1 [, 数値2] …)　　➡P66

Column　IF関数を使うより数式が簡潔になる

「=IF(B3<10000,B3,10000)」のようにIF関数（[4-1]〈P128〉参照）を使用しても同じ計算を行えるが、上の図のようにMIN関数を使用したほうが数式は簡潔だ。

2-28 順位を求めるには

RANK.EQ（ランク・イコール）関数を使うと、指定した範囲の中での順位がわかる。得点表で各自の順位を求めるときは、全体の得点の範囲を絶対参照で指定しよう。

● 「得点」から順位を求める

成績表の「得点」をもとに、各受講者の順位を求めたい。❶「順位」欄の先頭のセルD3にRANK.EQ関数を入力。引数「数値」に各自の得点、引数「参照」に全体の得点を絶対参照で指定。大きい順の順位を求めるので引数「順序」は省略。❷この数式を下のセルにコピーする。

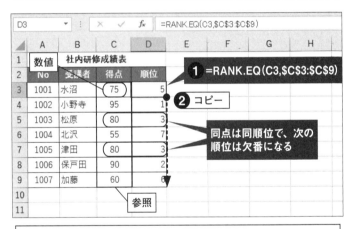

=RANK.EQ（数値, 参照 [, 順序]）

引数「参照」の範囲の中での、引数「数値」の順位を求める。引数「順序」に「0」を指定するか省略すると、大きい順の順位が求められる。1を指定すると、小さい順の順位が求められる。

Column　エクセル 2007 の場合

エクセル2007の場合は、RANK（ランク）関数を使用する。
=RANK(C3,$C$3:$C$9)

2-29 同じ数値に異なる順位を付けるには

[2-28]（P68）で紹介したRANK.EQ関数では、同じ得点に同じ順位が付く。ここでは、同じ得点のうち、便宜上、先に出てきたほうに上位の順位を割り当てる方法を紹介する。

●同得点の場合は先に出てきたほうを上位とする

成績表の「得点」をもとに、重複のない固有の順位を付けたい。❶まずは、「重複順位」欄にRANK.EQ関数を入力して、通常の順位を付ける。今回の表では、松原さんと津田さんの2人が3位で4位が欠番となる。
「固有順位」を求めるには、❷COUNTIF関数を使用して、1行目から現在行までに現在行の得点がいくつあるかをカウントし、「現在行までの得点の出現回数」を求め、「重複順位」に「現在行までの得点の出現回数－1」を加えればよい。すると、松原さんが3位、津田さんが4位となる。ほかの人の順位は、「重複順位」と「固有順位」が一致する。

=RANK.EQ(C3,$C$3:$C$9)　　=D3+COUNTIF($C$3:C3,C3)-1

No	受講者	得点	重複順位	固有順位
1001	水沼	75	5	5
1002	小野寺	95	1	1
1003	松原	80	3	3
1004	北沢	55	7	7
1005	津田	80	3	4
1006	保戸田	90	2	2
1007	加藤	60	6	6

社内研修成績表

同点に異なる順位が付いた

=RANK.EQ(数値, 参照 [, 順序])　　➡P68

=COUNTIF(条件範囲, 条件)　　➡P63

2-30 順位 ベスト5の数値を調べるには

数値を大きい順に並べたときの「○番目」の値は、LARGE（ラージ）関数で求められる。得点や売上の表から、ベスト5の数値を取り出したいときなどに役に立つ。

●ベスト5の得点を調べる

成績表からベスト5の得点を取り出したい。❶準備として、ベスト5表の「順位」欄に「1」～「5」を入力しておく。❷先頭のセルF3にLARGE関数を入力。引数「範囲」はコピー時に固定されるように絶対参照で指定する。❸この数式を下のセルにコピーする。

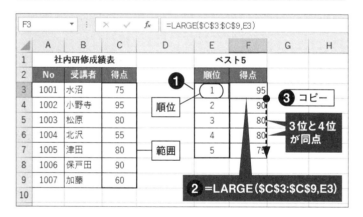

=LARGE（範囲，順位）

「範囲」の数値から、大きいほうから数えて「順位」番目にあたる数値を求める。「順位」に「1」を指定した場合、MAX関数と同様に最大値が求められる。

Column　同じ得点が異なる順位に割り振られる

LARGE関数では、「範囲」の中に同じ数値が複数含まれる場合、それぞれ異なる順位に割り振られる。上の表の場合、3位と4位に同じ「80」が表示されている。

2-31 順位 ワースト5の数値を調べるには

数値を小さい順に並べたときの「○番目」の値は、SMALL（スモール）関数で求められる。[2-30]（P70）のLARGE関数とは、大小が反対の働きをする。

●ワースト5の得点を調べる

成績表からワースト5の得点を取り出したい。❶準備として、ワースト5表の「順位」欄に「1」～「5」を入力しておく。❷先頭のセルF3にSMALL関数を入力。引数「範囲」はコピー時に固定されるように絶対参照で指定する。❸この数式を下のセルにコピーする。

F3			fx	=SMALL($C$3:$C$9,E3)			
	A	B	C	D	E	F	G
1	社内研修成績表					ワースト5	
2	No	受講者	得点		順位	得点	
3	1001	水沼	75		1	55	
4	1002	小野寺	95		2	60	
5	1003	松原	80		3	75	
6	1004	北沢	55		4	80	
7	1005	津田	80		5	80	
8	1006	保戸田	90				
9	1007	加藤	60				

❶順位　❷=SMALL($C$3:$C$9,E3)　❸コピー　4位と5位が同点　範囲

=SMALL(範囲, 順位)

「範囲」の数値から、小さいほうから数えて「順位」番目にあたる数値を求める。「順位」に「1」を指定した場合、MIN関数と同様に最小値が求められる。

Column　同じ得点が異なる順位に割り振られる

SMALL関数では、「範囲」の中に同じ数値が複数含まれる場合、それぞれ異なる順位に割り振られる。上の表の場合、4位と5位に同じ「80」が表示されている。

2-32 氏名入りの順位表を作成するには

順位

氏名入りの順位表を作ってみよう。同順位が複数いる場合を考慮して、重複のない仮順位を付け、その仮順位をもとに氏名を表引きする。

●ベスト5の順位表を作る

成績表からベスト5の順位表を作成したい。❶まず、RANK.EQ関数を使用して、C列の得点からD列に順位を求める。今回の表では、3位が2人で4位が欠番となる。❷次に、順位表の左列（G列）に連番の仮順位を入力しておき、❸D列に求めた順位欄からSMALL関数を使用して小さい順に順位を抜き出す。❹LARGE関数を使用して、C列の得点から大きい順に得点を抜き出す。

	A	B	C	D	E	F	G	H	I	J
1		社内研修成績表							順位表	
2	No	受講者	得点	順位	仮順位		仮順位	順位	得点	受講者
3	1001	水沼	75	5			1	1	95	
4	1002	小野寺	95	1			2	2	90	
5	1003	松原	80	3			3	3	80	
6	1004	北沢	55	7			4	3	80	
7	1005	津田	80	3			5	5	75	
8	1006	保戸田	90	2						
9	1007	加藤	60	6						

❶ =RANK.EQ(C3,$C$3:$C$9)
❸ =SMALL($D$3:$D$9,G3)
❹ =LARGE($C$3:$C$9,G3)

=RANK.EQ(数値, 参照 [, 順序])	➡P68
=LARGE(範囲, 順位)	➡P70
=SMALL(範囲, 順位)	➡P71
=INDEX(範囲, 行番号 [, 列番号])	➡P140
=MATCH(検査値, 検査範囲 [, 照合の型])	➡P140

順位表に受講者名を転記する準備として、❺各受講者に欠番のない仮順位を割り当てる。数式の考え方は［2-29］(P69)を参照。実際の順位は松原さんと津田さんが3位だが、仮順位では松原さんが3位、津田さんが4位となる。❻INDEX関数とMATCH関数を使い、仮順位をもとに成績表から受講者名を転記する。考え方は［4-11］(P140)を参照。仮順位の列は非表示にするとよい。列番号「G」を右クリックして、「非表示」を選ぶ。

	A	B	C	D	E	F	G	H	I	J
1		社内研修成績表						順位表		
2	No	受講者	得点	順位	仮順位		仮順位	順位	得点	受講者
3	1001	水沼	75	5	5		1	1	95	小野寺
4	1002	小野寺	95	1	1		2	2	90	保戸田
5	1003	松原	80	3	3		3	3	80	松原
6	1004	北沢	55	7	7		4	3	80	津田
7	1005	津田	80	3	4		5	5	75	水沼
8	1006	保戸田	90	2	2					
9	1007	加藤	60	6	6					

=D3+COUNTIF($C$3:C3,C3)-1

=INDEX($B$3:$B$9,MATCH(G3,$E$3:$E$9,0))

Column 「ベスト3順位表」に作り替えるには

❶セルH3～J7のフォントの色を白、罫線をなしにしておく。セルH3～J7を選択して、「ホーム」タブの「条件付き書式」→「新しいルール」を選択。「数式を使用して、書式設定するセルを決定」を選び、条件として「=$H3<=3」、書式として黒い文字と格子罫線を指定すると、❷最大5名まで表示可能なベスト3順位表になる。

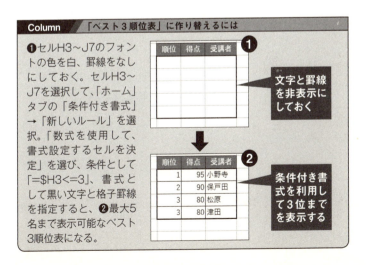

文字と罫線を非表示にしておく

条件付き書式を利用して3位までを表示する

ばらつき 2-33 母集団のデータから分散を求めるには

「分散」とは、データのばらつき具合を表す指標の1つだ。貴金属など高価な製品で重量の検査をする場合、全製品を検査することが多い。全データ（母集団）を対象に分散を求めるには、VAR.P（バリアンス・ピー）関数を使う。分散の値が小さいほど、ばらつきが少ないと考えられる。

●母集団の「重量」データから分散を求める

全数検査の表の「重量」をもとに、分散を求めたい。VAR.P関数の引数に重量のセルB3〜B10を指定すると、求められる。

	A	B	C	D
1	全数検査			
2	検査番号	重量(mg)		平均
3	1	197		198.63
4	2	199		
5	3	194		分散
6	4	203		8.73
7	5	202		
8	6	200		数値1
9	7	195		=VAR.P(B3:B10)
10	8	199		

D6 = =VAR.P(B3:B10)

=VAR.P(数値1, [, 数値2] …)

引数に母集団の数値を指定して、分散を求める。求められる値は、各数値と平均値の差の2乗を合計して、データ数で割った数値になる。

Column　エクセル2007の場合

エクセル2007では、VARP（バリアンスピー）関数を使う。
=VARP(B3:B10)

2-34 ばらつき 標本のデータから分散を推定するには

大量生産の製品で重量の検査をする場合、抜き取り検査をすることが多い。母集団から無作為に取り出したデータ（標本）から全体の分散を推定するには、VAR.S（バリアンス・エス）関数を使う。このような分散の値を一般に「不偏分散」と呼ぶ。

●標本の「重量」データから分散を求める

抜き取り検査の表の「重量」をもとに、全体の分散を推定したい。VAR.S関数の引数に重量のセルB3～B10を指定すると、求められる。

	A	B	C	D
1	抜き取り検査			
2	検査番号	重量(mg)		平均
3	1	197		198.63
4	2	199		
5	3	194		分散（推定）
6	4	203		9.98
7	5	202		
8	6	200	数値1	
9	7	195		=VAR.S(B3:B10)
10	8	199		

D6 =VAR.S(B3:B10)

=VAR.S(数値1, [, 数値2] …)

引数に標本の数値を指定して、母集団の分散を推定する。求められる値は、各数値と平均値の差の2乗を合計して、「データ数-1」で割った数値になる。

Column　エクセル2007の場合

エクセル2007では、VAR（バリアンス）関数を使う。
=VAR(B3:B10)

2-35 ばらつき 母集団のデータから標準偏差を求めるには

「標準偏差」とは、分散の正の平方根の値だ。分散は計算の過程でデータを2乗するが、その平方根である標準偏差はもとのデータと単位が揃い、同じ尺度で比較できる。ここでは、全データ（母集団）を対象に、STDEV.P（スタンダードディビエーション・ピー）関数で標準偏差を求める。

●母集団の「重量」データから標準偏差を求める

全数検査の表の「重量」をもとに、標準偏差を求めたい。VAR.P関数の引数に重量のセルB3〜B10を指定すると、求められる。

	A	B	C	D
1	全数検査			
2	検査番号	重量(mg)		平均
3	1	197		198.63
4	2	199		
5	3	194		標準偏差
6	4	203		2.96
7	5	202		
8	6	200	数値1	
9	7	195		
10	8	199		

D6 =STDEV.P(B3:B10)

=STDEV.P(数値1, [, 数値2] …)

引数に母集団の数値を指定して、標準偏差を求める。

Column　エクセル2007の場合

エクセル2007では、STDEVP（スタンダードディビエーションピー）関数を使う。
=STDEVP(B3:B10)

2-36 ばらつき 標本のデータから標準偏差を求めるには

母集団から無作為に取り出したデータ（標本）から全体の標準偏差を推定するには、STDEV.S（スタンダードディビエーション・エス）関数を使う。結果は、不偏分散の正の平方根と一致する。

●標本の「重量」データから標準偏差を求める

抜き取り検査の表の「重量」をもとに、全体の標準偏差を推定したい。STDEV.S関数の引数に重量のセルB3～B10を指定すると、求められる。

	A	B	C	D
1	抜き取り検査			
2	検査番号	重量(mg)		平均
3	1	197		198.63
4	2	199		
5	3	194		標準偏差（推定）
6	4	203		3.16
7	5	202		
8	6	200	数値1	
9	7	195		
10	8	199		=STDEV.S(B3:B10)

=STDEV.S(数値1, [, 数値2] …)

引数に標本の数値を指定して、母集団の標準偏差を推定する。

Column　エクセル2007の場合

エクセル2007では、STDEV（スタンダードディビエーション）関数を使う。
=STDEV(B3:B10)

2-37 ばらつき 偏差値を求めるには

テストの結果から成績を評価する指標に「偏差値」がある。偏差値は、平均値が50、標準偏差が10になるように調整した値だ。平均値と標準偏差から求められる。公式は次のとおり。

偏差値 = (数値 − 平均値) ÷ 標準偏差 × 10 + 50

●各自の偏差値を求める

あらかじめ、❶AVERAGE関数で平均値、❷STDEV.P関数（エクセル2007ではSTDEV関数）で標準偏差を求めておく。❸「偏差値」欄の先頭のセルC3に公式に従って数式を入力。平均値と標準偏差は、コピー時に固定されるように絶対参照で指定すること。❹数式をコピーすると、各自の偏差値が表示される。

C3　＝(B3-$E$3)/$F$3*10+50

	A	B	C	D	E	F
1	模擬試験結果					
2	氏名	得点	偏差値		平均点	標準偏差
3	阿部　誠	65	48.7		67.42857	18.21975
4	小野　弘美	88	61.3			
5	木島　慶介	34	31.7			
6	白石　京子	56	43.7			
7	中村　秀行	92	63.5			
8	三輪　修二	73	53.1			
9	渡辺　藍子	64	48.1			

❶ =AVERAGE(B3:B9)
❷ STDEV.P(B3:B9)
❸ =(B3-$E$3)/$F$3*10+50
❹ コピー

=AVERAGE(数値1 [, 数値2] …)	➡P54
=STDEV.P(数値1, [, 数値2] …)	➡P76

2-38 中央値を求めるには (ばらつき)

複数の数値を小さい順に並べたときに、真ん中にくる数値を「中央値」または「メディアン」と呼ぶ。所得データでは、極端な高所得者が全体の平均を吊り上げるため、平均値で全体の様子を推し量りにくい。中央値は平均値に比べて極端なデータの影響を受けにくいという利点がある。

●所得データの中央値を求める

表の「年収」欄の数値の中央値を求めたい。MEDIAN関数の引数に「年収」のセルC3〜C10を指定すると求められる。データ数が8個あるので、小さいほうから4番目の「380」と5番目の「410」の平均の「395」が中央値となる。

	A	B	C	D	E	F	G
1		社員一覧					
2	No	社員名	年収(万円)		平均値(万円)		
3	1	江川　義男	1,500		581.3		
4	2	佐久間　剛	820				
5	3	大島　葵	530		中央値(万円)		
6	4	松井　祐樹	410		395		
7	5	中西　愛子	380				
8	6	前島　英人	380				
9	7	荻原　直美	330				
10	8	鈴木　武司	300				

E6: =MEDIAN(C3:C10)

数値1 → C3:C10
=MEDIAN(C3:C10)

```
=MEDIAN(数値1 [, 数値2] …)
```

数値データの中央値を求める。データ数が偶数の場合は、中央にある2つのデータの平均値が中央値となる。

第2章 関数を利用して集計する

データベース関数 2-39 条件表で指定した条件で合計を求めるには

エクセルには、条件表で指定した条件で、データベース形式の表のデータを集計する「データベース関数」がある。合計を求めるには、DSUM（ディーサム）関数を使う。条件表の作り方次第で、さまざまな条件を指定できるのが魅力だ。

●担当者が「藤」の売上データを合計する

売上データベースから、「担当者」が「藤」であるデータの「売上高」を合計したい。❶準備として、条件表の「担当者」欄に「藤」と入力。❷DSUM関数の引数「データベース」に売上データベースのセル、「フィールド」に「売上高」の見出しのセル、「条件範囲」に条件表のセルを指定する。

F8　=DSUM(A7:D17,D7,A2:D3)

	A	B	C	D	E	F
1		条件表 ❶				
2	伝票番号	商品	担当者	売上高		条件範囲
3			藤			
4						
5	データベース			フィールド		
6		売上データベース				集計結果
7	伝票番号	商品	担当者	売上高		売上高合計
8	1001	パソコン	市川	120,000		155,000
9	1002	ノートパソコン	佐久間	64,000		
10	1003	プリンター	佐久間	23,000		
11	1004	パソコンラック	藤	28,000		
12	1005	ディスプレイ	市川	31,000		
13	1006	パソコン	佐久間	189,000		
14	1007	ノートパソコン	藤	105,000		
15	1008	プリンター	佐久間	34,000		
16	1009	パソコン	佐久間	145,000		
17	1010	パソコンラック	藤	22,000		
18						
19				❷ =DSUM(A7:D17,D7,A2:D3)		

```
=DSUM(データベース,フィールド,条件範囲)
```

「条件範囲」で指定した条件に合致するデータを「データベース」から探し、見つかったデータの「フィールド」列の数値を合計する。引数「条件範囲」に指定する条件表は、1行目に「データベース」と同じ列見出しを入力する。

●条件の指定例

・伝票番号が「1006以上」かつ担当者が「藤」(AND条件)

同じ行に入れた複数の条件はAND条件となる。下図のどちらの指定方法でもOK。

伝票番号	商品	担当者	売上高
>=1006		藤	

伝票番号	担当者
>=1006	藤

・担当者が「藤」または「市川」(OR条件)

異なる行に入れた複数の条件はOR条件となる。下図のどちらの指定方法でもOK。

伝票番号	商品	担当者	売上高
		藤	
		市川	

担当者
藤
市川

・伝票番号が「1006以下」の中で、担当者が「藤」または「市川」

伝票番号	商品	担当者	売上高
<=1006		藤	
<=1006		市川	

AND条件とOR条件を組み合わせた複雑な条件も指定可能だ。

・伝票番号が「1003以上1008以下」

伝票番号	伝票番号
>=1003	<=1008

同じ列に複数の条件を指定する場合は、同じ見出しの条件欄を複数用意して条件を入力する。

Column　条件表に空白行を含めない

「条件範囲」の条件の入力欄に空白セルがあってもかまわないが、行全体が空白行だとうまくいかない。条件表を使い回す際に、OR条件を指定したあとで条件を減らすときは、「条件範囲」に空白行を含めないように引数を指定し直そう。

データベース関数 2-40 条件に応じて平均やデータ数、最大値を求めたい

[2-39]（P80）で紹介したDSUM関数のほかにも、さまざまなデータベース関数が用意されている。いずれも頭文字が「D」で、引数は「データベース」「フィールド」「条件範囲」の3つだ。条件の指定方法は、DSUM関数と同じだ。

●「1007未満」かつ「佐久間」のデータを集計する

「伝票番号」が「1007未満」かつ「担当者」が「佐久間」であるデータの「売上高」を集計したい。❶条件表を作成し、❷DAVERAGE関数の引数「データベース」に売上データベースのセル、「フィールド」に「売上高」の見出しのセル、「条件範囲」に条件表のセルを指定して平均値を求める。

F3 =DAVERAGE(A7:D17,D7,A2:D3)

	A	B	C	D	E	F
1	❶	条件表				売上高集計
2	伝票番号	商品	担当者	売上高		平均
3	<1007		佐久間			92,000
4						
5	データベース		条件範囲	フィールド		数値の数
6		売上データベース				
7	伝票番号	商品	担当者	売上高		
8	1001	パソコン	市川	120,000		データ数
9	1002	ノートパソコン	佐久間	64,000		
10	1003	プリンター	佐久間	23,000		
11	1004	パソコンラック	藤	28,000		最大値
12	1005	ディスプレイ	市川	31,000		
13	1006	パソコン	佐久間	189,000		
14	1007	ノートパソコン	藤	105,000		最小値
15	1008	プリンター	佐久間	34,000		
16	1009	パソコン	佐久間	145,000		
17	1010	パソコンラック	藤	22,000		

❷ =DAVERAGE(A7:D17,D7,A2:D3)

❸DCOUNT関数で数値の数、❹DCOUNTA関数でデータの数、❺DMAX関数で最大値、❻DMIN関数で最小値を求める。引数の指定は、いずれもDAVERAGE関数と同じだ。

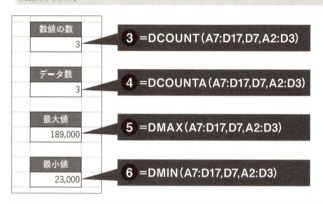

数値の数	
3	❸ =DCOUNT(A7:D17,D7,A2:D3)

データ数	
3	❹ =DCOUNTA(A7:D17,D7,A2:D3)

最大値	
189,000	❺ =DMAX(A7:D17,D7,A2:D3)

最小値	
23,000	❻ =DMIN(A7:D17,D7,A2:D3)

=DAVERAGE(データベース,フィールド,条件範囲)

=DCOUNT(データベース,フィールド,条件範囲)

=DCOUNTA(データベース,フィールド,条件範囲)

=DMAX(データベース,フィールド,条件範囲)

=DMIN(データベース,フィールド,条件範囲)

「条件範囲」で指定した条件に合致するデータを「データベース」から探し、見つかったデータの「フィールド」列の値を集計する。DAVERAGE関数は平均、DCOUNT関数は数値の数、DCOUNTA関数はデータの数、DMAX関数は最大値、DMIN関数は最小値を求める。

Column 条件を満たすデータの件数を求めるには

DCOUNT関数とDCOUNTA関数では、引数「フィールド」に指定した列の数値やデータの数が求められるが、何も指定しない場合は、条件を満たすデータの件数（行数）が求められる。

=DCOUNT(A7:D17,,A2:D3)
=DCOUNTA(A7:D17,,A2:D3)

2-41 完全一致／部分一致の条件を指定するには

データベース関数

「パソコン」「ノートパソコン」「パソコンラック」など、列内に同じ文字を含むデータがあるデータベースでは、条件の指定方法に注意が必要だ。条件表に単に「パソコン」と入れると、「パソコン」「パソコンラック」など、「パソコン」で始まるデータが集計されてしまう。ここでは、条件の適切な指定方法を紹介する。

●「パソコン」に完全一致するデータを集計する

「パソコン」に完全一致するデータを集計したい場合は、❶条件表のセルに「="=パソコン"」と入力する。❷セルには「=パソコン」と表示される。この場合、「ノートパソコン」や「パソコンラック」は集計の対象外となる。

●「パソコン」で終わるデータを集計する

「パソコン」で終わるデータを集計したい場合は、❶条件表のセルに「="=*パソコン"」と入力する。❷セルには「=*パソコン」と表示される。この場合、「パソコン」と「ノートパソコン」が集計の対象になる。単に「*パソコン」と入力すると、「パソコン」を含むという意味になり、「パソコンラック」も集計対象となってしまうので注意しよう。

Column　日付を条件にするには

データベースに日付の列がある場合に、日付の条件を指定したいことがある。例えば、「2016/12/1」のデータを集計したい場合は、条件表に「2016/12/1」と入れる。また、「2016/12/1より前」のデータを集計したい場合は、条件表に「<2016/12/1」と入れる。データベースに「12月1日」「H28.12.1」などの形式で日付が入力されている場合でも、条件は「2016/12/1」形式でよい。

第3章
［関数編］

データ操作の極意
端数も日付も文字列も自由自在

- A 数値計算……86
- B 端数処理……88
- C 財務計算……96
- D 日付と時刻……98
- E 文字列操作……115

3-1 割り算の整数商と余りを求める

数値計算

割り算の演算子である「/」を使用すると、割り切れない場合は「10/3=3.33333…」のように小数になる。商と余りを整数で求めたい場合は、QUOTIENT（クォーシェント）関数とMOD（モッド）関数を使う。「10kgの小麦粉が必要なときに、3kgパックと1kgパックをそれぞれ何個購入すればよいか」といった計算で役に立つ。

●割り算の整数商と余りを求める

QUOTIENT関数を使用して整数商、MOD関数を使用して余りを求める。

	A	B	C	D	E	F	G
1	割り算						
2	数値	÷	除数	=	商	…	余り
3	10	÷	3	=	3	…	1
4	10	÷	4	=	2	…	2
5	10	÷	5	=	2	…	0
6	10	÷	6	=	1	…	4

E3セル: `=QUOTIENT(A3,C3)`

商: `=QUOTIENT(A3,C3)`
余り: `=MOD(A3,C3)`

=QUOTIENT(数値, 除数)

「数値」を「除数」で割ったときの商の整数部分を求める。「除数」に「0」を指定するとエラー値「#DIV/0!」になる。

=MOD(数値, 除数)

「数値」を「除数」で割ったときの余りを求める。「除数」に「0」を指定するとエラー値「#DIV/0!」になる。

3-2 数値計算 べき乗や平方根を求めるには

POWER関数で「数値」と「指数」を指定すると、「2の4乗」など、「数値の指数乗」を求めることができる。「指数」に「1/2」を指定すると平方根が求められるが、平方根の場合は平方根計算に特化したSQRT(スクエアルート)関数を使う方法もある。いずれの関数の場合も、求められるのは正の平方根だ。

●数値の2乗、3乗、平方根を求める

POWER関数を使用して、「数値」の2乗、3乗、平方根(1/2乗)を求める。また、SQRT関数を使用して、「数値」の平方根を求める。

	A	B	C	D	E
1	べき乗	数値			
2	数値	POWER			SQRT
3		2乗	3乗	平方根	平方根
4	1	1	1	1	1
5	2	4	8	1.41421356	1.41421356
6	3	9	27	1.73205081	1.73205081
7	4	16	64	2	2

- =POWER(A4,2)
- =POWER(A4,3)
- =POWER(A4,1/2)
- =SQRT(A4)

=POWER(数値, 指数)

「数値」の「指数」乗を求める。

=SQRT(数値)

「数値」の正の平方根を求める。

3-3 数値を四捨五入するには

端数処理

ROUND(ラウンド)関数を使うと、指定した桁で数値を四捨五入できる。使いこなしのポイントは、第2引数「桁数」の指定だ。四捨五入して整数にしたい場合は、引数「桁数」に「0」を指定する。詳細は下表を参照のこと。

●「15%引き」の金額を四捨五入して整数にする

セルC3には「=B3*0.85」の式で「15%引き」が計算されており、その端数を四捨五入したい。ROUND関数の引数「数値」にセルC3、「桁数」に「0」を指定すればよい。

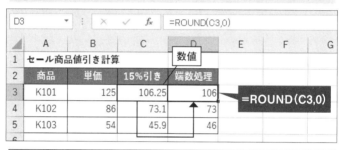

=ROUND(数値, 桁数)

指定した「数値」を指定した「桁数」に四捨五入する。四捨五入して整数にしたい場合は、引数「桁数」に「0」を指定する。また、正数を指定すると小数部、負数を指定すると整数部を四捨五入できる。

●ROUND関数の引数「桁数」の指定例

桁数	使用例	結果(セルA1の値は「1234.567」)
2	=ROUND(A1,2)	1234.57
1	=ROUND(A1,1)	1234.6
0	=ROUND(A1,0)	1235
-1	=ROUND(A1,-1)	1230
-2	=ROUND(A1,-2)	1200

3-4 数値を切り上げ／切り捨てする

端数処理

[3-3]（P88）で紹介したROUND（ラウンド）関数の仲間に、切り上げをするROUNDUP（ラウンドアップ）関数と、切り捨てをするROUNDDOWN（ラウンドダウン）関数がある。どちらも使い方はROUND関数と同じだ。

●「単価」の100円未満を切り上げ／切り捨てする

ROUNDUP関数を使って、「単価」の100円未満の数値を切り上げる。また、ROUNDDOWN関数を使って、「単価」の100円未満の数値を切り捨てる。いずれの関数も、引数「数値」に単価、引数「桁数」に「-2」を指定する。

C3		fx	=ROUNDUP(B3,-2)	
	A	B	C	D
1	商品単価の端数処理			
2	商品	単価	100円未満切り上げ	100円未満切り捨て
3	P201	38,885	38,900	38,800
4	P202	21,650	21,700	21,600
5	P203	10,254	10,300	10,200

数値

=ROUNDUP(B3,-2)　　=ROUNDDOWN(B3,-2)

=ROUNDUP(数値, 桁数)

指定した「数値」を指定した「桁数」に切り上げる。切り上げて整数にしたい場合は、引数「桁数」に「0」を指定する。「桁数」の詳細は [3-3] 参照。

=ROUNDDOWN(数値, 桁数)

指定した「数値」を指定した「桁数」に切り捨てる。切り捨てて整数にしたい場合は、引数「桁数」に「0」を指定する。「桁数」の詳細は [3-3] 参照。

3-5 端数処理 小数点以下を切り捨てて簡単に整数にするには

INT（インテジャー）関数を使用すると、数値の小数点以下を切り捨てて整数にできる。ROUNDDOWN関数（[3-4]〈P89〉参照）と違い、引数は「数値」だけで、桁数の指定はいらない。切り捨てて整数にしたいなら、ROUNDDOWN関数より断然簡単だ。

●消費税率を掛けた金額の端数を切り捨てる

セルC4には「=B4*$C$3」が入力されており、その結果の端数を切り捨てたい。INT関数の引数「数値」にセルC4を指定すればよい。なお、「=ROUNDDOWN(C4,0)」としても、同じ結果が得られる。

	A	B	C	D
1	消費税計算		数値	
2	商品	単価	消費税	
3			8%	端数処理
4	R101	7230	578.4	578
5	R102	4210	336.8	336
6	R103	870	69.6	69

D4 =INT(C4)

=INT(数値)

指定した「数値」を、「数値」以下のもっとも近い整数に切り捨てる。「数値」が負数の場合、ROUNDDOWN関数と異なる結果になるので要注意だ。

●INT関数とROUNDDOWN関数の違い

セルA1の値	INT(A1)	ROUNDDOWN(A1,0)
2.8	2	2
1.5	1	1
-0.6	-1	0
-1.3	-2	-1

3-6 端数処理 税込価格と本体価格を互いに求めるには

本体価格から税込価格を求めたり、逆に税込価格から本体価格を求めたりしたいことがある。本体価格から税込価格を求める際に発生する端数を切り捨てる場合、税込価格から本体価格を求めるには端数を切り上げる。ここでは、反対の端数処理の働きをするROUNDDOWN関数とROUNDUP関数を利用して求める方法を紹介する。

●本体価格から税込価格を、税込価格から本体価格を求める

❶セルB3の本体価格から、セルC3に税込価格を求めたい。ROUNDDOWN関数を使用して、「本体価格×1.08」(「1.08」は「1+消費税率」)の端数を切り捨てればよい。❷求めた税込価格から本体価格を逆算するには、ROUNDUP関数を使用して、「本体価格÷1.08」の端数を切り上げる。

D3		× ✓ fx	=ROUNDUP(C3/(1+$D$1),0)	
	A	B	C	D
1	価格計算		消費税率：	8%
2	商品	本体価格	税込価格	本体価格
3	R101	7,230	7,808	7,230
4	R102	4,210	4,546	4,210
5	R103	870	939	870

=ROUNDDOWN(B3*(1+$D$1),0)   =ROUNDUP(C3/(1+$D$1),0)

=ROUNDUP(数値, 桁数)	➡P89

=ROUNDDOWN(数値, 桁数)	➡P89

3-7 端数処理 数値を「500円単位」で切り上げ/切り捨てするには

「12本単位」「500円単位」など、数値を特定の単位で切り上げるにはCEILING（シーリング）関数、切り捨てるにはFLOOR（フロア）関数を使う。切り上げは天井（シーリング）側、切り捨ては床（フロア）側と覚えよう。

●「単価」の500円未満を切り上げ／切り捨てする

CEILING関数を使って、「単価」の500円未満を切り上げる。また、FLOOR関数を使って、「単価」の500円未満の数値を切り捨てる。いずれの関数も、引数「数値」に単価、引数「基準値」に「500」を指定する。

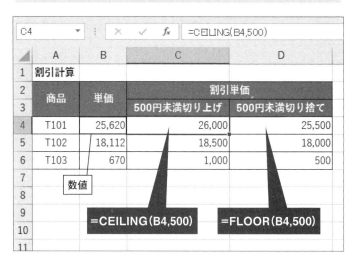

=CEILING(数値, 基準値)

「数値」を「基準値」の倍数のうち、もっとも近い値に切り上げる。

=FLOOR(数値, 基準値)

「数値」を「基準値」の倍数のうち、もっとも近い値に切り捨てる。

端数処理 3-8 数値を「500円単位」で丸めるには

「12本単位」「500円単位」など、特定の単位の大きさになるように数値を丸めるには、MROUND（エムラウンド）関数を使う。例えば、「25,620」は「25,500」と「26,000」の間にあるが、より「25,500」に近い。MROUND関数で「25,620」を「500円単位」に丸めると、より近いほうの「25,500」という結果になる。

●「単価」の500円未満を丸める

MROUND関数を使って、「単価」の500円未満を丸めたい。引数「数値」に単価、引数「基準値」に「500」を指定すればよい。

	A	B	C
1	割引計算		
2	商品	単価	割引単価
3			500円未満丸め
4	T101	25,620	25,500
5	T102	18,112	18,000
6	T103	670	500

C4 = `=MROUND(B4,500)`

数値

=MROUND(B4,500)

=MROUND(数値, 基準値)

「数値」を「基準値」の倍数のうち、もっとも近い値に切り上げ、または切り捨てる。「数値」が「基準値」の倍数の中間の値の場合は、「0」から遠いほうの数値に丸められる。

3-9 端数処理 ケース単位の発注数を求める

1ケース20個入りのケース売り商品を112個ほしい……。そんなときに問題になるのがケース単位から漏れた端数の扱いだ。多少の無駄が出ても必要な個数を確保したい場合は、CEILING関数を使用する。多少の不足があっても余分な発注をしたくない場合は、FLOOR関数を使用する。過不足分がなるべく少なくなるようにバランスを見て発注したい場合は、MROUND関数を使用する。

●余剰分が最小限になるようにケース数を計算する

B列に必要数、C列に1ケース当たりの単位数が入力されている。❶CEILING関数を使用してケース単位で発注する個数を求める。❷求めた個数を単位数で割れば、実際に発注するケース数が求められる。❸また、求めた個数から必要数を引けば、余剰分がわかる。必要数が「112」、単位数が「20」の場合、発注数は6ケースで、そのうち8個が余る計算になる。

商品	必要数	単位数	発注数 個数	発注数 ケース数	過不足
M101	112	20	120	6	+8
M102	86	20	100	5	+14
M103	79	12	84	7	+5

❶ =CEILING(B4,C4)　❷ =D4/C4　❸ =D4-B4

=CEILING(数値, 基準値)　→P92

=FLOOR(数値, 基準値)　→P92

=MROUND(数値, 基準値)　→P93

●不足が最小限になるようにケース数を計算する

前ページで作成した表のセルD4の数式をFLOOR関数に変えると、不足分が最小限になるような発注数が求められる。不足分は、次回の発注に回すか、単品買いすればいい。必要数が「112」、単位数が「20」の場合、発注数は5ケースで、不足分が12個になる計算だ。

	A	B	C	D	E	F
				fx	=FLOOR(B4,C4)	

D4のfx欄: =FLOOR(B4,C4)

	A	B	C	D	E	F
1	発注計算					
2	商品	必要数	単位数	発注数		過不足
3				個数	ケース数	
4	M101	112	20	100	5	-12
5	M102	86	20	80	4	-6
6	M103	79	12	72	6	-7

=FLOOR(B4,C4)

●過不足が最小限になるようにケース数を計算する

前ページで作成した表のセルD4の数式をMROUND関数に変えると、過不足が最小限になるような発注数が求められる。必要数が「112」、単位数が「20」の場合、6ケース買うと余りが8個、5ケース買うと不足が12個になるので、6ケース買う方が過不足が少なくて済む。

D4のfx欄: =MROUND(B4,C4)

	A	B	C	D	E	F
1	発注計算					
2	商品	必要数	単位数	発注数		過不足
3				個数	ケース数	
4	M101	112	20	120	6	+8
5	M102	86	20	80	4	-6
6	M103	79	12	84	7	+5

=MROUND(B4,C4)

財務計算
3-10 住宅ローンの毎月の返済額を試算する

エクセルには、ローンの試算をするための関数もある。PMT（ペイメント）関数を使うと、元利均等方式の固定金利ローンの毎回の返済額を計算できる。ここでは、35年固定金利、年利1.2%でローンを組んだときの月返済額とボーナス返済額を求める。借入額は毎月分が1600万円、ボーナス分が400万円の合計2000万円とする。

●元利均等方式の固定金利ローンの返済額を求める

❶月返済額を求めるには、PMT関数の3つの引数に月利（年利÷12）、返済月数（返済年数×12）、借入額の「16,000,000」を指定する。❷ボーナス返済額も同様に求められるが、単位を半年に揃えて指定する。試算の結果、毎月46,672円、ボーナス月はそれに加えて70,149円の返済することがわかった。

	A	B	C
C8			fx =PMT(C2/12,C3*12,C5)
1		住宅ローン返済計画	
2	年利		1.20%
3	返済期間（年）		35
4	借入金額		¥20,000,000
5		毎月分	¥16,000,000
6		ボーナス分	¥4,000,000
7			
8	月返済額		¥-46,672
9	ボーナス返済額		¥-70,149

❶ =PMT(C2/12,C3*12,C5)
❷ =PMT(C2/2,C3*2,C6)

財務関数では支払額を負数で表すので、結果は負数で表示される。正数で表示したい場合は「=-PMT(…)」のように、PMT関数の前に「-」を付ければよい。

=PMT(利率,返済回数,借入額)

一定の利率で定期的に定額の返済をする、元利均等方式のローンの定期返済額を求める。元利均等方式とは、毎回の返済額（元金と利息の合計）が一定になる返済方法のこと。

財務計算 3-11 返済可能な資金からマイホームの予算を決める

PV（プレゼントバリュー）関数を使用すると、元利均等方式の固定金利ローンの借入可能な金額を求められる。ここでは、頭金が500万円あり、毎月5万円、ボーナス月はプラス7万円を返済できる場合のマイホームの予算を求める。

●マイホームの予算を求める

❶月返済額を5万円として借入可能額を求めるには、PV関数の3つの引数に月利（年利÷12）、返済月数（返済年数×12）、月返済額の「-50,000」を指定する。月返済額にマイナスを付けるのは、財務関数では支払額を負数で表す決まりのため。❷ボーナス分は、単位を半年に揃えて指定する。❸求めた借入可能額と頭金を足した、約2600万円がマイホームの予算となる。

B8: =PV(B2/12,B3*12,B5)

	A	B
1	マイホームの予算	
2	年利	1.20%
3	返済期間（年）	35
4	頭金	¥5,000,000
5	月返済額	¥-50,000
6	ボーナス返済額	¥-70,000
7		
8	月返済分借入額	¥17,140,764
9	ボーナス分借入額	¥3,991,494
10	マイホーム予算	¥26,132,258

返済額を負数で入力しておく

❶ =PV(B2/12,B3*12,B5)
❷ =PV(B2/2,B3*2,B6)
❸ =B4+B8+B9

セルB5とセルB6の返済額を正数で入力した場合は、PV関数の引数「定期支払額」を「=PV(B2/12,B3*12,-B5)」のように「-」付きで指定する。

=PV(利率, 返済回数, 定期支払額)

一定の利率で定期的に定額の返済をする、元利均等方式のローンの借入額を求める。元利均等方式とは、毎回の返済額（元金と利息の合計）が一定になる返済方法のこと。

3-12 シリアル値って何?

日付と時刻

日付や時刻の正体は、「シリアル値」と呼ばれる数値だ。日付は「1900年1月1日」を「1」として、1日に1ずつ加算される整数の連番、時刻は24時間を「1」とする小数で表される。

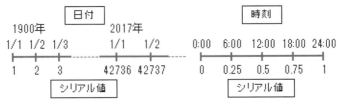

●日付/時刻とシリアル値を互いに変換するには

❶日付や時刻のセルを選択し、「ホーム」タブの❷「表示形式」の一覧から❸「標準」を選ぶと、❹シリアル値に変化する。反対に、❺シリアル値のセルを選択して、❻日付にする場合は「短い日付形式」、❼時刻にする場合は「時刻」を選ぶと、❽日付や時刻の表示になる。

3-13 現在の日付と時刻を表示するには
日付と時刻

TODAY（トゥデイ）関数で現在の日付が求められる。また、NOW（ナウ）関数で現在の日付と時刻が求められる。これらの関数は、ブックを開くたびに自動的に再計算が行われ、その時点での日付や時刻が表示される。

●現在の日付と時刻を表示する

TODAY関数で現在の日付、NOW関数で現在の日付と時刻を求める。

	A	B
1	現在の日付	2016/8/10	← =TODAY()
2	現在の日付と時刻	2016/8/10 10:10	← =NOW()

`=TODAY()`

コンピューターの内部時計を元に、現在の日付を表示する。

`=NOW()`

コンピューターの内部時計を元に、現在の日付と時刻を表示する。

Column　TODAY関数とNOW関数の注意点

TODAY関数やNOW関数によって表示される日時は、ほかのセルで計算をしたり、ブックを開き直したりするとその時点の日時に変化する。表の作成日を記録しておきたいときなど、入力した日時を固定したい場合は、セルに直接日付データや時刻データを入力しよう。セルを選択して「Ctrl」+「;」キーを押すと現在の日付を、「Ctrl」+「:」キーを押すと現在の時刻を入力できる。

3-14 日付を年月日に分解するには

日付と時刻

日付を「年」「月」「日」の3つの数値に分解するには、YEAR(イヤー)関数、MONTH(マンス)関数、DAY(デイ)関数を使用する。

●日付から「年」「月」「日」を取り出す

「生年月日」欄の日付から、YEAR関数で「年」、MONTH関数で「月」、DAY関数で「日」を取り出す。それぞれ引数に「生年月日」のセルを指定すればよい。

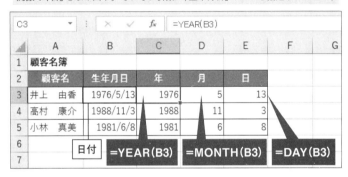

=YEAR(日付)

「日付」から「年」の数値を取り出す。

=MONTH(日付)

「日付」から「月」の数値を取り出す。

=DAY(日付)

「日付」から「日」の数値を取り出す。

Column　時刻を「時」「分」「秒」に分解するには

「=HOUR(時刻)」で「時」、「=MINUTE(時刻)」で「分」、「=SECOND(時刻)」で「秒」を取り出せる。

日付と時刻 3-15 年月日から日付データを作成するには

DATE（デイト）関数を使用すると、「年」「月」「日」の3つの数値から日付データを作成できる。「年」「月」「日」の数値がそのままでは存在する日付にならない場合は、下表のように自動調整機能が働くので便利だ。

●「年」「月」「日」から日付データを作成する

「年」「月」「日」欄の数値から、DATE関数を使用して日付データを作成する。

	A	B	C	D	E	F
	E3		fx	=DATE(B3,C3,D3)		
1	顧客名簿					
2	顧客名	年	月	日	生年月日	
3	井上　由香	1976	5	13	1976/5/13	
4	高村　康介	1988	11	3	1988/11/3	
5	小林　真美	1981	6	8	1981/6/8	
6		年	月	日	=DATE(B3,C3,D3)	
7						

```
=DATE(年, 月, 日)
```

「年」「月」「日」欄の数値から、DATE関数を使用して日付データを作成する。

●DATE関数の自動調整機能

年	月	日	実行結果	説明
2016	13	5	2017/1/5	「13」月を翌年の1月と見なす
2017	0	5	2016/12/5	「0」月を前年の12月と見なす
2017	2	0	2017/1/31	「0」日を前月の末日と見なす
2017	2	-1	2017/1/30	「-1」日を前月末日の1日前を見なす

3-16 前月末、当月末、翌月末の日付を求めるには

日付と時刻

締日として月末日を求めたいことがある。EOMONTH（エンドオブマンス）関数を使用すると、指定した日付の「○カ月前」や「○カ月後」の月末日の日付を簡単に求められる。

●売上日から当月末日を計算する

EOMONTH関数を使用して、「売上日」の日付からその月の月末日を求める。引数「開始日」に「売上日」、「月」に「0」を指定すると、「売上日」の月の末日が求められる。「締日」欄には日付の表示形式を設定してある。

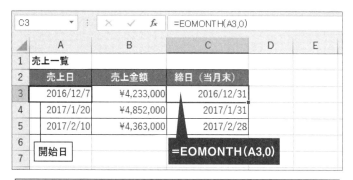

```
=EOMONTH(開始日, 月)
```

「開始日」から「月」数前後の月末日を求める。EOMONTH関数の結果はシリアル値なので、日付として表示するには日付の表示形式を設定する必要がある。

●引数「月」の指定例

指定例	結果	説明
=EOMONTH("2016/11/6",-2)	2016/9/30	前々月の月末日
=EOMONTH("2016/11/6",-1)	2016/10/31	前月の月末日
=EOMONTH("2016/11/6",0)	2016/11/30	当月の月末日
=EOMONTH("2016/11/6",1)	2016/12/31	翌月の月末日
=EOMONTH("2016/11/6",2)	2017/1/31	翌々月の月末日

日付と時刻 3-17 翌月10日の日付を求めるには

「支払日は翌月○日」「締日は当月○日」など、基準日をもとに特定の日付を求めたいことがある。EOMONTH関数を使用して「翌月」や「当月」の末日を調べ、その日付から○日後を求めればよい。

●売上日を基準に「翌月10日」を計算する

「売上日」の翌月10日を求めたい。EOMONTH関数を使用して「売上日」から月末日を求め、その10日後を計算すれば、翌月10日になる。引数「月」の値や、加算する日数を変えれば、さまざまな日付を求めるのに応用できる。

C3 : `=EOMONTH(A3,0)+10`

	A	B	C
1	売上一覧		
2	売上日	売上金額	翌月10日
3	2016/11/16	¥3,354,000	2016/12/10
4	2016/12/7	¥4,233,000	2017/1/10
5	2017/1/20	¥4,852,000	2017/2/10
6	2017/2/10	¥4,363,000	2017/3/10

`=EOMONTH(A3,0)+10`

`=EOMONTH(開始日, 月)` ➡P102

●計算例

求める日にち	式	結果
前月10日	=EOMONTH("2016/11/16",-2)+10	2016/10/10
当月10日	=EOMONTH("2016/11/16",-1)+10	2016/11/10
翌月10日	=EOMONTH("2016/11/16",0)+10	2016/12/10
翌月25日	=EOMONTH("2016/11/16",0)+25	2016/12/25

3-18 土日祝日を除いて3営業日後の日付を求めたい

`日付と時刻`

「受付日の3営業日後」という条件で発送日を求めるには、WORKDAY関数を使う。土日、および指定した休業日を除いて、○日後や○日前を求める関数だ。

●受付日を基準に「3営業日後」を計算する

A列に入力した受付日の3営業日後を求めたい。❶準備として、祝日や振替休日、創業記念日などの休日を入力しておく。❷WORKDAY関数の引数「開始日」に受付日のセル、「日数」に「3」、「祭日」に休日のセルを指定し、❸下のセルまでコピーする。例えば、受付日を「2016/11/1（火）」とすると、「11/3（祝）」「11/5（土）」「11/6（日）」を除いて、「11/7（月）」が3営業日後となる。

	A	B	C	D	E	F	G	H	I	J
1	発送日早見表（3営業日後）			2016年11月カレンダー						
2	受付日	発送日		日	月	火	水	木	金	土
3	2016/11/1(火)	2016/11/7(月)				1	2	3	4	5
4	2016/11/2(水)	2016/11/8(火)		6	7	8	9	10	11	12
5	2016/11/3(木)	2016/11/8(火)		13	14	15	16	17	18	19
6	2016/11/4(金)	2016/11/9(水)		20	21	22	23	24	25	26
7	2016/11/5(土)	2016/11/9(水)		27	28	29	30			
8	2016/11/6(日)	2016/11/9(水)								
9	2016/11/7(月)	2016/11/10(木)		❶ 2016年11月祝祭日						
10	2016/11/8(火)	2016/11/11(金)		2016/11/3	文化の日					
11	2016/11/9(水)	2016/11/14(月)		2016/11/23	勤労感謝の日					

B3 `=WORKDAY(A3,3,$D$10:$F$11)`

開始日／❷ `=WORKDAY(A3,3,$D$10:$F$11)` ／祭日

`=WORKDAY(開始日, 日数 [, 祭日])`

土曜日と日曜日、および指定した「祭日」を休日として、「開始日」から「日数」後、または「日数」前の営業日を求める。「祭日」を省略した場合は、土曜日と日曜日だけが休日として扱われる。WORKDAY関数の結果はシリアル値なので、日付として表示するには日付の表示形式を設定する必要がある。

3-19 日付と時刻 15日締め翌月10日払いの引落日（営業日）を求めたい

「15日締め翌月10日払い」とは、日付が15日以前なら翌月10日払い、16日以降なら翌々月10日払いという意味。ここでは、「10日が休日の場合は翌営業日払い」という条件で引落日を求める。EOMONTH関数を使用して、引落日前日にあたる「翌月9日」を求め、WORKDAY関数を使用して、その翌営業日を求めればよい。

●「15日締め翌月10日払い」の引落日を求める

❶使用日の「15日締め翌月9日」を求める。使用日の「日」が15日以前なら今月末、15日よりあとなら翌月末を求め、「9」を加えればよい。EOMONTH関数、IF関数、DAY関数を使う。❷求めた日付の翌営業日を、WORKDAY関数を使用して求める。使用日が「11/2」の場合、計算上の引落日は「12/10(土)」となるが、計算結果は翌営業日の「12/12（月）」になる。

	A	B	C	D	E	F
1	クレジットカード引落日計算				休日リスト	
2	使用日	引落日前日	引落日		2016/12/23(金)	
3	2016/11/2	2016/12/9	2016/12/12(月)		2017/1/1(日)	
4	2016/11/16	2017/1/9	2017/1/10(火)		2017/1/2(月)	
5	2016/12/15	2017/1/9	2017/1/10(火)		2017/1/9(月)	

C3 =WORKDAY(B3,1,$E$2:$E$5)

1 =EOMONTH(A3,IF(DAY(A3)<=15,0,1))+9

2 =WORKDAY(B3,1,$E$2:$E$5)

=EOMONTH(開始日, 月)	➡P102
=IF(論理式, 真の場合, 偽の場合)	➡P128
=DAY(日付)	➡P100
=WORKDAY(開始日, 日数 [, 祭日])	➡P104

日付と時刻 3-20 土日以外を定休日として3営業日後を求めたい

土日定休の場合の「3営業日後」はWORKDAY関数（[3-18]<P104>参照）で求められるが、土日以外の曜日を定休日とする場合は、定休日を自由に指定できるWORKDAY.INTL（ワークデイ・インターナショナル）関数を使う。なお、この関数はエクセル2010で追加された関数なので、エクセル2007では使えない。

●金曜日を定休日として「3営業日後」を計算する

金曜日を定休日として、A列に入力した受付日の3営業日後を求めたい。❶準備として、祝日や振替休日、創業記念日などの休日を入力しておく。❷WORKDAY.INTL関数の引数「開始日」に受付日のセル、「日数」に「3」、「週末」に金曜日を表す「16」、「祭日」に休日のセルを指定し、❸下のセルまでコピーする。例えば、受付日を「2016/11/1（火）」とすると、「11/3（祝）」「11/4（金）」を除いて、「11/6（日）」が3営業日後となる。

B3 =WORKDAY.INTL(A3,3,16,$D$10:$F$11)

開始日	A	B
1	発送日早見表（3営業日後）	
2	受付日	発送日
3	2016/11/1(火)	2016/11/6(日)
4	2016/11/2(水)	2016/11/7(月)
5	2016/11/3(木)	2016/11/7(月)
6	2016/11/4(金)	2016/11/7(月)
7	2016/11/5(土)	2016/11/8(火)
8	2016/11/6(日)	2016/11/9(水)
9	2016/11/7(月)	2016/11/10(木)
10	2016/11/8(火)	2016/11/12(土)
11	2016/11/9(水)	2016/11/13(日)

2016年11月カレンダー

日	月	火	水	木	金	土
		1	2	3	4	5
6	7	8	9	10	11	12
13	14	15	16	17	18	19
20	21	22	23	24	25	26
27	28	29	30			

❶ 2016年11月祝祭日
- 2016/11/3 文化の日
- 2016/11/23 勤労感謝の日

祭日

❷ =WORKDAY.INTL(A3,3,16,$D$10:$F$11)

```
=WORKDAY.INTL(開始日, 日数 [, 週末] [, 祭日])
```

引数「週末」で指定した曜日と、「祭日」で指定した日付を休日として、「開始日」から「日数」後、または「日数」前の営業日を求める。「週末」を省略した場合は、土曜日と日曜日が休日となる。「祭日」を省略した場合は、「週末」の曜日だけが休日として扱われる。WORKDAY.INTL関数の結果はシリアル値なので、日付として表示するには日付の表示形式を設定する必要がある。

●引数「週末」の設定値

設定値	週末の曜日
1	土曜日と日曜日
2	日曜日と月曜日
3	月曜日と火曜日
4	火曜日と水曜日
5	水曜日と木曜日
6	木曜日と金曜日
7	金曜日と土曜日

設定値	週末の曜日
11	日曜日
12	月曜日
13	火曜日
14	水曜日
15	木曜日
16	金曜日
17	土曜日

Column　月曜日と金曜日を休日とするには

上表の曜日以外を定休日としたいときは、営業日を「0」、休業日を「1」として、月曜日から日曜日までを7文字の文字列で指定する。例えば、月曜日と金曜日を定休日とするには、1文字目と5文字目を「1」として、"1000100"と指定する。

	A	B	C	D	E	F	G	H	I	J	K	L
1	発送日早見表	(3営業日後)		2016年11月カレンダー								
2	受付日	発送日		日	月	火	水	木	金	土		
3	2016/11/1(火)	2016/11/6(日)				1	2	3	4	5		
4	2016/11/2(水)	2016/11/8(火)		6	7	8	9	10	11	12		
5	2016/11/3(木)	2016/11/8(火)		13	14	15	16	17	18	19		
6	2016/11/4(金)	2016/11/8(火)		20	21	22	23	24	25	26		
7	2016/11/5(土)	2016/11/9(水)		27	28	29	30					
8	2016/11/6(日)	2016/11/10(木)										
9	2016/11/7(月)	2016/11/10(木)		2016年11月祝祭日								
10	2016/11/8(火)	2016/11/12(土)		2016/11/3	文化の日							
11	2016/11/9(水)	2016/11/13(日)		2016/11/23	勤労感謝の日							
12												
13	=WORKDAY.INTL(A3,3,"1000100",$D$10:$F$11)											

3-21 土日祝日を除いた期間の営業日数を求めたい

日付と時刻

「11月1日から7日までの期間に営業日数は何日あるか」を調べたいときは、NETWORKDAYS（ネットワークデイズ）関数を使う。土日と祝日を除いた日数を求めることができる。与えられたスケジュールの中で、実作業日数を調べたいときなどに重宝する。

●「開始日」から「終了日」までの営業日数を計算する

B列の「開始日」からC列の「終了日」までに、実稼働日数が何日あるかを調べたい。❶準備として、祝日や振替休日、創業記念日などの休日を入力しておく。❷NETWORKDAYS関数の引数に「開始日」「注文日」「祝祭日」のセルを指定し、❸下のセルまでコピーする。例えば、「11/1（火）」から「11/7（月）」までの日数は、「11/3（祝）」「11/5（土）」「11/6（日）」を除いた「4日間」となる。

	A	B	C	D	E	F	G	H	I	J	K	L
1		プロジェクト管理				2016年11月カレンダー						
2	工程	開始日	終了日	日数		日	月	火	水	木	金	土
3	A	11/1(火)	11/7(月)	4				1	2	3	4	5
4	B	11/4(金)	11/10(木)	5		6	7	8	9	10	11	12
5	C	11/8(火)	11/14(月)	5		13	14	15	16	17	18	19
6	D	11/15(火)	11/21(月)	5		20	21	22	23	24	25	26
7	E	11/21(月)	11/25(金)	4		27	28	29	30			
8												
9		開始日	終了日							祭日	❶祝祭日	
10											2016/11/3	
11		❷ =NETWORKDAYS(B3,C3,$J$10:$L$11)									2016/11/23	

D3 = `=NETWORKDAYS(B3,C3,$J$10:$L$11)`

=NETWORKDAYS(開始日, 終了日 [, 祭日])

土曜日と日曜日、指定した「祭日」を休日として、「開始日」から「終了日」までの営業日数を求める。「祭日」を省略した場合は、土曜日と日曜日だけが休日として扱われる。

3-22 土日以外を定休日として営業日数を求めたい

日付と時刻

土日以外の曜日を定休日として、指定した期間の営業日数を調べたいときは、NETWORKDAYS.INTL（ネットワークデイズ・インターナショナル）関数を使う。なお、この関数はエクセル2010で追加された関数で、エクセル2007では使えない。

●金曜日を定休日として営業日数を計算する

金曜日を定休日として、「開始日」から「終了日」までに実稼働日数が何日あるかを調べたい。❶準備として、祝日や振替休日、創業記念日などの休日を入力しておく。❷NETWORKDAYS.INTL関数の引数に「開始日」「注文日」「祝祭日」のセルを指定。「週末」には「金曜日」を表す「16」を指定して、❸下のセルまでコピーする。例えば、「11/1（火）」から「11/7（月）」までの日数は、「11/3（祝）」「11/4（金）」を除いた「5日間」となる。

	A	B	C	D	E	F	G	H	I	J	K	L
1		プロジェクト管理				2016年11月カレンダー						
2	工程	開始日	終了日	日数		日	月	火	水	木	金	土
3	A	11/1(火)	11/7(月)	5				1	2	3	4	5
4	B	11/3(木)	11/10(木)	6		6	7	8	9	10	11	12
5	C	11/8(火)	11/14(月)	6		13	14	15	16	17	18	19
6	D	11/15(火)	11/21(月)	6		20	21	22	23	24	25	26
7	E	11/21(月)	11/26(土)	4		27	28	29	30			
8												
9		開始日	終了日			祭日	❶祝祭日					
10							2016/11/3					
11		❷=NETWORKDAYS.INTL(B3,C3,16,$J$10:$L$11)					2016/11/23					

D3: =NETWORKDAYS.INTL(B3,C3,16,$J$10:$L$11)

=NETWORKDAYS.INTL(開始日, 終了日 [, 週末] [, 祭日])

引数「週末」で指定した曜日と、「祭日」で指定した日付を休日として、「開始日」から「終了日」までの営業日数を求める。「祭日」を省略した場合は、「週末」だけが休日として扱われる。「週末」は、P107の『引数「週末」の設定値』の表とコラム『月曜日と金曜日を休日とするには』を参考に設定する。

日付と時刻 3-23 日付から曜日番号を求める

WEEKDAY（ウィークデイ）関数を使用すると、日付から曜日番号を求められる。曜日を数値化することで、条件判定などの処理が容易になるというメリットがある。

●日曜始まりの曜日番号と月曜始まりの曜日番号を求める

日曜日を「1」とした曜日番号と、月曜日を「1」とした曜日番号を求めたい。WEEIDAY関数の引数「日付」に日付のセルを指定。日曜始まりの場合は引数「種類」を省略、月曜始まりの場合は「種類」に「2」を指定する。

	A	B	C
1	日付	曜日番号	
2		日曜始まり	月曜始まり
3	2017/1/1(日)	1	7
4	2017/1/2(月)	2	1
5	2017/1/3(火)	3	2
6	2017/1/4(水)	4	3
7	2017/1/5(木)	5	4
8	2017/1/6(金)	6	5
9	2017/1/7(土)	7	6

=WEEKDAY(A3,2)
=WEEKDAY(A3)

=WEEKDAY(日付 [, 種類])

指定した「日付」の曜日番号を求める。以下は、引数「種類」の主な設定値。
- 「1」を指定するか省略 ： 「日～月」が「1～7」で表される。
- 「2」を指定 ： 「月～日」が「1～7」で表される。
- 「3」を指定 ： 「月～日」が「0～6」で表される。

Column　土日かどうかを判定するには

指定した日付が土日かどうかを判定したいときは、WEEKDAY関数の引数「種類」に「2」を指定するとよい。関数の結果が「6以上」という単一の条件で判定できるからだ。例えば、「=IF（WEEKDAY(A3,2)>=6,"週末","")」とすると、セルA3の日付が土日の場合に「週末」と表示できる。「種類」を省略した場合は、条件が「1または7」と複雑になってしまうので注意しよう。

3-24 日付の隣のセルに曜日を表示するには

日付と時刻

TEXT（テキスト）関数を使用すると、日付や数値を思い通りの表示形式で表示できる。日付を「土曜日」の形式で表示するには、「aaa」という書式記号を使う。日付を変更すると、自動的に曜日も変わるので、スケジュール表の日付を変えて使い回すときなどに便利だ。

●「日付」の隣に曜日を表示する

TEXT関数の引数「値」にA列の日付、「表示形式」に「"aaa"」を指定して、曜日を表示する。

	A	B	C
1	スケジュール表		
2	日付	曜日	スケジュール
3	2016/12/1	木	
4	2016/12/2	金	
5	2016/12/3	土	
6	2016/12/4	日	
7	2016/12/5	月	
8	2016/12/6	火	
9	2016/12/7	水	

B3 =TEXT(A3,"aaa")

```
=TEXT(値 [, 表示形式])
```

指定した「値」を指定した「表示形式」の文字列に変換する。引数「表示形式」は、書式記号を「"」で囲んで指定する。

●日付の表示形式の設定例（「値」が「2017/2/7」の場合）

書式記号	表示例
yyyy/mm/dd	2017/02/07
yyyy/m/d (aaa)	2017/2/7 (火)
ggge年m月d日	平成29年2月7日

書式記号	表示例
ge.m.d	H29.2.7
m月d日	2月7日
m月d日aaaa	2月7日火曜日

3-25 勤務時間を計算するには

日付と時刻

勤務時間の合計や時給計算を正しく行うには、時間の表示形式「[h]:mm」の設定と、シリアル値から「時間」単位への換算が必要だ。ここでは、具体的な操作方法を見ていこう。

●勤務時間を合計する

❶セルB6に「=SUM(B3:B5)」と入力して勤務時間を合計すると、❷「6:00」と表示されてしまう。正しく「30:00」と表示するには、❸セルB6を右クリックして表示されるメニューから「セルの書式設定」を選ぶ。

❸ セル B6 を右クリックして「セルの書式設定」を選択

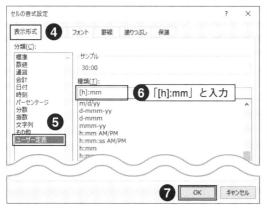

「セルの書式設定」画面が開いたら、❹「表示形式」タブで❺「ユーザー定義」を選び、❻「[h]:mm」と入力して、❼「OK」をクリックする。

112

2	日にち	勤務時間		時給
3	12月5日	12:00		¥1,000
4	12月6日	8:00		給与
5	12月7日	10:00		
6	合計	30:00		正しく表示できた！
7				

Column　時間の表示形式を設定する

時刻の通常の表示形式「h:mm」は、24時間を超えると「0」に戻る仕組みだ。そのため、「24:00」や「48:00」は「0:00」、「30:00」は「6:00」と表示される。24時間を超える時間を表示するには、「[h]:mm」というユーザー定義の表示形式を使用する。

●時給を掛けて給与を計算する

時給に勤務時間を掛けて給与を求めたい。❶単純に「=D3*B6」とすると、❷「30000」となるはずの結果が「1250」となってしまう。正しく計算するには、勤務時間に24を掛けて「時間」単位に換算する必要がある。❸「=D3*B6*24」とすると、正しい結果が表示される。

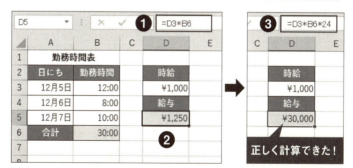

Column　シリアル値を「時間」単位に換算する

「30:00」のシリアル値は「1.25」なので、「¥1,000 × 30:00」の結果は「¥1,000 × 1.25 = ¥1,250」となる。シリアル値の「1.25」を「時間」単位に換算するには、24を掛けて「1.25 × 24 = 30」とすればよい。したがって、「¥1,000 × 30:00 × 24」とすれば、「¥1,000 × 30 = ¥30,000」と計算できる。

3-26 生年月日から年齢を求めるには

日付と時刻

DATEDIF（デイトディフ）関数を使うと、指定した2つの日付の間隔を「年単位」「月単位」などで計算できる。年齢を求めるには、引数として生年月日、本日の日付、年単位を表す「"Y"」の3つを指定する。

●生年月日から年齢を計算する

「生年月日」欄の日付から年齢を計算したい。DATEDIF関数の引数「開始日」に「生年月日」、「終了日」にTODAY関数で求めた本日の日付、「単位」に「年」を意味する「"Y"」を指定すればよい。

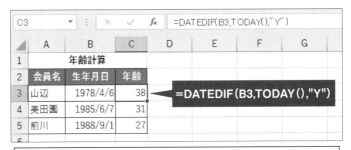

=DATEDIF(開始日, 終了日, 単位)

「開始日」から「終了日」までの間隔を、指定した「単位」で求める。この関数は、「数式」タブの「日付／時刻」ボタンの一覧にはないので、直接セルに入力する必要がある。

=TODAY() ➡P99

●引数「単位」の設定値

設定値	単位
"Y"	年単位
"M"	月単位
"D"	日単位

設定値	単位
"YM"	1年未満の月数
"YD"	1年未満の日数
"MD"	1カ月未満の日数

文字列操作 3-27 セルに入力した氏名からふりがなを取り出したい

セルに漢字を入力すると、変換時の読みの情報も一緒に記憶される。PHONETIC（フォネティック）関数を使用すると、セルに記憶されているふりがなを取り出せる。

●「氏名」のふりがなを取り出す

「氏名」欄のデータのふりがなをPHONETIC関数で取り出して表示する。

	A	B	C
1	顧客名簿		
2	No	氏名	ふりがな
3	1001	菅野　祐樹	カンノ　ユウキ
4	1002	野田　鞠子	ノダ　マリコ
5	1003	浜田　雅人	ハマダ　マサト

C3 =PHONETIC(B3)

```
=PHONETIC(参照)
```

引数「参照」で指定したセルに記憶されているふりがなを取り出す。ワードやメールなど、ほかのアプリからコピーしたデータの場合、セルにふりがなの情報が含まれないので漢字がそのまま表示される。

Column　ふりがなの修正と文字種の変更

「菅野（すがの）」を「かんの」で変換した場合など、漢字を入力するときに本来とは異なる読みで変換した場合、PHONETIC関数で取り出されるのは間違ったふりがなになる。その場合、「氏名」欄のセルを選択して、「ホーム」タブの「ふりがなの表示／非表示」→「ふりがなの編集」をクリックし、ふりがなを修正しよう。
また、PHONETIC関数の結果をひらがなや半角カタカナで表示したい場合は、「ふりがなの表示／非表示」→「ふりがなの設定」から変更しよう。いずれの場合も、「ふりがな」欄ではなく「氏名」欄を選択して操作することがポイントだ。

文字列操作 3-28 全角/半角を統一するには

表内に全角文字のデータと半角文字のデータが混在していると、見栄えが悪いうえ、検索や集計操作に支障が出る。JIS（ジス）関数やASC（アスキー）関数を使用して統一しよう。

●商品名を全角、または半角に統一する

「商品名」欄の文字列に全角と半角が混在している。JIS関数を使用して全角に統一し、ASC関数を使用して半角に統一する。

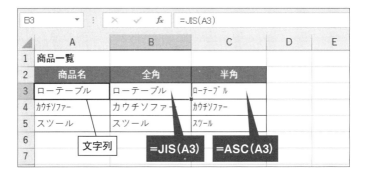

```
=JIS(文字列)
```
「文字列」中の半角文字を全角文字に変換する。

```
=ASC(文字列)
```
「文字列」中の全角文字を半角文字に変換する。漢字やひらがななど半角に変換できない文字は、全角のまま残る。

> **Column** 元のセルで統一するには
>
> セルB3～B5をコピーし、[5-5]（P148）を参考にセルA3～A5に「値」を貼り付けると、元の商品名を全角に統一できる。

3-29 大文字と小文字を統一するには

文字列中の英字の大文字と小文字を統一するには、UPPER（アッパー）関数、LOWER（ロウアー）関数、PROPER（プロパー）関数を使用する。いずれの関数も、文字列中の英字以外の文字はそのまま残る。

●英字の大文字と小文字を統一する

「コース名」欄の文字列に大文字と小文字が混在している。UPPER関数で大文字に、LOWER関数で小文字に変換する。また、PROPER関数で頭文字を大文字、2文字目以降を小文字に変換する。

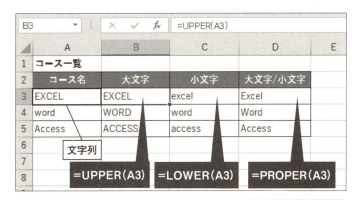

=UPPER（文字列）

「文字列」中の英字を大文字に変換する。

=LOWER（文字列）

「文字列」中の英字を小文字に変換する。

=PROPER（文字列）

「文字列」中の英字の単語ごとに先頭文字を大文字、2文字目以降を小文字に変換する。

文字列操作 3-30 文字列から部分的に文字列を取り出すには

文字列から一部の文字を取り出したいことがある。左側から取り出すにはLEFT（レフト）関数、指定した位置から取り出すにはMID（ミッド）関数、右側から取り出すにはRIGHT（ライト）関数を使用する。

●商品コードを品番、色番、サイズに分解する

LEFT関数を使用して「商品コード」の先頭から5文字を「品番」として取り出す。また、MID関数を使用して7文字目から3文字の「色番」、RIGHT関数を使用して末尾1文字の「サイズ」を取り出す。

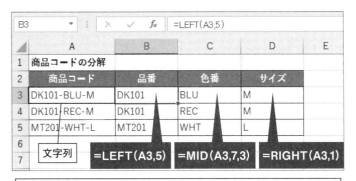

=LEFT(文字列 [, 文字数])

「文字列」の先頭から「文字数」分の文字列を取り出す。「文字数」を省略した場合は1文字取り出す。

=MID(文字列, 開始位置, 文字数)

「文字列」の「開始位置」から「文字数」分の文字列を取り出す。

=RIGHT(文字列 [, 文字数])

「文字列」の末尾から「文字数」分の文字列を取り出す。「文字数」を省略した場合は1文字取り出す。

文字列操作 3-31 文字列を別の文字列で置き換えるには

SUBSTITUTE(サブスティチュート)関数を使用すると、文字列中の特定の文字列を別の文字列で置換できる。引数の指定次第で、文字列から特定の文字を削除する場合にも使える応用範囲の広い関数だ。

●「株式会社」を「(株)」に置き換える

「取引先名」の中の「株式会社」を「(株)」に置き換える。SUBSTITUTE関数の引数「検索文字列」に「株式会社」、「置換文字列」に「(株)」を指定する。

	A	B	C
1	取引先名簿		
2	取引先名	トリヒキサキメイ	省略形
3	株式会社ムーン	カブシキガイシャムーン	(株)ムーン
4	太陽株式会社	タイヨウカブシキガイシャ	太陽(株)
5	株式会社アース	カブシキガイシャアース	(株)アース

C3: `=SUBSTITUTE(A3,"株式会社","(株)")`

文字列

`=SUBSTITUTE(A3,"株式会社","(株)")`

=SUBSTITUTE(文字列, 検索文字列, 置換文字列 [, 置換対象])

「文字列」中の「検索文字列」を「置換文字列」で置換する。「置換対象」には、何番目の「検索文字列」を置換するかを数値で指定。「置換対象」を省略した場合はすべての「検索文字列」が置換される。「文字列」中に「検索文字列」が見つからない場合は、「文字列」がそのまま返される。

Column　文字列中の特定の文字列を削除するには

SUBSTITUTE関数の引数「置換文字列」に空文字列「""」を指定すると、文字列から「検索文字列」を削除できる。次式では、「トリヒキサキメイ」から「カブシキガイシャ」が削除される。

`=SUBSTITUTE(B3,"カブシキガイシャ","")`

文字列操作 3-32 氏名から「氏」と「名」を取り出したい

全角スペースで区切られた氏名から「氏」と「名」を取り出そう。FIND関数を使用して全角スペースの位置を求め、求めた位置を手掛かりに、LEFT関数で「氏」、MID関数で「名」を取り出す。

●「氏名」の空白位置を調べる

氏名から「氏」と「名」を取り出すには、全角スペースが何文字目にあるかを調べる必要がある。FIND関数の引数「検索文字列」に全角スペース「"　"」、引数「対象」にセルA2の「赤羽　美香」を指定すると調べられる。1件目の「赤羽　美香」の全角スペースは「3」文字目にあるので、結果は「3」となる。

	A	B	C	D
1	氏名	空白位置	氏	名
2	赤羽　美香	3		
3	小手川　光	4		
4	渡　博之	2		

B2: =FIND("　",A2)

対象: A2

●「氏名」から「氏」を取り出す

「氏名」の中で、全角スペースの前までの文字列が「氏」にあたる。1件目のデータの場合、セルB2の「空白位置」から1を引いた「B2-1」が「氏」の文字数だ。LEFT関数の引数「文字列」にセルA2の「氏名」、「文字数」に「B2-1」を指定すれば、「赤羽　美香」の先頭から2文字分の「赤羽」が取り出される。

	A	B	C	D
1	氏名	空白位置	氏	名
2	赤羽　美香	3	赤羽	
3	小手川　光	4	小手川	
4	渡　博之	2	渡	

C2: =LEFT(A2,B2-1)

文字列: A2

●「氏名」から「名」を取り出す

「氏名」の中で、全角スペースの次の文字が「名」の開始位置と考えられる。1件目のデータの場合、セルB2の「空白位置」に1を加えた「B2+1」が「名」の開始位置だ。MID関数の引数「文字列」にセルA2の「氏名」、「開始位置」に「B2+1」、「文字数」に「100」と多めに指定すると、「赤羽 美香」の4文字目から末尾までの「美香」が取り出される。

	A	B	C	D	E	F
1	氏名	空白位置	氏	名		
2	赤羽 美香	3	赤羽	美香		
3	小手川 光	4	小手川	光		
4	渡 博之	2	渡	博之		
5						
6						

文字列 → A列
=MID(A2,B2+1,100)

=FIND(検索文字列, 対象 [, 開始位置])

「対象」の中に「検索文字列」が「開始位置」から数えて何文字目にあるかを求める。見つからなかった場合は「#VALUE!」が表示される。「開始位置」を省略した場合は「対象」の1文字目から検索が開始される。

=LEFT(文字列 [, 文字数]) ➡P118

=MID(文字列, 開始位置, 文字数) ➡P118

Column 文字列の文字数を調べるには

LEN（レングス）関数を使用すると、引数に指定した文字列の文字数を調べることができる。例えば、「=LEN(A2)」とすると、セルA2に入力された文字列の文字数がわかる。

	A	B
1	氏名	文字数
2	赤羽 美香	5
3	小手川 光	5
4	渡 博之	4

=LEN(A2)

文字列操作 3-33 住所から都道府県を取り出すには

都道府県の文字数は、「神奈川県」「和歌山県」「鹿児島県」の3県以外はすべて3文字だ。そこで、住所の4文字目が「県」なら都道府県名は4文字、そうでないなら都道府県名は3文字と考えられる。この考え方を利用して、住所を都道府県とそれ以降に分解してみよう。

●「住所」から都道府県を取り出す

❶住所の4文字目を調べるために、MID関数の引数「文字列」にセルA2の住所、引数「開始位置」に「4」、引数「文字数」に「1」を指定する。IF関数を使用して、取り出した4文字目が「県」と一致するかどうかを判定し、一致する場合は4文字、そうでない場合は3文字取り出す。「住所」の先頭から取り出すので、LEFT関数を指定すればよい。❷あとは、SUBSTITUTE関数の引数「文字列」にセルA2の住所、「検索文字列」にセルB2の都道府県名、「置換文字列」に空の文字列「""」を指定して、「住所」の中の都道府県を削除すればよい。

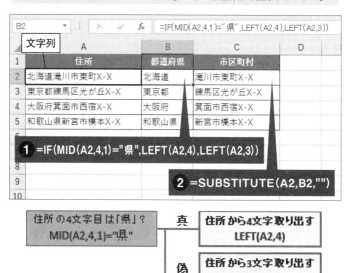

```
=IF(論理式, 真の場合, 偽の場合)                    ➡P128
```

```
=LEFT(文字列 [, 文字数])                           ➡P118
```

```
=MID(文字列, 開始位置, 文字数)                     ➡P118
```

```
=SUBSTITUTE(文字列, 検索文字列, 置換文字列 [, 置換対象])
                                                   ➡P119
```

第3章 データ操作の極意

Column　表から「住所」列をエラーなく削除するには

表から「住所」列を削除すると、「都道府県」「市区町村」欄の関数がエラーになってしまう。❶「都道府県」「市区町村」欄を選択して、❷コピーし、❸「貼り付け」から❹「値」を選ぶと、「都道府県」「市区町村」欄の関数式が「北海道」などの文字列に変換されるので、「住所」列を削除できる。

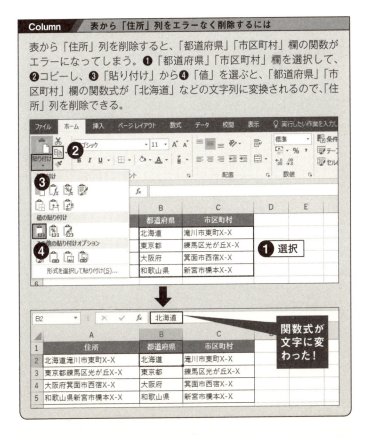

文字列操作 3-34 全角スペースと半角スペースを統一するには

データの中に全角スペースと半角スペースが混在すると、見た目が悪い。SUBSTITUTE関数を使用して統一しよう。

●全角と半角のスペースを全角に揃える

「氏名」データ内のスペースを全角に揃えるには、SUBSTITUTE関数の引数「文字列」に「氏名」のセル、「検索文字列」に半角スペース「" "」、「置換文字列」に全角スペース「"　"」を指定する。なお、「検索文字列」と「置換文字列」の2つの引数の設定を逆にすると、スペースが半角に揃えられる。

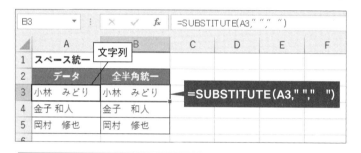

=SUBSTITUTE(文字列, 検索文字列, 置換文字列 [, 置換対象])
→P119

Column　文字列に含まれるスペースを削除するには

SUBSTITUTE関数を入れ子にして使うと、文字列中のスペースを1つ残らず削除できる。一方の関数で半角スペースを削除し、もう一方の関数で全角のスペースを削除する。

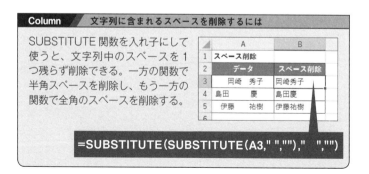

文字列操作 3-35 単語間のスペースを1つ残して削除するには

Webからコピーしたデータに、余分なスペースが入ることがある。TRIM(トリム)関数を使うと、単語間のスペースを残しつつ、文字列の前後から余分なスペースを削除できる。

●文字列からスペースを削除する

A列のデータからスペースを削除したい。単語間のスペースを1つ残して、余分なスペースを削除するには、TRIM関数を使う。

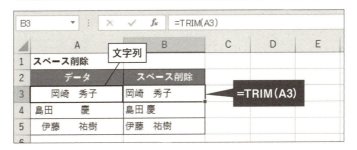

=TRIM(文字列)

「文字列」から全角/半角のスペースを削除する。単語間に複数のスペースが連続している場合、1つ目のスペースが残る。

Column　TRIM関数で残るスペースを全角に統一するには

TRIM関数では単語間にスペースが1つ残るが、残ったスペースを全角にするには、SUBSTITUTE関数で置換を行う。

=SUBSTITUTE(TRIM(A3)," "," ")

文字列操作 3-36 セル内改行を削除して各行をスペースでつなげたい

「Alt」+「Enter」キーを押すとセルの中で改行できるが、CHAR（キャラクター）関数を使うと、セル内改行を文字として扱える。SUBSTITUTE関数と組み合わせれば、文字列中のセル内改行をスペースで置換できる。

●2行に分かれた住所データを1行で表示する

2行に分けて入力した郵便番号と住所を、スペースを挟んで1行で表示したい。SUBSTITUTE関数の引数「文字列」に「住所」欄のセル、「検索文字列」にセル内改行を表す「CHAR(10)」、「置換文字列」にスペースを指定すればよい。

	A	B
	住所 （文字列）	住所（1行表記）
2	〒960-8068 福島県福島市太田町X-X	〒960-8068　福島県福島市太田町X-X
3	〒411-0838 静岡県三島市中田町X-X	〒411-0838　静岡県三島市中田町X-X

B2 `=SUBSTITUTE(A2,CHAR(10)," ")`

=SUBSTITUTE(A2,CHAR(10)," ")

=CHAR(数値)

引数に文字コード（JISコード）を指定して、対応する文字に変換する。

=SUBSTITUTE(文字列, 検索文字列, 置換文字列 [, 置換対象])
➡P119

> **Column　単純にセル内改行を削除するには**
>
> CLEAN（クリーン）関数を使用すると、セル内改行などの制御文字を削除できる。上の表で「=CLEAN(A2)」と入力すると、郵便番号と住所がすき間のない状態で1行に表示される。

第 **4** 章
[関数編]

条件分岐と表引き
複雑な処理も関数を使えば簡単

A 条件分岐……128
B 表引き……134

条件分岐 4-1 金額に応じて送料を切り替えるには

「金額が1万円以上なら送料無料、1万円未満なら500円」という具合に、条件によってセルの値を切り替えるには、IF(イフ)関数を使う。条件式を正しく組むことがポイントだ。

●「10,000」以上は「0」、未満は「500」と表示する

「売上金額」が「10,000」以上なら「0」、未満なら「500」と表示したい。IF関数の引数「論理式」に「B3>=10000」、「真の場合」に「0」、「偽の場合」に「500」を指定すればよい。

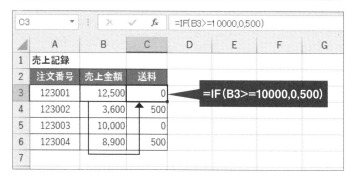

=IF(論理式, 真の場合, 偽の場合)

「論理式」に条件式を指定して、条件が成り立つ場合は「真の場合」、成り立たない場合は「偽の場合」の値を表示する。

●「論理式」の指定例

指定例	説明
B3>100	セルB3の値が100より大きい場合は成立
B3<=100	セルB3の値が100以下である場合は成立
B3=100	セルB3の値が100に等しい場合は成立
B3<>C3	セルB3の値がセルC3の値と等しくない場合は成立
B3="営業部"	セルB3の値が「営業部」である場合は成立

条件分岐 4-2 得点に応じて「A」「B」「C」の3段階にランク分けするには

1つのIF関数で表示切替できるのは「真の場合」と「偽の場合」の2通りだが、IF関数の引数の中にIF関数を入れれば、3通り以上の表示が可能になる。

●80点以上は「A」、60点以上は「B」、それ以外は「C」

IF関数を入れ子にして使う。まず、「得点」が80点以上かどうかを判定し、80点以上なら「A」と表示する。それ以外なら60点以上かどうかを判定し、60点以上なら「B」、それ以外なら「C」と表示する。結果として「B」となるのは、60点以上80点未満。引数「真の場合」「偽の場合」に文字を指定する場合は、「"A"」などとダブルクォーテーション「"」で囲むこと。

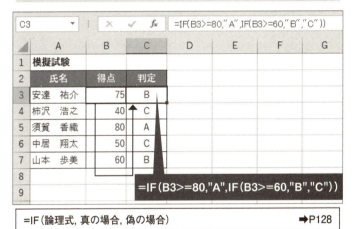

=IF(論理式, 真の場合, 偽の場合)　　　　　　　　　　　➡P128

●条件判定の流れ

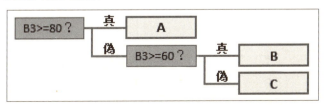

条件分岐 4-3 「かつ(AND)」でつないで複数条件を指定するには

「条件Aかつ条件B」というように、複数の条件がすべて成立する場合に表示を切り替えたい場合は、IF関数の引数「論理式」にAND(アンド)関数を指定する。指定した条件がすべて成立する場合だけ、全体として成立となる。1つでも不成立の条件があると、全体として不成立になる。

●「営業部」で英語が700点以上の人材を探す

英語が700点以上の営業部の社員を探したい。AND関数を使用して、「所属」が「営業部」、かつ「英語」が700点以上かどうかを判定。それをIF関数の引数「論理式」に組み込み、成立する場合は「○」と表示し、そうでない場合は何も表示しない。「""」は何も表示しないということ。

D3: =IF(AND(B3="営業部",C3>=700),"○","")

	A	B	C	D
1	社員一覧			
2	氏名	所属	英語	選定
3	加藤　智樹	営業部	820	○
4	杉浦　翔太	人事部	540	
5	田中　秀美	営業部	670	
6	村松　裕子	営業部	720	○
7	渡辺　秀和	経理部	760	

=IF(AND(B3="営業部",C3>=700),"○","")

=AND(論理式1 [, 論理式2] …)

指定した「論理式」がすべて成立する場合に成立、それ以外は不成立とする。

=IF(論理式, 真の場合, 偽の場合)　　　　　　　　　　➡P128

条件分岐 4-4 「または(OR)」でつないで複数条件を指定するには

「条件Aまたは条件B」というように、複数の条件のうち少なくとも1つが成立する場合に表示を切り替えたい場合は、IF関数の引数「論理式」にOR(オア)関数を指定する。指定した条件が1つでも成立すれば、全体として成立となる。すべて不成立の場合のみ、全体として不成立になる。

●自宅または勤務先が「東京都」の顧客を探す

自宅または勤務先が「東京都」の顧客を探したい。OR関数を使用して、「自宅」が「東京都」または「勤務先」が「東京都」かどうかを判定。それをIF関数の引数「論理式」に組み込み、成立する場合は「○」と表示し、そうでない場合は何も表示しない。「""」は何も表示しないということ。

D3 =IF(OR(B3="東京都",C3="東京都"),"○",

	A	B	C	D
1	顧客リスト			
2	氏名	自宅	勤務先	DM発送
3	後藤 秀文	東京都	千葉県	○
4	野村 啓介	千葉県	東京都	○
5	阿部 遥	埼玉県	埼玉県	
6	片桐 修二	東京都	東京都	○
7	林 あかね	神奈川県	東京都	○

`=IF(OR(B3="東京都",C3="東京都")"○","")`

`=OR(論理式1 [, 論理式2] …)`

指定した「論理式」のうち少なくとも1つが成立する場合に成立、それ以外は不成立とする。

`=IF(論理式, 真の場合, 偽の場合)` ➡P128

4-5 表引き 指定した品番の商品名を表から転記するには

指定した品番の商品名を商品リストから探したい……。VLOOKUP（ブイルックアップ）関数を使うと、「品番」「商品リストのセル範囲」「商品名の列番号」を引数で指定して、検索したデータを転記することができる。

●指定した品番の商品名を転記する

セルB2に入力された品番を商品リストから探し、対応する商品名を調べたい。VLOOKUP関数の引数「検索値」にセルB2（「K104」が入力されている）、「範囲」にセルD3～F7、「列番号」に「2」、「検索の型」に「FALSE」を指定する。すると、指定した「範囲」の1列目から「K104」が検索され、見つかった行の2列目にある「ミキサー」が転記される。

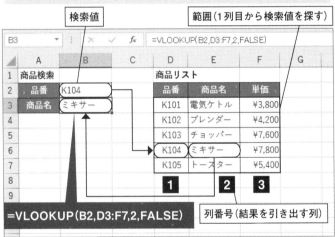

=VLOOKUP(検索値, 範囲, 列番号 [, 検索の型])

「範囲」の1列目から「検索値」を探し、見つかった行の「列番号」列目にあるデータを引き出す。引数「検索の型」に「FALSE」を指定すると完全一致検索、「TRUE」を指定するか指定を省略すると近似検索が行われる。「検索値」が見つからなかった場合、完全一致検索では「#N/A」と表示される。近似検索では「検索値」未満のもっとも近いデータが表示される。

4-6 別シートにある表から商品名を転記するには

表引き

VLOOKUP関数を使って検索する表が別シートにある場合、引数「範囲」はシート名を付けて「シート名!セル」のように指定する。

●別シートにある表から商品名を転記する

セルB2に入れた品番を「商品」シートの商品リストから探し、対応する商品名を転記したい。VLOOKUP関数の引数「範囲」に「商品!A3:C7」を指定。ほかの引数は［4-5］（P132）と同様に指定する。

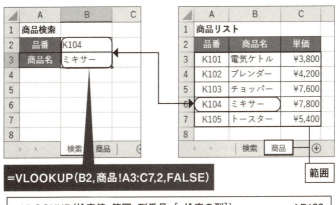

=VLOOKUP(B2,商品!A3:C7,2,FALSE)

=VLOOKUP(検索値, 範囲, 列番号 [, 検索の型])　　➡P132

Column 「シート名！セル」を簡単に入力するには

引数「範囲」を入力するときに、❶「商品」シートのシート見出しをクリックし、❷セルA3～C7をドラッグすると、「商品!A3:C7」と自動入力できる。

4-7 コピーしたときにエラーが表示されない見積書を作る！

表引き

VLOOKUP関数を使用して、品番を入れると商品名と単価が自動で表示される見積書を作ろう。VLOOKUP関数単独だとエラーが出ることがあるので、IFERROR（イフエラー）関数と組み合わせて式を立てることがポイントだ。

●「品番」が未入力だと「#N/A」エラーが出る

ここでは、3行の明細欄がある見積書を作る。❶「商品名」の先頭のセルB4に入れるVLOOKUP関数は下の行にコピーしたいので、引数「範囲」が固定されるように絶対参照で指定する。❷この数式をコピーすると、❸「品番」が入力されていない行に「#N/A」エラーが出てしまう。次ページで、IFERROR関数を使って、エラーが出ないように数式を改良する。

❶ =VLOOKUP(A4,$G$3:$I$7,2,FALSE)

	A	B	C	D	E	F	G	H	I
1			見積明細書				商品リスト		
2					No.1234		品番	商品名	単価
3	品番	商品名	単価	数量	金額		K101	電気ケトル	¥3,800
4	K101	電気ケトル		2			K102	ブレンダー	¥4,200
5	K102	ブレンダー					K103	チョッパー	¥7,600
6		#N/A					K104	ミキサー	¥7,800
7					合計		K105	トースター	¥5,400

❷ コピー ❸「品番」が未入力だと、VLOOKUP関数の結果がエラーになる

=VLOOKUP(検索値, 範囲, 列番号 [, 検索の型])　　➡P132

=IFERROR(値, エラーの場合の値)

引数「値」に指定した式がエラーになる場合は、「エラーの場合の値」を表示する。エラーにならない場合は、式の結果を表示する。

●エラーが出ないように改良する

「品番」が未入力でもエラーが表示されないように、❶IFERROR関数を使って数式を改良しよう。引数「値」にVLOOKUP関数を指定し、引数「エラーの場合の値」に空の文字列「""」を指定する。❷これをコピーすると、❸「品番」が未入力でもエラーが表示されなくなる。

❶ =IFERROR(VLOOKUP(A4,$G$3:$I$7,2,FALSE),"")

	A	B	C	D	E	F	G	H
1			見積明細書				商品リスト	
2					No.1234		品番	商品名
3	品番	商品名	単価	数量	金額		K101	電気ケトル
4	K101	電気ケトル		2			K102	ブレンダー
5	K102	ブレンダー		1	コピー		K103	チョッパー
6							K104	ミキサー
7	❸				合計		K105	トースター
8								

エラーが表示されなくなる

❹「品番」を元に「単価」も自動表示されるように、VLOOKUP関数を入れる。また、❺「金額」欄で「単価×数量」を計算して、❻合計する。

❹ =IFERROR(VLOOKUP(A4,$G$3:$I$7,3,FALSE),"")

❺ =IFERROR(C4*D4,"")

❻ =SUM(E4:E6)

第4章 条件分岐と表引き

表引き 4-8 追加した商品も自動で検索範囲に含めるには

VLOOKUP関数の検索先の表をテーブルに変換しておくと、テーブルに追加した新商品が自動で検索対象に含められるので便利だ。

●テーブルに変換して表引きする

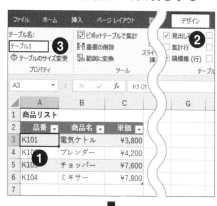

商品リストのセル（ここでは「商品」シートのセルA2～C6）を選択し、[5-21]（P169）を参考に、テーブルに変換しておく。❶テーブル内のセルを選択すると、❷「デザイン」タブで、❸テーブル名（ここでは「テーブル1」、自分で任意の名前を付けてもよい）を確認できる。❹❺VLOOKUP関数の引数「範囲」に「テーブル1」と指定する。

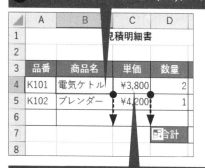

❹ =IFERROR(VLOOKUP(A4,テーブル1,2,FALSE),"")

❺ =IFERROR(VLOOKUP(A4,テーブル1,3,FALSE),"")

テーブル名は絶対参照扱いなので、VLOOKUP関数の式をコピーしたときに参照先がずれる心配はない。また、テーブル名はブック内で共通に使用できるので、引数に指定するときにテーブル名の前にシート名を付ける必要はない。

●追加した商品も自動で参照できる

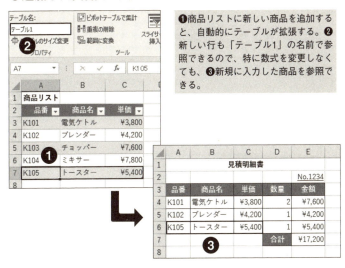

❶商品リストに新しい商品を追加すると、自動的にテーブルが拡張する。❷新しい行も「テーブル1」の名前で参照できるので、特に数式を変更しなくても、❸新規に入力した商品を参照できる。

Column　品番をリストから入力できるようにするには

見積書の「品番」欄にリスト入力を設定すると、品番の入力ミスを防げる。あらかじめ、[1-11]（P33）を参考に商品リストのセルA3～A7に「品番」と名前を付けておく。見積書の「品番」欄のセルA4～A6を選択し、「データ」タブにある「データの入力規則」をクリック。❶開く画面の「設定」タブで、❷「リスト」を選び、❸「=品番」と入れると、❹リスト入力できる。

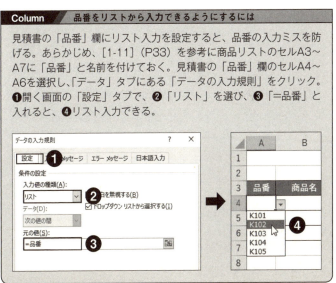

表引き 4-9 「○以上△未満」の条件で表を検索するには

VLOOKUP関数の引数「検索の型」に「TRUE」を指定すると近似検索が行われ、「検索値」未満のもっとも近いデータが検索される。これを利用すると、「○以上△未満」といった検索が行える。ここでは、配送料金表から購入額に応じた配送料金を調べてみよう。

●購入額に応じた配送料金を求める

購入額が0円以上3000円未満なら配送料金は800円、3000円以上6000円未満なら600円……、というように、購入額に応じた配送料金表がある。セルB2に入力した購入額を配送料金表で検索し、対応する配送料金をセルB3に転記したい。VLOOKUP関数の引数「検索値」にセルB2、「範囲」にセルD3～F6、「列番号」に「3」を指定する。引数「検索の型」には、近似検索を行うための「TRUE」を指定する。例えば、購入額が7000円の場合、配送料金は「6000円以上10000円未満」に対応する400円となる。なお、近似検索の場合、表の1列目のデータは「○以上」に当たる数値を小さい順に入力しておく必要がある。

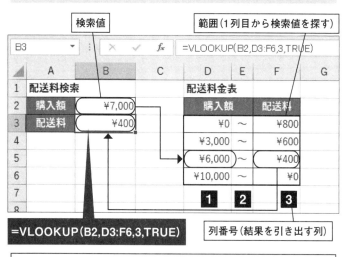

=VLOOKUP(検索値, 範囲, 列番号 [, 検索の型]) ➡P132

表引き 4-10 「1、2、3…」の番号に応じて表示を切り替えるには

CHOOSE(チューズ)関数を使用すると、「1、2、3…」の番号に応じて、表示する値を切り替えられる。VLOOKUP関数のように検索用の表を用意しなくても、関数単独で表示値の切り替えができる点が特徴だ。

●種別番号に応じて「本店」「支店」「出張所」を表示する

「種別番号」が「1」の場合は「本店」、「2」の場合は「支店」、「3」の場合は「出張所」と表示したい。CHOOSE関数の引数「インデックス」に「種別番号」のセルB3、「値1」に「本店」、「値2」に「支店」、「値3」に「出張所」と指定すればよい。

	A	B	C
	C3		fx =CHOOSE(B3,"本店","支店","出張所")
1	店舗リスト		
2	店舗名	種別番号	店舗種類
3	有楽町店	1	本店
4	新橋店	2	支店
5	田町店	3	出張所
6	川崎店	3	出張所
7	横浜店	2	支店

インデックス

=CHOOSE(B3,"本店","支店","出張所")

```
=CHOOSE(インデックス, 値1 [, 値2] …)
```

「インデックス」の数値に対応する「値」を取り出す。「値」は254個まで指定できる。

表引き 4-11 2次元のクロス表からデータを転記するには

指定したデータが指定したセル範囲の何番目にあるかを調べるMATCH(マッチ)関数と、指定したセル範囲の中から○行△列目にあるデータを調べるINDEX(インデックス)関数を使うと、クロス表のデータを表引きできる。

●指定したメニューとコースの価格を調べる

セルC1に入れたメニューとセルC2に入れたコースに対応する商品の価格を、価格表から調べたい。まず、セルC1のメニュー(ここでは「ちらし」)が価格表の行見出しの何番目にあるかをMATCH関数で調べる。❶引数「検査値」に「メニュー」欄のセルC1、「検査範囲」に価格表の行見出しのセルB6～B8、「照合の型」に「完全一致」を意味する「0」を指定する。❷「ちらし」は行見出しの2番目にあるので、MATCH関数の結果は「2」となる。

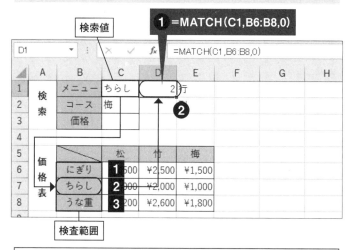

=MATCH(検査値, 検査範囲 [, 照合の型])

「検査値」が「検査範囲」の何番目にあるかを調べる。完全一致検索をする場合は、「照合の型」に「0」を指定する。

140

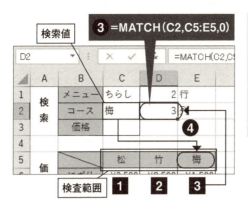

❸同様に、セルC2のコース(ここでは「梅」)が価格表の列見出しの何番目にあるかをMATCH関数で調べる。❹「梅」は列見出しの3番目にあるので、MATCH関数の結果は「3」となる。

以上で、目的のデータが価格欄の2行3列目にあることがわかった。❺INDEX関数の引数「範囲」に価格欄のセルC6～E6、「行番号」に「2」、「列番号」に「3」を指定すると、目的の価格を転記できる。

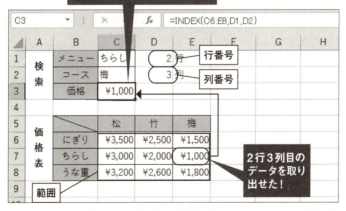

=INDEX(範囲, 行番号 [, 列番号])

「範囲」の上から「行番号」目、左から「列番号」目の位置にあるデータを取り出す。

4-12 表引き 指定したシートからデータを転記するには

セルに入力した名前のシートからデータを取り出したい。そんなときは、INDIRECT（インダイレクト）関数を使って、文字列をセル参照に変換する。

●「部門」欄に入れたシートのセルE6の値を転記する

「婦人服」「紳士服」「子供服」の各シートのセルE6の値を「部門別一覧」シートに転記したい。❶「部門」欄に各シートの名前を入力しておき、❷そのシート名と「!E6」を文字列結合してINDEX関数の引数に指定する。

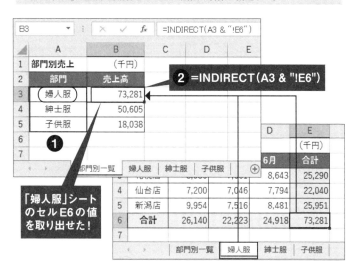

シート名にスペースやハイフンが含まれている場合、「参照文字列」のシート名をシングルクォーテーション「'」で囲まないとエラーが出る。その場合、「=INDIRECT("'" & A3 & "'!E6")」という数式を入力しよう。

=INDIRECT(参照文字列)

「参照文字列」を実際のセル参照に変換する。「参照文字列」には、セル番号や名前を文字列として指定する。

第5章
[データ分析編]

データベース機能の利用
――並べ替え・抽出・テーブル

A データ管理……144
B 並べ替え……152
C 抽出……160
D テーブル……169
E テキストファイル……173

データ管理 5-1 データベースって何？

「データベース」とは、一定の規則に従って整理されたデータの集まりのことだ。エクセルには、データベースの並べ替え、抽出、集計といった機能が備わっており、それらを「データベース機能」と呼ぶ。以下のルールに従って表を作成すると、データベース機能をスムーズに使用できる。

●データベース作成のルール

Ⓐ先頭行に項目名を入力し、データ行とは異なる書式を設定する。
Ⓑ表の隣の行や列に何も入力しない。
Ⓒ1行に1件ずつデータを入力する。

	A	B	C	D	E	F
1	会員リスト					
2						
3	No	会員名	区分	生年月日	年齢	住所
4	1001	田中 修二	A会員	1986/7/6	30	東京都
5	1002	安藤 博也	C会員	1975/11/9	40	埼玉県
6	1003	小林 奈々	S会員	1982/9/13	33	東京都
7	1004	渡辺 英俊	B会員	1969/10/24	46	千葉県
8	1005	松下 真理子	B会員	1988/3/10	28	神奈川県
9	1006	江川 博史	C会員	1992/5/8	24	東京都
10	1007	浜中 恵子	A会員	1989/12/14	26	千葉県
11	1008	大塚 葵	B会員	1983/9/21	32	東京都
12	1009	鈴木 弘道	C会員	1974/6/3	42	埼玉県
13	1010	高橋 雅人	S会員	1991/7/29	25	埼玉県
14						

> データベース機能では、データベースのセル範囲や項目名のセルを自動認識する仕組みがある。上記のルールAとBは、正しい自動認識を促すためのものだ。ルールAやBに従わない表でも手動でセル範囲を指定すれば済むケースもあるが、ルールに沿った表のほうがスムーズに機能を実行できる。ルールCは、データベース機能を使う上で必須だ。1件のデータを2行に分けたりしないこと。また、列内に同じデータが続くからといってセル結合などしないこと。

データ管理 5-2 顧客リストから特定の顧客データを検索するには

大量のデータの中から、目視で目的のデータを探すのは難しい。「検索」機能を利用して効率よく探そう。

特定の範囲から検索するにはそのセル範囲を選択、シート全体から検索するには任意の単一セルを選択しておく。❶「ホーム」タブの❷「検索と選択」→❸「検索」をクリックする。

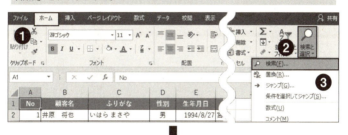

ここでは、「大野」を含むセルを検索したい。「検索と置換」画面が表示されたら、❹「検索する文字列」欄に「大野」を入力。❺「オプション」をクリックし、❻「セル内容が完全に同一であるものを検索する」がオフになっていることを確認。これにより、「大野を含む」という条件になる。❼「次を検索」をクリックすると、❽該当のセルが選択される。「次を検索」をクリックするごとに、次の該当セルが選択される。

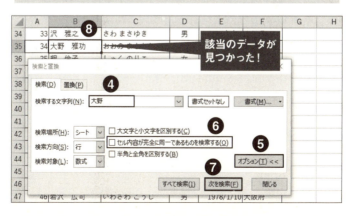

第5章 データベース機能の利用

データ管理 5-3 「(株)」と「(株)」を「株式会社」に統一する

表の中に「株式会社○△」と「(株)○△」があると、異なる会社として扱われ、集計などの操作に支障が出る。「置換」機能を使って、効率よく統一しよう。

❶「顧客名」欄を選択して、❷「ホーム」タブの❸「検索と選択」→❹「置換」をクリックする。「検索と置換」画面が表示されたら、❺「検索する文字列」欄に「(株)」、❻「置換後の文字列」欄に「株式会社」と入力。続いて、❼「オプション」ボタンをクリックして、❽「半角と全角を区別する」がオフになっていることを確認し、❾「すべて置換」をクリックすると、「顧客名」欄の全角カッコの「(株)」と半角カッコの「(株)」がすべて「株式会社」に変わる。

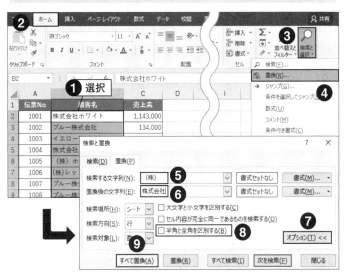

> データを1つひとつ確認しながら置換したい場合は、「すべて置換」ではなく「次を検索」をクリックし、置換するなら「置換」をクリック、しないなら「次を検索」をクリックする。

> 「(株)」には、丸カッコ内に漢字の「株」を入力するほか、「かぶ」と入力して変換される1文字の「㈱」もある。そのような「㈱」は上の手順では置換されないので、「検索する文字列」に1文字の「㈱」を指定して、もう一度「置換」を実行しよう。

データ管理 5-4 目的外のデータまで置換されてしまった！

目的外のデータが置換されてしまった場合は、「元に戻す」ボタンをクリックして置換前の状態に戻したうえで、「オプション」設定を見直して再度置換を実行しよう。

「検索と置換」画面では、❶「オプション」をクリックすると、検索の詳細な設定項目Ⓐ～Ⓔが表示される。

Ⓐ **検索場所**
「シート」を選ぶとシート内、「ブック」を選ぶとブック内が検索される。

Ⓑ **検索対象**
「値」を選ぶとセルに表示されているデータが検索され、「数式」を選ぶとセルに入力されているデータや数式が検索される。

Ⓒ **大文字と小文字を区別する**
チェックを付けると、大文字と小文字を区別して検索する。「検索する文字列」欄に小文字で「a」と入力した場合、大文字の「A」は発見されない。

Ⓓ **セル内容が完全に同一であるものを検索する**
チェックを付けると、完全一致検索が行われる。「検索する文字列」欄に「山田」と入力した場合、「山田太郎」は発見されない。

Ⓔ **半角と全角を区別する**
チェックを付けると、半角と全角を区別して検索する。「検索する文字列」欄に全角で「Ａ」と入力した場合、半角の「A」は発見されない。

データ管理 5-5 半角と全角、大文字と小文字。文字種を統一するには

各支店が入力した売上データを1つの表にまとめたときに、半角と全角や大文字と小文字が混在してしまうことがある。そのままだと、同じデータとして集計できないこともあるので、「関数」と「値の貼り付け」を利用して統一しよう。

❶中央店から集めたデータだけ、商品名が半角で入力されている。これを全角にするには、❷空いた列（ここではセルE2）に「=JIS(C2)」と入れる。セルE2を選択して、❸右下のフィルハンドルをダブルクリックする。

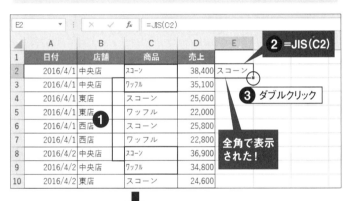

❹数式がコピーされ、コピー先のセルが選択状態になる。その状態のまま、❺「ホーム」タブの❻「コピー」をクリックする。

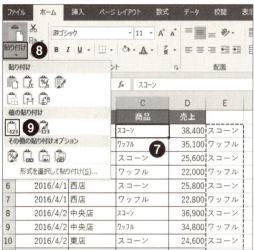

続いて、❼「商品」欄の先頭のセルC2を選択し、❽「貼り付け」の下側をクリックして、❾「値」(エクセル2007では「値の貼り付け」)を選ぶ。❿最後にE列の列番号を右クリックして、⓫「削除」を選ぶ。

=JIS(文字列) ➡P116

Column 半角文字や大文字/小文字に統一するには

文字列を半角文字に統一するには、ASC関数([3-28]〈P116〉)を使う。また、アルファベットの大文字に統一するにはUPPER関数([3-29]〈P117〉)、小文字に統一するにはLOWER関数([3-29]〈P117〉)を使う。

5-6 データ管理 重複データをチェックするには

データベースを正しく運用するには、データの管理が大切だ。ここでは、「条件付き書式」を利用して、顧客台帳に同じ顧客データが入力されていないかどうかを洗い出す。

ここでは、「氏名」欄の重複をチェックする。まず、❶「氏名」のセルを選択し、「ホーム」タブの❷「条件付き書式」→❸「セルの強調表示ルール」→❹「重複する値」をクリックする。❺開く画面で「書式」を指定し、❻「OK」をクリックすると、重複データに色が付く。

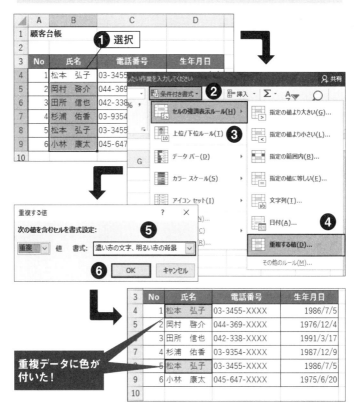

データ管理 5-7 重複している行を削除するには

「重複の削除」機能を利用すると、表から重複する行を削除できる。ここでは「氏名」「電話番号」「生年月日」がすべて同一なら重複データと見なして、行を削除してみよう。

❶表内のセルを選択し、❷「データ」タブの❸「重複の削除」をクリックする。開く画面で❹「No」をオフ、❺「氏名」「電話番号」「生年月日」をオンにして、❻「OK」をクリックする。表示される確認画面で「OK」をクリックすると、指定した3項目が重複する行が、1つを残して削除される。

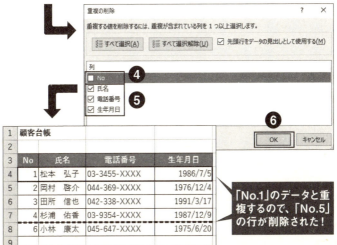

「No.1」のデータと重複するので、「No.5」の行が削除された!

5-8 データを並べ替えるには

データ分析を効率よく進めるには、見やすい表作りが肝心だ。一定の規則で並べた表なら、目的のデータを見つけやすいし、データの傾向も把握しやすい。小さい順の並べ替えには「昇順」、大きい順の並べ替えには「降順」ボタンを使う。

❶並べ替えの基準となる列(ここでは「年間お買上額」)のセルを1つ選択しておく。❷「データ」タブの❸「降順」をクリックすると、「年間お買上額」の数値の大きい順に表が並べ替えられる。

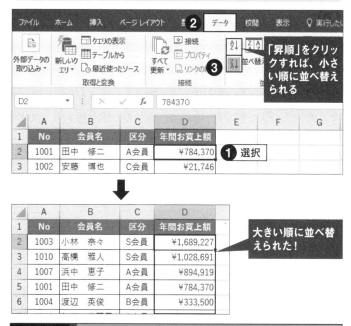

大きい順に並べ替えられた!

Column 昇順と降順

昇順とは数値の小さい順、日付の古い順、アイウエオ順、アルファベット順のことで、降順はその逆だ。漢字の場合、標準ではふりがなのアイウエオ順に並べ替えられる。

5-9 漢字データの並べ替えがうまくいかないときは

並べ替え

エクセルでは、セルに入力する漢字の変換前の読みが、ふりがなとして記憶される。文字の列を基準に並べ替えを行うと、標準ではふりがなのアイウエオ順に並べ替えられる。ふりがな順に並ばないときは、セルにふりがなを表示して、正しいふりがなが設定されているかどうかを確認しよう。

第5章 データベース機能の利用

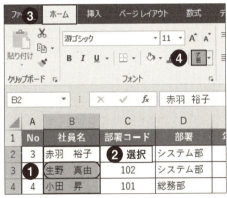

❶社員名を基準に並べ替えたところ、「ショウノ（生野）」の並び順がおかしい。確認のため、❷「社員名」のセルを選択して、❸「ホーム」タブの❹「ふりがなの表示／非表示」をクリックする。

❺セルに入力するときに「イクノ」で変換したため、ふりがなが「イクノ」に設定されてしまっている。セルをダブルクリックして、「イクノ」の上をクリックする。カーソルが表示されるので、「ショウノ」に修正して再度並べ替えを実行しよう。

Column	ふりがながない場合の並べ替え

ワードやメールからコピーしたデータは、漢字変換時の情報がないため、ふりがなを表示できない。ふりがながないセルでは、文字コードの順に並べ替えが行われる。

並べ替え 5-10 複数の条件で並べ替えるには

複数の列を基準に並べ替えを行うには、「並べ替え」画面を使って、優先順位の高い順に条件を設定する。例えば、名簿を部署コードの昇順、同じ部署の中では年齢の降順に並べ替える場合、部署コードの並べ替えを先に設定する。

ここでは、「部署コード」の昇順、「年齢」の降順で並べ替えてみよう。❶並べ替える表のセルを1つ選択して、❷「データ」タブの❸「並べ替え」をクリックする。

「並べ替え」画面が表示されたら、❹「最優先されるキー」欄で「部署コード」「値」「昇順」を指定する。これは、「部署コードの値の小さい順」を意味する。❺次に、「レベルの追加」をクリックする。

「次に優先されるキー」欄が追加されるので、❻「年齢」「値」「降順」を指定する。これは、「年齢の値の降順」を意味する。❼最後に、「OK」をクリックする。

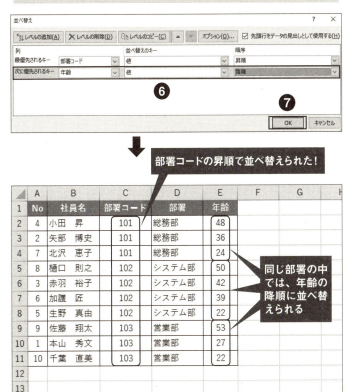

Column　元の並び順に戻すには

並べ替えの直後なら、クイックアクセスツールバーの「元に戻す」ボタンで元の並び順に戻せる。
あとからいつでも元の並び順に戻せるようにするには、あらかじめ表内に連番の列を用意しておくとよい。連番の列を基準に昇順で並べ替えれば、元の並び順になる。

5-11 並べ替え 都道府県順、部署順… 独自の並び順を登録する

「都道府県名を北から順に並べたい」「商品名を独自の基準で並べたい」…。そんなときは、「ユーザー設定リスト」にデータの並び順を登録しておこう。登録した並び順を基準に実際に並べ替えを行う方法は、[5-12] (P158) で紹介する。

❶登録する並び順のデータを入力したセルを選択。❷「ファイル」タブをクリックし、表示される画面の左下にある「オプション」をクリックする。エクセル2007の場合は、「オフィス」ボタン→「Excelのオプション」をクリックする。

❸「Excelのオプション」画面が開く。❹「詳細設定」をクリックし、画面を下までスクロールして❺「ユーザー設定リストの編集」をクリックする。エクセル2007の場合は、「基本設定」→「ユーザー設定リストの編集」をクリックする。

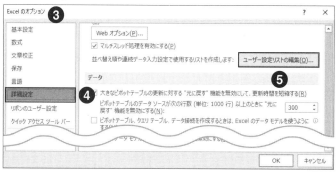

「ユーザー設定リスト」画面が開いたら、❻「インポート」をクリック。❼「ユーザー設定リスト」欄にデータが追加されたことを確認し、❽「OK」をクリックする。すると、「Excelのオプション」画面に戻るので、「OK」をクリックして閉じておく。

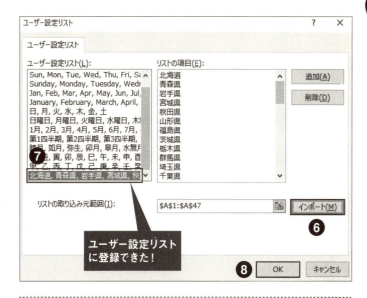

ユーザー設定リストに登録できた！

ここでは、あらかじめ都道府県名をセルに入力しておいたが、「ユーザー設定リスト」画面の「リストの項目」欄に直接入力してもよい。入力後、画面右上にある「追加」ボタンをクリックすると、「ユーザー設定リスト」欄に追加できる。

Column　登録を解消するには

ユーザー設定リストに登録したデータを削除するには、「ユーザー設定リスト」画面で、❶「ユーザー設定リスト」欄からデータを選択して、❷「削除」ボタンをクリックする。

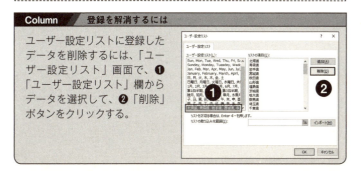

5-12 並べ替え 独自に決めた順序で並べ替えるには

文字データの列で並べ替えを行うと、通常はアイウエオ順に並べ替えられるが、ユーザー設定リストを使えば独自の順序を基準にできる。ここでは、[5-11]（P156）で登録した都道府県順に、表を並べ替えてみよう。

[5-11]（P156）を参考に、あらかじめユーザー設定リストに都道府県の順序を登録しておく。❶並べ替える表のセルを1つ選択して、❷「データ」タブの❸「並べ替え」をクリックする。

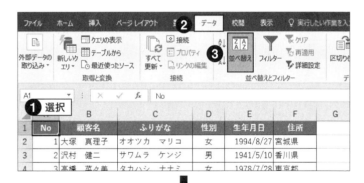

「並べ替え」画面の❹「最優先されるキー」欄で「住所」「値」を選択し、❺「順序」欄から「ユーザー設定リスト」を選択する。

❻「ユーザー設定リスト」欄から都道府県のデータを選択し、❼「OK」をクリックする。

第5章 データベース機能の利用

❽「並べ替え」画面の「順序」欄に都道府県データが表示されたことを確認して、❾「OK」をクリックすると、登録した並び順にしたがって表が並べ替えられる。

登録した並び順をもとに並べ替えられた！

159

5-13 抽出 オートフィルターを設定するには

データを分析するには、大量のデータの中から、分析対象のデータを抜き出す必要がある。エクセルには、「オートフィルター」という抽出機能がある。ここでは、表にオートフィルターを設定する方法を紹介する。

❶表内のセルを1つ選択して、❷「データ」タブの❸「フィルター」をクリックする。すると、表の先頭行に「▼」ボタンが表示され、データ抽出の準備が整う。

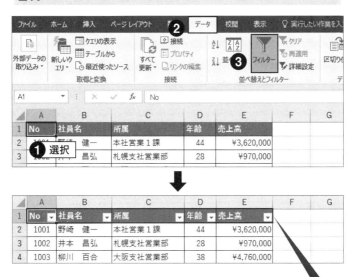

項目名のセルに「▼」ボタンが表示された!

Column オートフィルターを終了するには

表内のセルを選択して、「データ」タブの「フィルター」をクリックすると、「▼」ボタンが非表示になり、オートフィルターを終了できる。

5-14 表から特定のデータだけを抽出するには

抽出

オートフィルターを利用して、表からデータを抽出してみよう。「▼」ボタンをクリックして、一覧から目的のデータを選べば即座に抽出できる。

ここでは、「所属」が「札幌支社営業部」であるデータを抽出する。[5-13]（P160）を参考にオートフィルターを設定しておく。❶「所属」のセルの「▼」ボタンをクリックすると、「所属」欄のデータが一覧表示される。❷「札幌支社営業部」だけを選択して、❸「OK」をクリックする。

抽出中の列は「▼」ボタンの図柄が変わる

抽出できた！

抽出を解除して全データを表示するには、再度「所属」のセルの「▼」ボタンをクリックして、「"所属"からフィルターをクリア」をクリックする。

第5章 データベース機能の利用

抽出 5-15 部分一致の条件でデータを抽出するには

文字データの列では、「テキストフィルター」を利用すると、「○○を含む」「○○を含まない」「○○で始まる」「○○で終わる」といった抽出が簡単に行える。

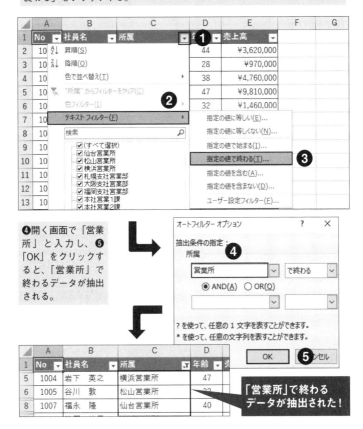

ここでは、「所属」が「営業所」で終わるデータを抽出する。❶「所属」のセルの「▼」ボタンをクリックし、❷「テキストフィルター」→❸「指定の値で終わる」をクリックする。

❹開く画面で「営業所」と入力し、❺「OK」をクリックすると、「営業所」で終わるデータが抽出される。

「営業所」で終わるデータが抽出された!

5-16 抽出 「○以上△以下」の条件でデータを抽出するには

数値データの列では、「数値フィルター」を利用すると、「○より大きい」「○に等しくない」「○以上△以下」といった抽出が簡単に行える。

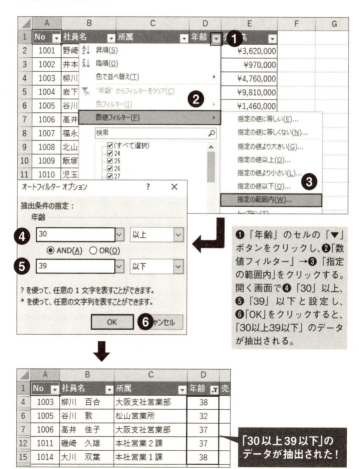

❶「年齢」のセルの「▼」ボタンをクリックし、❷「数値フィルター」→❸「指定の範囲内」をクリックする。開く画面で❹「30」以上、❺「39」以下と設定し、❻「OK」をクリックすると、「30以上39以下」のデータが抽出される。

「30以上39以下」のデータが抽出された!

5-17 抽出 売上トップ5の社員を抽出するには

数値の大きい順や小さい順に「○件」のデータを抽出するには「トップテンオートフィルター」の機能を使用する。

> 「売上高」が大きい5件のデータを抽出しよう。❶「売上高」のセルの「▼」ボタンをクリックし、❷「数値フィルター」→❸「トップテン」をクリックする。❹開く画面で「上位」「5」「項目」となるように設定し、❺「OK」をクリックする。必要に応じて、別途並べ替えを行うとよい。

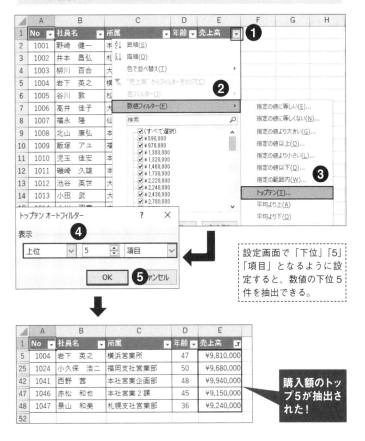

設定画面で「下位」「5」「項目」となるように設定すると、数値の下位5件を抽出できる。

購入額のトップ5が抽出された！

5-18 黄色のセルを抽出するには

抽出

塗りつぶしの色やフォントの色を設定したセルを抽出するには、「色フィルター」を使用する。

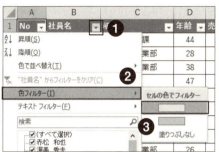

黄色いセルの社員を抽出したい。❶「社員名」のセルの「▼」をクリックし、❷「色フィルター」をクリック。❸セルに設定した色のリストが表示されるので、その中から黄色を選ぶ。

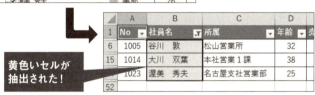

黄色いセルが抽出された!

Column　複数の列で抽出を行うには

❶「所属」列で「大阪支社営業部」を抽出し、続けて「年齢」列で「30以上 39以下」を抽出すると、「大阪支社営業部の 30 代」の社員を抽出できる。

❷「データ」タブにある「クリア」ボタンをクリックすると、複数の列の抽出をまとめて解除できる。

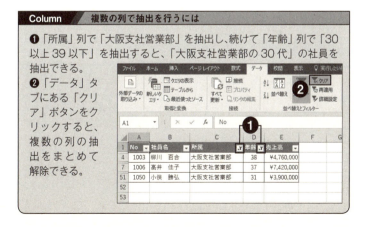

5-19 抽出 条件表に指定した条件で抽出するには

「フィルターオプションの設定」機能を使用すると、より複雑な条件で抽出できる。条件は別表で指定する。

> データベースの表から、所属が「本社営業企画部」かつ年齢が40歳以上の社員を抽出したい。❶条件表を作成し、❷データベースの任意のセルを選択して、❸「データ」タブの❹「詳細設定」をクリックする。

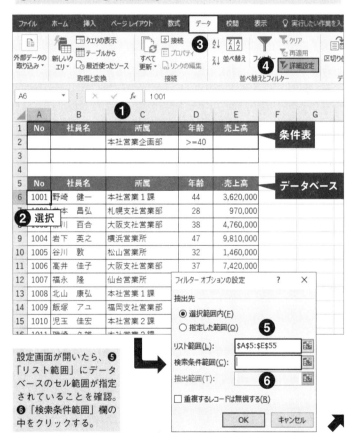

設定画面が開いたら、❺「リスト範囲」にデータベースのセル範囲が指定されていることを確認。❻「検索条件範囲」欄の中をクリックする。

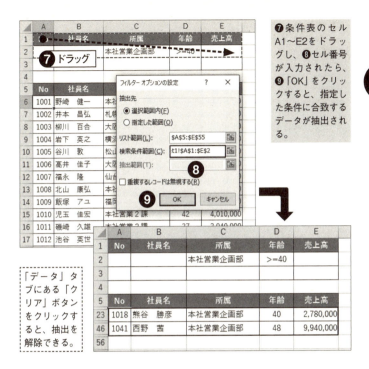

❼条件表のセルA1～E2をドラッグし、❽セル番号が入力されたら、❾「OK」をクリックすると、指定した条件に合致するデータが抽出される。

第5章 データベース機能の利用

「データ」タブにある「クリア」ボタンをクリックすると、抽出を解除できる。

Column 条件表の作り方

「フィルターオプションの設定」では、抽出条件を1つの表にまとめるので、複雑な条件でもわかりやすく指定できる。条件表の作り方は、データベース関数の条件の指定方法と基本的に同じだ。条件の対象となるフィールドを明確にするために、必ずデータベースと同じ列見出しを入力し、「検索条件範囲」には空白行を含めずに条件表のセル範囲を指定する。同じ行に入力した条件はAND条件、異なる行に入力した条件はOR条件になる。詳しくは、[2-39](P80)と[2-41](P84)を参照しよう。

No	社員名	所属	年齢	売上高
		仙台営業所	<30	>=6000000
		横浜営業所	<30	>=6000000

複雑な条件も指定できる！

5-20 抽出 商品リストから仕入先を重複なく抜き出すには

「フィルターオプションの設定」では、表に入力されているデータを重複しないように抜き出す機能もある。

❶「データ」タブの❷「詳細設定」をクリック。❸抽出先として「指定した範囲」を選び、❹リスト範囲（ここではC列）と❺抽出範囲（ここではセルF1）を指定。❻「重複するレコードは無視する」にチェックを付けて、❼「OK」をクリックすると、C列から仕入先名が1つずつ重複なく取り出される。取り出したデータは、売上集計表の見出しとして使うなど、さまざまな用途に利用できる。

1つずつ取り出せた！

テーブル 5-21 表をテーブルに変換するには

表をテーブルに変換すると、データベース機能が使いやすくなり、何かと便利だ。ここでは変換方法を紹介する。

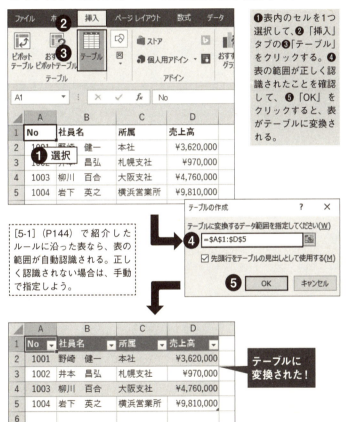

❶表内のセルを1つ選択して、❷「挿入」タブの❸「テーブル」をクリックする。❹表の範囲が正しく認識されたことを確認して、❺「OK」をクリックすると、表がテーブルに変換される。

[5-1]（P144）で紹介したルールに沿った表なら、表の範囲が自動認識される。正しく認識されない場合は、手動で指定しよう。

テーブルに変換された！

テーブルに変換すると、縞模様の書式が設定される。新しい行にデータを追加すると、自動でテーブルが拡張し、縞模様の続きの書式が設定される。列見出しには「▼」ボタンが表示され、いつでも素早くフィルターを実行できる。

5-22 テーブル スライサーを利用して抽出するには(2016/2013)

エクセル2016/2013のテーブルには、「スライサー」という便利な抽出機能がある。抽出条件が常に画面上に表示されるので、見た目にわかりやすく、操作も簡単だ。

❶テーブルのセルを選択すると、❷テーブル操作用の「デザイン」タブが表示される。❸「スライサーの挿入」をクリックすると、設定画面が開き、❹テーブルの列見出しが一覧表示される。❺抽出条件を指定する列(ここでは「所属」)にチェックを付けて、❻「OK」をクリックする。

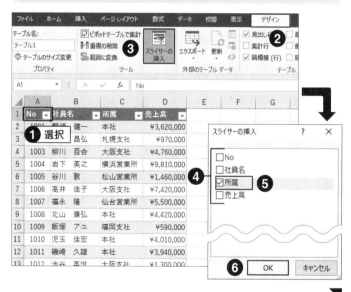

Column　テーブルのメリット

テーブルのメリットの1つに、新しい行にデータを追加するとテーブルが自動拡張する点がある。VLOOKUP関数やピボットテーブルでテーブルを参照する場合、テーブルのデータ数が変わっても、関数やピボットテーブル側でセル範囲の修正をしなくて済む。

❼スライサーが表示され、テーブルの「所属」欄に入力されているデータが一覧表示される。❽「福岡支社」をクリックすると、❾テーブルから「福岡支社」のデータが抽出される。

	A	B	C	D	E
1	No	社員名	所属	売上高	
10	1009	飯塚　アユ	福岡支社	¥590,000	
17	1016	杉浦　浩之	福岡支社	¥6,190,000	
25	1024	小久保　浩二	福岡支社	¥9,680,000	
32	1031	金田　辰夫	福岡支社	¥2,240,000	
39	1038	藤崎　博	福岡支社	¥1,730,000	
44	1043	土井　貞夫	福岡支社	¥3,930,000	
46	1045	中谷　嘉穂	福岡支社	¥4,710,000	

●スライサー

所属
- 仙台営業所
- 松山営業所
- 横浜営業所
- 札幌支社
- 大阪支社
- 福岡支社 ❽
- 本社
- 名古屋支社

❾

⬇

❿「Ctrl」キーを押しながら「松山営業所」をクリックすると、⓫「福岡支社」と「松山営業所」の2つを抽出できる。⓬抽出を解除したいときは、「フィルターのクリア」をクリックする。なお、スライサーが不要になったときは、スライサーのタイトルバーをクリックして、「Delete」キーを押すと、削除できる。

C	D
所属	売上高
松山営業所	¥1,460,000
福岡支社	¥590,000
福岡支社	¥6,190,000
福岡支社	¥9,680,000
福岡支社	¥2,240,000
松山営業所	¥8,660,000
福岡支社	¥1,730,000
福岡支社	¥3,930,000
福岡支社	¥4,710,000

⓫

所属 ⓬
- 仙台営業所
- **松山営業所**
- 横浜営業所　❿「Ctrl」+クリック
- 札幌支社
- 大阪支社
- **福岡支社**
- 本社
- 名古屋支社

ここをクリックすると抽出を解除できる

5-23 テーブルに集計行を追加するには

テーブルのデータを集計したいときは、「集計行」を追加しよう。「合計」「平均」「データの個数」などから選ぶだけでデータを集計できる。

表内のセルを選択して、❶「デザイン」タブの❷「集計行」にチェックを付けると、❸テーブルの末尾に集計行が追加され、右端のセルに合計値（右端が文字データの場合はデータ数）が表示される。集計方法を変更したり、新しい集計値を追加したりするには、❹集計行のセルを選択して「▼」ボタンをクリックし、一覧から集計方法を選択する。

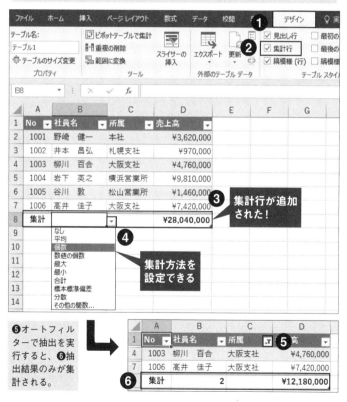

❺オートフィルターで抽出を実行すると、❻抽出結果のみが集計される。

5-24 テキストファイルをエクセルで開くには

データの受け渡しにテキストファイル(拡張子「.txt」)を利用するケースは多い。分析用のデータをテキストファイルで受け取ったときのために、エクセルで開く方法を知っておこう。

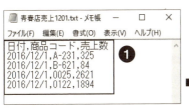

❶ここで使用するテキストファイル(拡張子「.txt」)は、データがカンマ「,」で区切られているものとする。

❷エクセルを起動し、「ファイルを開く」画面を表示する。❸「ファイルの種類」をクリックして「テキストファイル」を選ぶ。あとは通常通り、❹保存場所と❺ファイルを指定して、❻「開く」をクリックする。

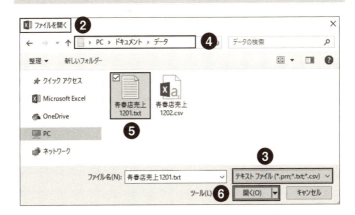

```
「ファイルを開く」画面の表示方法は、バージョンによって異なる。
2016:「ファイル」タブ→「開く」→「参照」
2013:「ファイル」タブ→「開く」→「コンピューター」→「参照」
2010:「ファイル」タブ→「開く」
2007:「オフィス」ボタン→「開く」
```

「テキストファイルウィザード」が開始される。❼「カンマやタブなどの区切り文字によってフィールドごとに区切られたデータ」を選択して、❽「次へ」をクリックする。

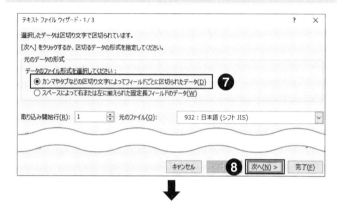

次に、データの区切り方を指定する。❾「カンマ」だけにチェックを入れて、❿プレビュー欄でデータが正しく区切られていることを確認し、⓫「次へ」ボタンをクリックする。

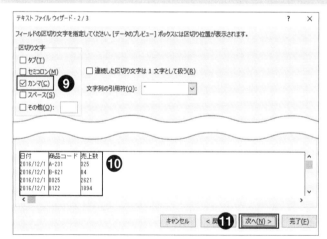

手順❾の画面では、区切り文字を選ぶ。今回は、データがカンマ「,」で区切られているので「カンマ」を選択した。タブで区切られている場合は、「タブ」を選択すればよい。

次に各列のデータ形式を指定する画面が表示される。通常は、初期設定の「G/標準」のままで問題ないが、先頭に「0」を含む数字データがテキストファイルに含まれる場合、エクセルで開くと先頭の「0」が消えてしまう。「0」を付けたまま読み込むには、⓬プレビュー欄で対象の列をクリックして選択し、⓭「列のデータ形式」で「文字列」を選択する。最後に、⓮「完了」をクリックする。

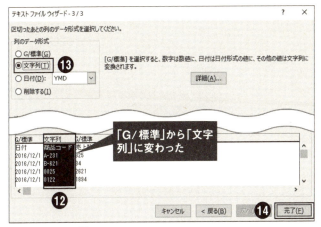

⓯テキストファイルが開くので、適宜列幅を調整する。なお、色や罫線を付けてもテキストファイルには上書き保存できないので、「Excelブック」形式で保存しよう。

	A	B	C
1	日付	商品コード	売上数
2	2016/12/1	A-231	325
3	2016/12/1	B-621	84
4	2016/12/1	0025	2621
5	2016/12/1	0122	1894
6			

Column 「0」で始まる数字を「G/標準」のまま開いた場合

手順⓭で「文字列」を設定せずに、初期設定の「G/標準」のまま開くと、先頭の「0」が消えて、「0025」は「25」、「0122」は「122」になってしまう。

日付	商品コード	売上数
2016/12/1	A-231	325
2016/12/1	B-621	84
2016/12/1	25	2621
2016/12/1	122	1894

5-25 ウィザードを使ってCSVファイルを開くには

テキストファイル

データの受け渡しには、CSVファイル（拡張子「.csv」）もよく使われる。CSVファイルはカンマ区切りと決まっており、「ファイルを開く」画面から開くと、テキストファイルウィザードが起動せずに、即座に開く。「0」で始まる数字を文字列として読み込みたい場合など、ウィザードで詳細な設定をしながら開きたい場合は、CSVファイルをテキストファイルに変換してから開くとよい。

❶エクスプローラー（フォルダーのウィンドウ）の「表示」タブをクリックして、❷「ファイル名拡張子」にチェックを付ける。ファイル名に拡張子が表示されるので、❸CSVファイルの拡張子の「csv」を「txt」に変更すると、ファイル形式がテキストファイルに変わる。[5-24]（P173）を参考にファイルを開くと、テキストファイルウィザードを使用して開くことができる。

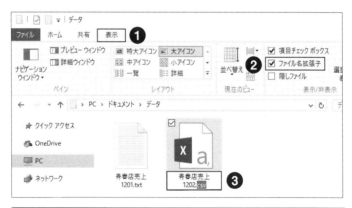

Column　ウィンドウズ7/Vistaの場合

ウィンドウズ7やVistaでは、エクスプローラーの「整理」→「フォルダーと検索のオプション」をクリックする。開く画面の「表示」タブで「詳細設定」欄にある「登録されている拡張子は表示しない」のチェックを外し、「OK」をクリックする。

第6章
[データ分析編]

データを可視化する
―― 条件付き書式・グラフ

A 条件付き書式……178
B グラフの基本……182
C 分析グラフ……194

条件付き書式 6-1 売上の少ない支店に色を付けて目立たせる

極端に突出した、または落ち込んだデータの発見は、データ分析のはじめの一歩だ。「条件付き書式」を使って、大量のデータから極端なデータを要領よく探し出そう。

●条件付き書式を設定する

ここでは、売上が300,000より小さいセルを探す。❶売上のセルを選択。❷「ホーム」タブの❸「条件付き書式」→❹「セルの強調表示ルール」→❺「指定の値より小さい」をクリックする。❻開く画面で条件の数値を入力。❼「書式」欄から書式を選択して、❽「OK」をクリックする。

極端なデータを発見できた！

178

●条件付き書式を解除する

❶条件付き書式を設定したセルを選択し、❷「ホーム」タブの❸「条件付き書式」→❹「ルールのクリア」→❺「選択したセルからルールをクリア」をクリックすると、条件付き書式を解除できる。

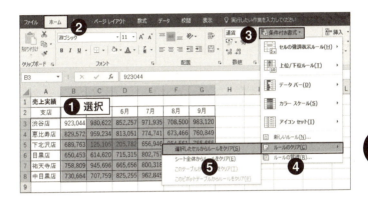

> **Column** 「トップ5」や「平均越え」に自動で色を付けるには
>
> 条件付き書式の「上位/下位ルール」を使用すると、「上位〇項目」「上位〇%」「平均より上」などの条件で、セルに自動的に色を設定できる。

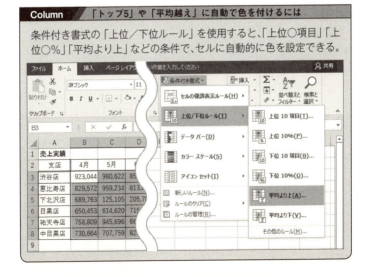

6-2 条件付き書式 数値の傾向をひと目で把握したい

条件付き書式の「アイコンセット」「データバー」「カラースケール」を利用すると、入力されている数値の中で相対的に大きい数値や小さい数値を発見できる。

●カラースケール

「カラースケール」とは、数値の大きさを色の濃淡で表現する機能だ。❶設定対象のセルを選択して、❷「ホーム」タブの❸「条件付き書式」→❹「カラースケール」の一覧から配色を選ぶ。例えば、❺「青、白、赤のカラースケール」を選ぶと、特に大きな数値が濃い青、特に小さい数値が濃い赤で表示される。

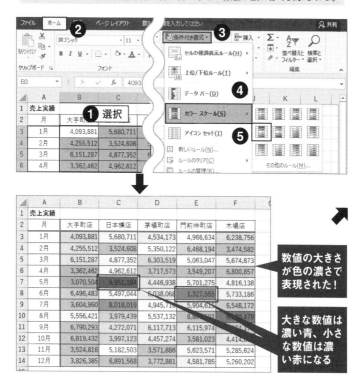

数値の大きさが色の濃さで表現された！

大きな数値は濃い青、小さな数値は濃い赤になる

●データバー

「データバー」とは、数値の大きさを横棒の長さで表現する機能。設定するには、「条件付き書式」→「データバー」の一覧から棒の色を選ぶ。

月	大手町店	日本橋店	茅場町店	門前仲町店	木場
1月	4,093,881	5,680,711	4,534,173	4,966,634	6,2
2月	4,255,512	3,524,608	5,350,122	6,468,194	3,4
3月	6,151,287	4,877,352	6,303,519	5,063,047	5,6
4月	3,362,462	4,962,612	3,717,573	3,549,207	6,8
5月	3,070,504	9,951,194	4,446,938	5,701,275	4,8
6月	6,496,483	5,497,044	6,038,068	1,327,555	5,7
7月	3,604,960	8,018,019	4,945,716	5,904,615	6,5
8月	5,556,421	3,979,439	5,537,132	6,867,501	8,8
9月	6,790,293	4,272,071	6,117,713	6,115,974	6,5
10月	6,819,432	3,997,123	4,457,274	3,581,023	4,4
11月	3,524,816	5,182,503	3,571,886	5,623,571	5,2
12月	3,826,385	6,891,568	3,772,881	4,581,785	5,2

値の大きさが横棒の長さで表現される!

●アイコンセット

「アイコンセット」とは、数値の大きさを3〜5種類のアイコンで分類する機能。設定するには、「条件付き書式」→「アイコンセット」の一覧からアイコンのデザインを選ぶ。

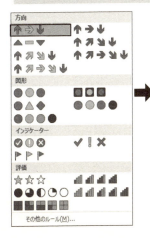

月	大手町店	日本橋店	茅場町店	門前仲
1月	↓ 4,093,881	→ 5,680,711	→ 4,534,173	→ 4,9
2月	→ 4,255,512	↓ 3,524,608	→ 5,350,122	→ 6,4
3月	→ 6,151,287	→ 4,877,352	→ 6,303,519	→ 5,0
4月	↓ 3,362,462	→ 4,962,612	↓ 3,717,573	→ 3,5
5月	↓ 3,070,504	↑ 9,951,194	→ 4,446,938	→ 5,7
6月	→ 6,496,483	→ 5,497,044	→ 6,038,068	↓ 1,3
7月	↓ 3,604,960	↑ 8,018,019	→ 4,945,716	→ 5,9
8月	→ 5,556,421	↓ 3,979,439	→ 5,537,132	→ 6,8
9月	→ 6,790,293	→ 4,272,071	→ 6,117,713	→ 6,1
10月	→ 6,819,432	↓ 3,997,123	→ 4,457,274	→ 3,5
11月	↓ 3,524,816	→ 5,182,503	↓ 3,571,886	→ 5,6
12月	→ 3,826,385	→ 6,891,568	↓ 3,772,881	→ 4,5

数値の大中小が3種類のアイコンで区別される!

第6章 データを可視化する

グラフの基本
6-3 グラフを作成するには

グラフは、データ分析に欠かせないツールだ。表からグラフを作成すれば、数値の傾向や特徴が一目瞭然になる。ここでは、縦棒グラフを例にグラフの作成方法を紹介する。

●グラフを作成する

❶グラフにする範囲を選択し、❷「挿入」タブをクリックする。❸「縦棒」「折れ線」「円」「横棒」など、グラフ作成用のボタンが並んでいる。

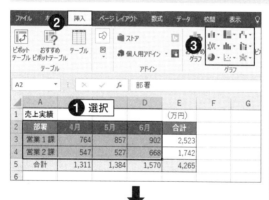

❹「縦棒」をクリックすると、縦棒グラフの種類が表示される。❺ここでは、「集合縦棒」をクリックする。

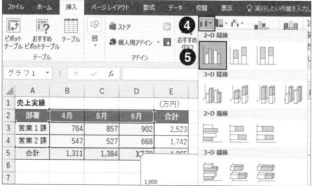

作成されたグラフの無地の部分にポインターを合わせると、「グラフエリア」と表示される。❻その状態でドラッグすると、グラフを移動できる。また、グラフエリアをクリックするとグラフが選択され、グラフの八方にハンドルが表示される。❼そのハンドルをドラッグすると、サイズ変更できる。

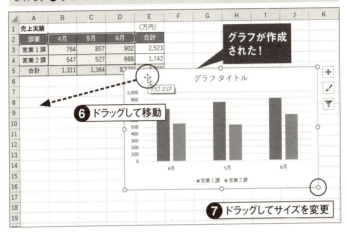

●グラフタイトルを入力する

グラフを作成すると上部に「グラフタイトル」と表示されるので、適切なグラフ名を入力しておこう。まず、❶グラフタイトルをクリックして選択。❷選択したグラフタイトルにポインターを合わせ、Iの形になったらクリック。すると、グラフタイトル内にカーソルが現れるので、❸文字を編集しよう。「グラフエリア」をクリックすると、グラフタイトルの編集が確定する。

> **MEMO　エクセル 2010/2007 の場合**
>
> エクセル2010/2007では、グラフの作成直後にグラフタイトルが表示されない場合がある。その場合、グラフを選択して、「レイアウト」タブの「グラフタイトル」→「グラフの上」をクリックして追加しよう。

グラフの基本 6-4 グラフの構成要素を知る

グラフの編集を行うには、グラフを構成する「グラフ要素」の理解が必要だ。グラフ要素にポインターを合わせると、ポップヒントで名前を確認できる。ここでは縦棒グラフを例に、グラフ要素の種類を紹介する。

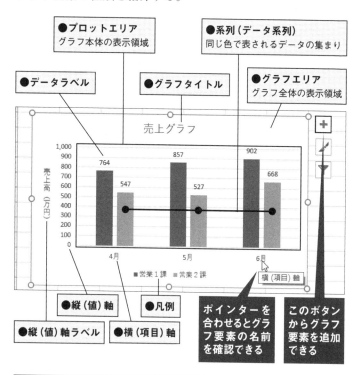

- ●プロットエリア グラフ本体の表示領域
- ●系列（データ系列）同じ色で表されるデータの集まり
- ●データラベル
- ●グラフタイトル
- ●グラフエリア グラフ全体の表示領域
- ●縦（値）軸
- ●凡例
- ●縦（値）軸ラベル
- ●横（項目）軸

ポインターを合わせるとグラフ要素の名前を確認できる

このボタンからグラフ要素を追加できる

Column　グラフ要素を追加するには

エクセル2016/2013ではグラフを選択すると右上に表示される「＋」マークの「グラフ要素」ボタンから、2010/2007では「レイアウト」タブにある各ボタンからグラフ要素を追加できる。

グラフの基本
6-5

グラフの凡例項目と横軸の項目を入れ替えるには

グラフを作成すると、元の表の縦の項目と横の項目のうち、数が多いほうが横軸に並び、少ないほうが凡例に並ぶ。「デザイン」タブの「行/列の切り替え」を使えば、凡例項目と横軸の項目を一発で逆にできる。

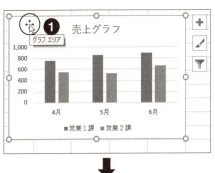

❶グラフエリアをクリックしてグラフを選択する。リボンにグラフ編集用のタブが表示されるので、❷「デザイン」タブの❸「行/列の切り替え」をクリックする。

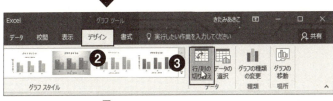

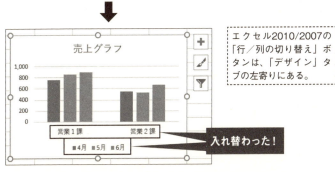

エクセル2010/2007の「行/列の切り替え」ボタンは、「デザイン」タブの左寄りにある。

第6章 データを可視化する

グラフの基本 6-6 データ分析に効果的なグラフの種類

エクセルではさまざまな種類のグラフを作れるが、分析の目的に合わせてグラフの種類を選ぶことが重要だ。ここで紹介するグラフは、いずれも「挿入」タブの「グラフ」グループのボタンから作成できる単純なものだ。

●数値を比較する

●縦棒・横棒

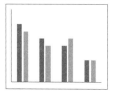

目標と実績、昨年の売上と今年の売上などを比較する。

●積み上げ棒

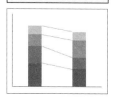

内訳を比較。「100%積み上げ棒」を使えば、割合も比較できる。

●折れ線

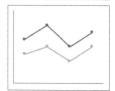

横軸を時系列にして、特定の期間の数値の推移を比較する。

●順位を表現する

●縦棒

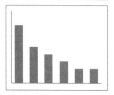

数値を昇順や降順に並べて、売れ筋商品などをわかりやすく表現。

●横棒

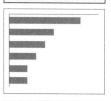

数値を昇順や降順に並べて、売れ筋商品などをわかりやすく表現。

●円

全体の売上に対して、貢献度の高い商品や支店などがわかる。

●数値の推移を表す

●折れ線
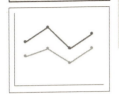
折れ線で、数値の伸びや落ち込みを表す。

●積み上げ棒
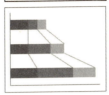
棒を時系列に並べて、内訳の推移を表す。

●内訳や構成比を表す

●円
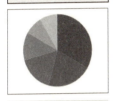
全体に対する内訳がわかる。

●積み上げ棒
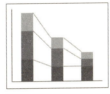
全体の大きさとその内訳がわかる。

●100%積み上げ棒
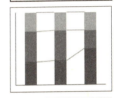
それぞれの構成比がわかる。

●関係

●散布図

2項目の数値に相関関係があるかどうかがわかる。

●積み上げ棒

3項目の数値の関係がわかる。3項目目は円の大きさで表す。

●レーダー

数種類の評価項目のバランスがわかる。

グラフの基本 6-7 数値軸を調整して折れ線の変化を強調するには

数値軸の範囲が広過ぎると、折れ線グラフの変化がわかりづらくなる。目盛りの最大値や最小値を調整して、折れ線の変化を強調しよう。

❶数値軸の目盛の範囲を調整したい。❷数値を右クリックして、❸「軸の書式設定」を選ぶ。設定画面の❹「軸のオプション」で、❺「最小値」と「最大値」を設定できる。❻ここでは最小値を「0」から「6,000」に変更して目盛の範囲を狭くしたので、折れ線の変化が大きく見やすくなった。

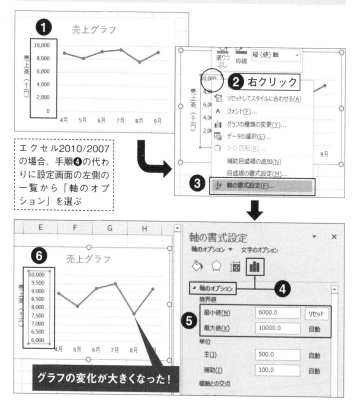

エクセル2010/2007の場合、手順❹の代わりに設定画面の左側の一覧から「軸のオプション」を選ぶ

グラフの変化が大きくなった!

グラフの基本 6-8 棒を1本だけ違う色にして目立たせたい

競合他社の中の自社や、商品ラインナップの中の注力商品など、分析の中心になる棒は色を変えるとわかりやすい。設定のポイントは、棒を1本だけ選択して色を設定することだ。

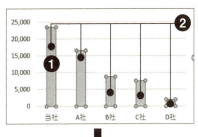

❶いずれかの棒をクリックすると、❷同じ系列のすべての棒が選択される。その状態で、❸目立たせたい棒をクリックすると、❹クリックした棒だけを選択できる。❺「書式」タブの❻「塗りつぶしの色」から❼色を選ぶと、選択した棒だけ色が変わる。

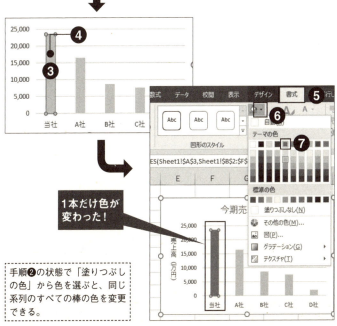

1本だけ色が変わった!

手順❷の状態で「塗りつぶしの色」から色を選ぶと、同じ系列のすべての棒の色を変更できる。

第6章 データを可視化する

6-9 棒グラフの棒を太くしたい

グラフの基本

棒グラフの棒の間隔を狭くすると、その分だけ棒が太くなる。ヒストグラムなど、棒をぴったりくっつけるグラフの場合は、ここで紹介する手順で棒の間隔を「0」にすればよい。

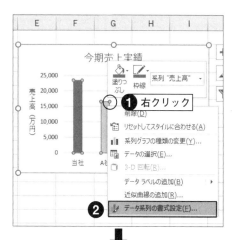

❶いずれかの棒を右クリックし、❷「データ系列の書式設定」を選ぶと、設定画面が開く。❸「系列のオプション」の❹「要素の間隔」の数値を小さくすると、棒の間隔が狭くなり、その分だけ棒が太くなる。例えば、「50％」と設定すると、「棒の太さ：間隔」が「100：50」になる。

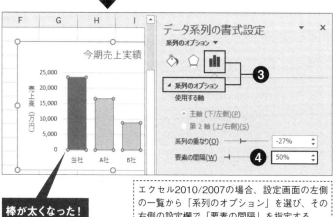

棒が太くなった！

エクセル2010/2007の場合、設定画面の左側の一覧から「系列のオプション」を選び、その右側の設定欄で「要素の間隔」を指定する。

グラフの基本 6-10 横棒グラフの並び順が表とは逆になってしまう！

下図のような表から横棒グラフを作成すると、表の項目名とグラフの項目名の並び順が逆になり混乱の元だ。グラフの項目名を表の並びに揃えよう。

❶表とグラフで項目名が逆に並んでいる。並びを揃えるには、❷グラフの項目名の上で右クリックして、「軸の書式設定」を選択。❸「軸のオプション」の❹「最大項目」を選び、❺「軸を反転する」にチェックを付ける。

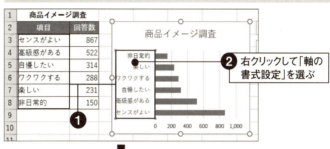

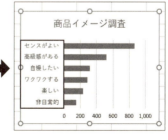

> エクセル2010/2007の場合、設定画面の左側の一覧から「軸のオプション」を選び、その右側の設定欄で設定する。「軸を反転する」は設定画面の上のほうにある。

第6章 データを可視化する

グラフの基本 6-11 円グラフにパーセンテージを表示するには

「クイックレイアウト」機能を使うと、グラフに配置するグラフ要素をさまざまなパターンから選べる。円グラフにパーセンテージを入れるのも簡単だ。

❶グラフを選択して、❷「デザイン」タブの❸「クイックレイアウト」(エクセル2010/2007では「グラフのレイアウト」)から❹「レイアウト1」を選択する。すると、データラベルが追加され、項目名とパーセンテージが表示される。

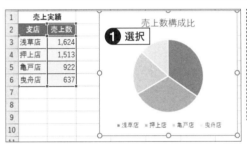

エクセル2016/2013では、「グラフスタイル」の選択肢の中にパーセンテージを表示するデザインがいくつかあるので、それを利用してもよい。

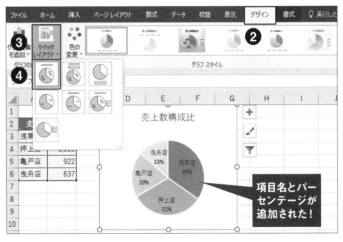

項目名とパーセンテージが追加された!

グラフの基本 6-12 円グラフの扇形を切り離して目立たせたい

円グラフの中で分析対象となるデータは、扇形を円から切り離すと効果的だ。切り離す扇形を1つだけ選択して操作することがポイントだ。

❶いずれかの扇形をクリックすると、すべての扇形が選択され、各扇形に丸いハンドルが表示される。その状態で、❷切り離したい扇形をクリックすると、クリックした扇形だけを選択できる。❸選択した扇形をドラッグすると、円グラフから切り離せる。

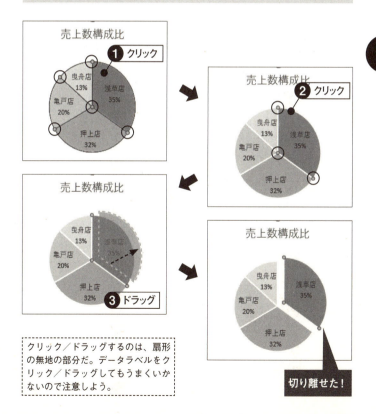

クリック／ドラッグするのは、扇形の無地の部分だ。データラベルをクリック／ドラッグしてもうまくいかないので注意しよう。

第6章 データを可視化する

分析グラフ 6-13

レーダーチャートでバランスを表す

レーダーチャートは、複数の評価項目の値を多角形で表すグラフだ。多角形が大きいほど評価が高い。また、多角形の形から、"強み"や"弱み"を発見できる。

●レーダーチャートを作成する

ここでは、2つのレストランの顧客満足度調査の結果をグラフにする。❶グラフにする範囲を選択し、❷「挿入」タブの❸「等高線グラフまたはレーダーチャートの挿入」→❹「レーダー」をクリックすると、❺レーダーチャートが作成される。

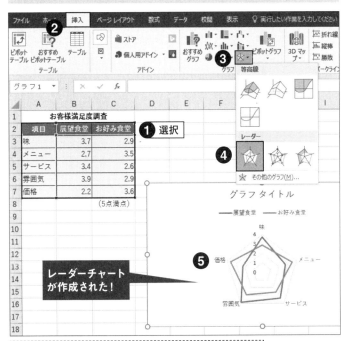

手順❸で、エクセル2010/2007では「その他のグラフ」をクリックする。

194

●目盛の最大値を満点の「5」に変更する

数値軸の目盛りの範囲はグラフの元表の数値に応じて自動的に決められるが、今回の評価項目は満点が「5」なので、目盛りの最大値を「5」にしたい。まず、❶数値を右クリックして、❷「軸の書式設定」を選ぶ。

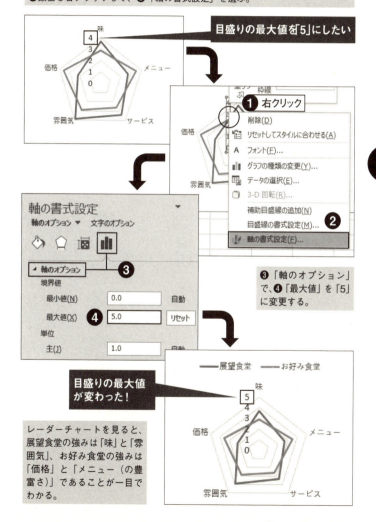

❸「軸のオプション」で、❹「最大値」を「5」に変更する。

レーダーチャートを見ると、展望食堂の強みは「味」と「雰囲気」、お好み食堂の強みは「価格」と「メニュー（の豊富さ）」であることが一目でわかる。

分析グラフ 6-14 Zチャートで長期的な傾向を明らかにする

売上データから折れ線グラフを作ると、売上が伸びている、停滞しているなどの傾向が浮き彫りになりやすい。しかし、季節商品の場合、単純な折れ線グラフでは、傾向がつかめないことがある。ここでは、そんなときに役に立つ「Zチャート」を紹介する。

●単純な折れ線グラフの問題点

夏に売上が上がる季節商品について、❶過去1年分の売上を折れ線グラフにしてみた。一見すると、ここ最近の売上が落ちているように見えてしまう。そこで、❷長期的な売上の傾向を確認するため、過去2年分の売上を表すグラフを作成してみたが、売上が上昇しているのかどうか、はっきりしない。

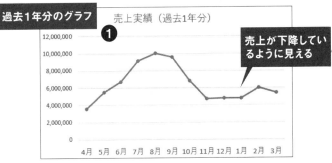

過去1年分のグラフ ❶ 売上が下降しているように見える

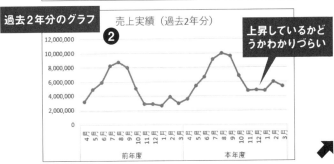

過去2年分のグラフ ❷ 上昇しているかどうかわかりづらい

196

●Zチャート用のデータを用意する

Zチャートの元となるデータを用意しよう。❶過去2年分の売上を入力。次に、❷本年度累計の数式（[2-3]〈P42〉参照）と、❸移動年計の数式を入力し、❹コピーする。「移動年計」とは過去1年分の売上合計のことで、例えば、4月の移動年計は「前年5月～本年4月」の合計、5月の移動年計は「前年6月～本年5月」の合計となる。

	A	B	C	D	E
1		サーキュレーター 売上分析			
2	年	月	売上高	本年度累計	移動年計
3	前年度	4月	3,224,123		
4	前年度	5月	4,947,895		
5	前年度	6月	5,945,784		
6	前年度	7月	8,247,241		
7	前年度	8月	8,822,354		
8	前年度	9月	8,021,422		
9	前年度	10月	5,062,147		
10	前年度	11月	2,901,457		
11	前年度	12月	2,913,254		
12	前年度	1月	2,721,478		
13	前年度	2月	3,901,574		
14	前年度	3月	3,024,258		
15	本年度	4月	3,593,894	3,593,894	60,102,758
16	本年度	5月	5,503,633	9,097,527	60,658,496
17	本年度	6月	6,708,759	15,806,286	61,421,471
18	本年度	7月	9,153,712	24,959,998	62,327,942
19	本年度	8月	10,059,416	35,019,414	63,565,004
20	本年度	9月	9,619,108	44,638,522	65,162,690
21	本年度	10月	6,839,710	51,478,232	66,940,253
22	本年度	11月	4,738,153	56,216,385	68,776,949
23	本年度	12月	4,820,870	61,037,255	70,684,565
24	本年度	1月	4,769,119	65,806,374	72,732,206
25	本年度	2月	6,005,276	71,811,650	74,835,908
26	本年度	3月	5,424,291	77,235,941	77,235,941
27					

❷ =SUM($C$15:C15)

❸ =SUM(C4:C15)

❹ コピー

> 「本年度累計」と「移動年計」のセルにエラーインジケーター（[1-14]〈P37〉参照）が表示されるが、そのままでかまわない。

●Zチャートを作成する

Zチャートを作成しよう。❶見出しのセルB2〜E2をドラッグして選択。続けて、❷「Ctrl」キーを押しながら、本年度のセルB15〜E26をドラッグして、選択に加える。❸「挿入」タブの❹「折れ線/面グラフの挿入」→❺「マーカー付き折れ線」をクリックする。

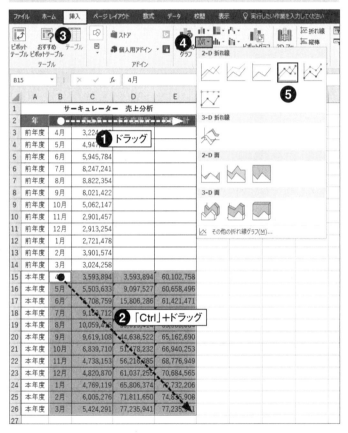

> グラフ作成後に、表の前年度の行を非表示にすると見栄えが整う。非表示にする行の外にグラフを移動しておき、行番号の「3」〜「14」をドラッグして選択。選択範囲を右クリックして「非表示」を選ぶ。

「月別売上」「売上累計」「移動年計」の3本の折れ線が「Z」の形を成すグラフが作成されるので、グラフタイトルを入力しておく。売上の傾向を判断するには、一番上の「移動年計」の傾きを見る。今回のグラフではなだらかな右肩上がりなので、ゆるやかな上昇傾向にあると判断できる。

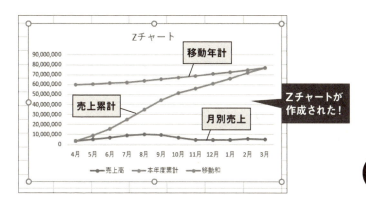

Zチャートが作成された！

Column　Zチャートの読み方

Zチャートで一番重要なのが、「移動年計」のグラフだ。移動年計の折れ線が右肩上がりなら成長型、水平なら横ばい型、右肩下がりなら衰退型と分析できる。

●成長型　　●横ばい型　　●衰退型

移動年計は、当月からさかのぼって過去12カ月分の売上を合計したものだ。例えば、4月の移動年計は、「前年5月から本年4月の合計」、5月の移動年計は、「前年6月から本年5月の合計」となる。移動年計の各値は、必ず一通りの季節の売上を含むので、夏によく売れ、冬に落ち込むといった季節の影響を受けない。そのため、売上の短期的な変動に惑わされずに、長期的な視点に立った分析が行える。

分析グラフ 6-15 ヒストグラムでデータの分布を表す

年齢や得点などの数値データが、一定間隔に区切った中に何個ずつ含まれるかをカウントした表を「度数分布表」という。また、度数分布表から作成した縦棒グラフを「ヒストグラム」という。「顧客の年齢分布」「受験者の得点分布」など、数値データの分布を分析するのに使われる。

●度数分布表を作成する

❶セルB3～B100に入力された顧客の年齢データから、10歳間隔の分布状況を調べたい。❷準備として、各区間の最大値「9、19、29、…、79」を入力しておく。実際には80歳以上の人数も求めるが、入力するのは「79」まででよい。❸人数を表示するすべてのセル（ここではセルF3～F11）を選択する。

	A	B	C	D	E	F
1	アンケート分析				度数分布表	
2	回収No.	年齢		区間		人数
3	1	42		9	～9	
4	2	29		19	10～19	
5	3	47		29	20～29	
6	4	43		39	30～39	
7	5	41		49	40～49	
8	6	53		59	50～59	
9	7	27		69	60～69	
10	8	53		79	70～79	
11	9	36			80～	
12	10	75				
98		44				
99	97	45				
100	98	20				

❸ 選択

区間ごとの人数は、FREQUENCY関数を使用して求める。この関数を入力するには、あらかじめ結果を入力するセル全体を選択しておく必要がある。

❹セルF3~F11を選択した状態で、FREQUENCY(フリーケンシー)関数を入力。第1引数に年齢のセルB3~B100を指定し、第2引数に各区間の最大値のセルD3~D10を指定する。第2引数は、関数の入力先のセルより1つ少ないことに注意しよう。❺入力できたら、「Ctrl」キーと「Shift」キーを押しながら「Enter」キーを押して、数式を確定する。

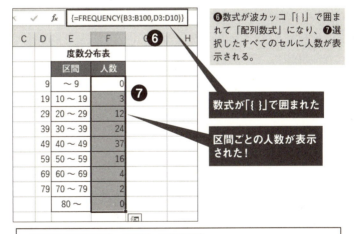

```
=FREQUENCY(データ配列, 区間配列)
```

「データ配列」の中から、「区間配列」ごとのデータ数を求める。引数「区間配列」には、各区間の最大値を入力したセルを指定する。結果として返される要素数は、「区間配列」の個数より1つ多くなる。あらかじめ、結果を入力するセル範囲を選択してから数式を入力し、「Ctrl」+「Shift」+「Enter」キーを押して確定する。入力した数式は、波カッコ「{ }」で囲まれる。このような数式を「配列数式」と呼ぶ。

> **Column** 配列数式を修正／削除するには
>
> 配列数式の編集は、セル単位では行えない。修正するには、配列数式を入れたすべてのセルを選択し、数式バーで修正して、「Ctrl」+「Shift」+「Enter」キーで確定する。削除するには、配列数式を入れたすべてのセルを選択して、「Delete」キーを押す。

●ヒストグラムを作成する

ヒストグラムを作成しよう。❶度数分布表のセルE2〜F11を選択する。❷「挿入」タブの❸「縦棒／横棒グラフの挿入」→❹「集合縦棒」をクリックする。

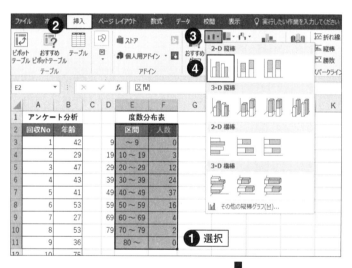

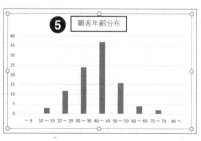

縦棒グラフが作成されるので、❺グラフタイトルを入力しておく。

ヒストグラムは山の形で分布具合を判断するので、棒同士をくっつけるのが一般的だ。❻いずれかの棒を右クリックして、「データ系列の書式設定」を選ぶ。❼「系列のオプション」で❽「要素の間隔」を「0」にすると、❾棒がくっつく。

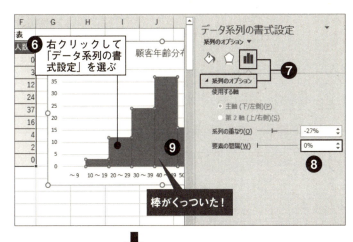

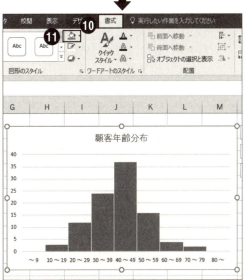

引き続き、棒を選択したまま、❿「書式」タブの⓫「図形の枠線」から色を選ぶと、棒に枠線が付く。ヒストグラムから、40代を中心とした年齢分布であることが見て取れる。

| Column | 度数分布表からエクセル2016の「ヒストグラム」を作成する |

エクセル2016では、新機能としてグラフの種類に「ヒストグラム」が追加された。2016の「ヒストグラム」は、度数分布表から作成することも、度数分布表を利用せずに作成することも可能だ。度数分布表から作成する場合は、❶表を選択して、❷「挿入」タブの❸「統計グラフの挿入」→❹「ヒストグラム」を選択。❺グラフの横軸を右クリックして「軸の書式設定」を選び、❻「軸のオプション」で❼「分類項目別」を選ぶ。

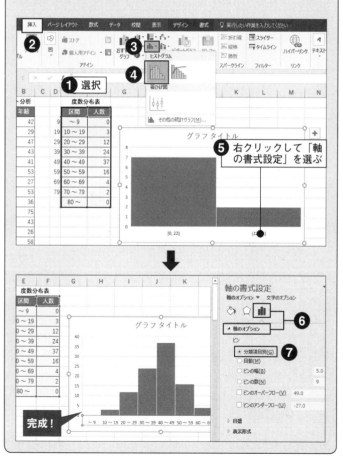

Column 度数分布表を使わずに「ヒストグラム」を作成する

エクセル2016では、度数分布表を作らずに、「年齢」データから直接ヒストグラムを作成することもできる。❶「年齢」のセルを選択して、❷「挿入」タブの❸「統計グラフの挿入」→❹「ヒストグラム」をクリック。❺作成されたグラフの横軸を右クリックして「軸の書式設定」を選び、❻「軸のオプション」で❼「ビンの幅」に「10」、❽「ビンのアンダーフロー」に「19」を入力する。

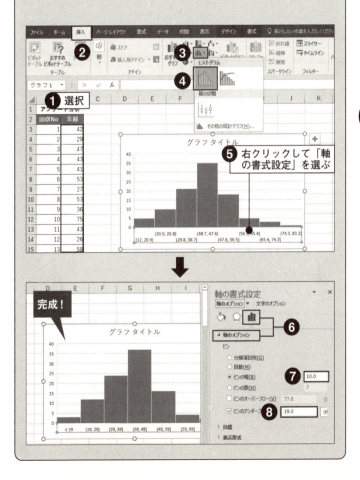

分析グラフ 6-16 散布図で相関関係を分析する

散布図は、「気温とビールの売上」「販売員数と売上」など、2種類の数値の関係を調べるのにうってつけのグラフだ。散布図によって、2種類の数値に相関があるかどうか、また、相関が強いか弱いかが明らかになる。

●散布図を作成する

気温とビールの売上数の関係を散布図で表したい。❶グラフにする範囲（ここではセルB2〜C32）を選択し、❷「挿入」タブの❸「散布図またはバブルチャートの挿入」→❹「散布図」をクリックすると、❺散布図が作成される。

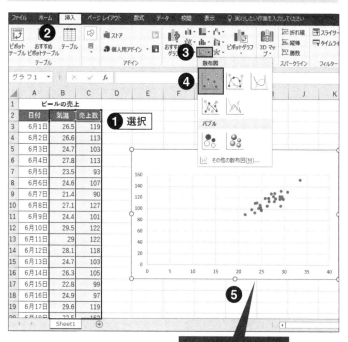

散布図が作成された！

●グラフの体裁を整える

前ページの散布図では、点がグラフの右上に偏っている。軸の最小値を調整して、グラフを見やすくしよう。❶縦軸の数値を右クリックして「軸の書式設定」を選び、❷設定画面で最小値を「80」に設定。❸同様に、横軸も最小値を「20」に変更しておく。

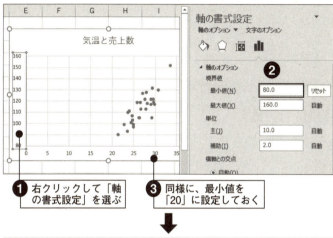

❶右クリックして「軸の書式設定」を選ぶ

❸同様に、最小値を「20」に設定しておく

エクセル2016/2013では、❹「グラフ要素」→❺「軸ラベル」をクリックして、❻軸ラベルを表示し、文字を入力しておく。縦軸の軸ラベルは「ホーム」タブにある「方向」ボタンで縦書きにできる。
エクセル2010/2007では「レイアウト」タブの「軸ラベル」ボタン→「主縦軸ラベル」→「軸ラベルを垂直に配置」と「主横軸ラベル」→「軸ラベルを軸の下に配置」から軸ラベルを配置して、文字を入力しておく。

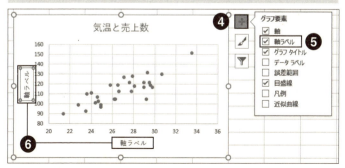

●近似曲線を追加して傾向を鮮明に表す

作成した散布図から、「気温が高いとビールの売上が伸びる」ことが見て取れる。傾向をより鮮明にするため、近似曲線を追加しよう。エクセル2016/2013では、❶「グラフ要素」→❷「近似曲線」→❸「線形」をクリックすると、直線の近似曲線が表示される。エクセル2010/2007では、「レイアウト」タブの「近似曲線」→「線形近似曲線」をクリック。

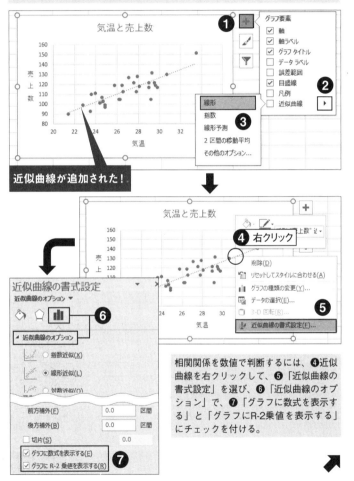

近似曲線が追加された！

相関関係を数値で判断するには、❹近似曲線を右クリックして、❺「近似曲線の書式設定」を選び、❻「近似曲線のオプション」で、❼「グラフに数式を表示する」と「グラフにR-2乗値を表示する」にチェックを付ける。

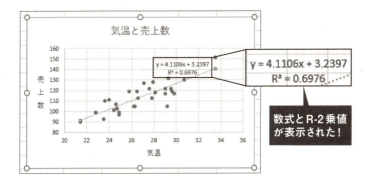

| Column | 結果を考察する |

グラフに追加した数式は「回帰式」と呼ばれ、2種類のデータの関係を表す。数式中の「x」が気温（横軸）で、「y」が売上数（縦軸）となる。明日の予想気温を回帰式に当てはめれば売上数を予測でき、仕入れや準備に役立つ。
例えば、予想気温が32度の場合、

$y = 4.1106 \times 32 + 3.2397 ≒ 135$

となり、理論上、売上数が「135」と予測できる。
回帰式は、データがなるべく直線上に乗るように、最小二乗法という手法で求められている。「R-2乗値」は、回帰式が直線にどれだけ当てはまっているかを表す数値で、「決定係数」とも呼ばれる。R-2乗値は「0以上1以下」の値をとり、「1」に近いほど回帰式の精度が高い。「0.6976」という結果は、一般的な目安として回帰式がうまく当てはまっていると判断できる。

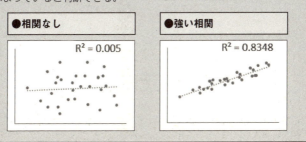

分析グラフ 6-17 パレート図でABC分析をする

「ABC分析」とは、商品や顧客などの分析項目をABCのランクに分けて、ランクに応じた管理を行うための分析手法だ。通常、「パレート図」というグラフを使用して、データを視覚化しながら分析する。ランク分けすることで、人材や設備、資金などを集中させるべき重点管理項目を見極められる。

●売上データをランク分けする

ここでは、商品の売上データをもとに、全売上の70%を占める商品をA、90%を占める商品をBとしてランク分けする。まず、❶売上データを入力して、❷合計を計算。それをもとに、❸売上構成比（[1-7]〈P28〉参照）と、❹累計（[2-3]〈P42〉参照）を求める。求めた累計を基準に、❺IF関数を使用して（[4-2]〈P129〉参照）、70%以下の場合は「A」、90%以下の場合は「B」、それ以外は「C」と表示する。

❸ `=B3/$B$14`　　❹ `=SUM($C$3:C3)`

	A	B	C	D	E
1	ABC分析				
2	商品名	売上 ❶	構成比	構成比累計	ランク
3	商品A	9,102,300	28.0%	28.0%	A
4	商品B	6,810,900	20.9%	48.9%	A
5	商品C	4,212,300	12.9%	61.8%	A
6	商品D	3,051,400	9.4%	71.2%	B
7	商品E	2,622,700	8.1%	79.2%	B
8	商品F	1,433,200	4.4%	83.6%	B
9	商品G	1,354,900	4.2%	87.8%	B
10	商品H	1,122,800	3.4%	91.3%	C
11	商品I	1,046,600	3.2%	94.5%	C
12	商品J	1,087,500	3.3%	97.8%	C
13	商品K	712,100	2.2%	100.0%	C
14	合計	32,556,700			

数式を入力したら、下のセルまでコピーし、パーセントスタイルや中央揃えなどの設定をして見栄えを整えよう。

❷ `=SUM(B3:B13)`　　❺ `=IF(D3<=70%,"A",IF(D3<=90%,"B","C"))`

●パレート図を作成する(エクセル2016/2013)

パレート図は、売上高の縦棒と構成比累計の折れ線からなる複合グラフだ。❶セルA2～B13をドラッグして選択。続けて、❷「Ctrl」キーを押しながら、セルD2～D13をドラッグして選択に加える。❸「挿入」タブの❹「複合グラフの挿入」→❺「ユーザー設定の複合グラフを作成する」をクリックする。開く画面で、❻「売上」が「集合縦棒」になっていることを確認。❼「構成比累計」では「マーカー付き折れ線」を選び、「第2軸」にチェックを付けて、❽「OK」をクリックする。

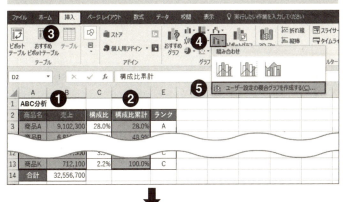

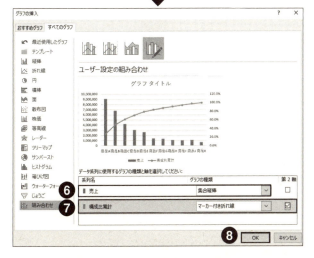

パレート図が作成されたら、グラフタイトルを入力して、サイズや配置を調整しておく。[6-8]（P189）を参考に棒を1本ずつ選択して「書式」タブのボタンを使い、❾ランクに応じて色分けしよう。

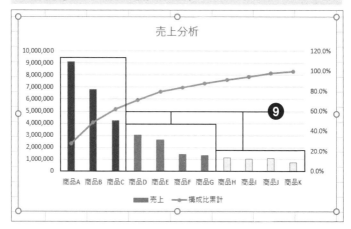

●パレート図を作成する（エクセル2010/2007）

パレート図は、売上高の縦棒と構成比累計の折れ線からなる複合フラフだ。エクセル2010/2007では、いったん縦グラフを作成してから、構成比累計だけを折れ線に変える。まず、❶セルA2～B13をドラッグして選択。続けて、❷「Ctrl」キーを押しながら、セルD2～D13をドラッグして選択に加える。「挿入」タブの「縦棒」→「集合縦棒」をクリックして、❸縦棒グラフを作成し、サイズと配置を整えておく。「構成比累計」は「売上」に比べて極端に値が小さいため、グラフには「売上」の棒しか表示されない。

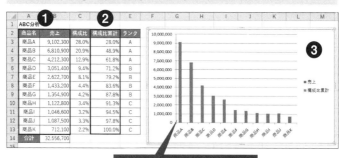

「売上」の棒しか表示されない

見えない「構成比累計」の棒を選択するには、❹「レイアウト」タブの❺「グラフ要素」の一覧から❻「系列"構成比累計"」を選ぶ。その状態で❼「デザイン」タブの❽「グラフの種類の変更」をクリックする。

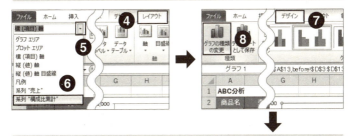

❾開く画面で「マーカー付き折れ線」を選び、❿「OK」をクリック。すると、「構成比累計」の棒が折れ線に変わる。つぎに、「構成比累計」用の軸を用意しよう。まず、⓫表示された折れ線をクリックして選択する。

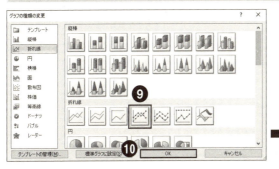

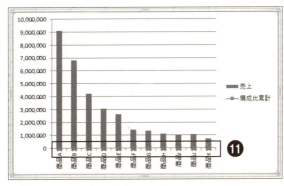

設定画面の⓬「系列のオプション」で、⓭「第2軸」を選び、⓮「閉じる」をクリックする。

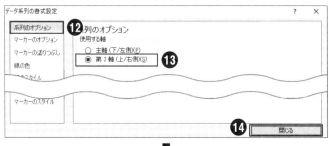

⓯グラフの右側に「構成比累計」用の第2軸が現れ、⓰軸の目盛りに合わせて折れ線が大きく表示される。[6-8]（P189）を参考に棒を1本ずつ選択して「書式」タブのボタンを使い、⓱ランクに応じて色分けしよう。

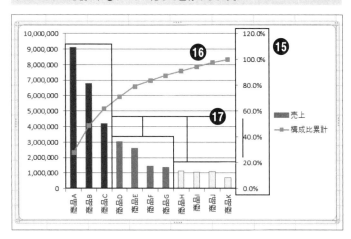

Column	ABC 分析の目的

商品をABCにランク分けすることで、Aランクの商品には重点的に経営資源を投入し、反対にCランクの商品にはコストを抑えた管理を行うなど、優先順位を付けた管理が行いやすくなる。

第7章
[データ分析編]

大量のデータも瞬時に集計
―― 小計・統合・ピボットテーブル

A 集計と統合……216
B ピボットテーブルの基本……222
C グループ化と並べ替え……238
D ピボットテーブルで抽出……250
E ピボットテーブルで計算……261
F ピボットグラフ……270

集計と統合
7-1 各シートの表を串刺し集計したい

複数のシートの同じ位置のセルを串刺しにして合計することを「3-D集計」と呼ぶ。「オートSUM」機能を使うと、3-D集計の数式を簡単に入力できる。

●3-D集計の数式

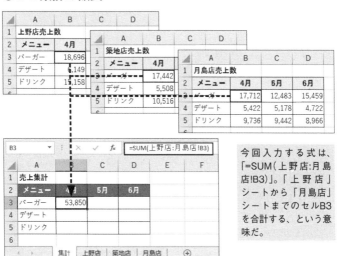

今回入力する式は、「=SUM(上野店:月島店!B3)」。「上野店」シートから「月島店」シートまでのセルB3を合計する、という意味だ。

●3-D集計を行う

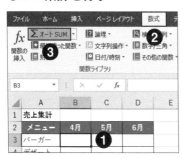

❶「集計」シートのセルB3を選択して、❷「数式」タブの❸「オートSUM」をクリックする。

❹セルに「=SUM()」と入力されたら、❺「上野店」シートのシート見出しをクリック。「上野店」シートに切り替わるので、❻セルB3をクリックする。続いて、❼「Shift」キーを押しながら「月島店」シートをクリックし、❽「Enter」キーを押す。

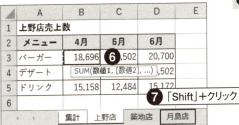

❾セルに「=SUM(上野店:月島店!B3)」と入力され、❿「上野店」シートから「月島店」シートまでのセルB3の合計が表示される。セルB3を選択して、⓫オートフィルを実行すれば、表内の全セルで3-D集計が行える。

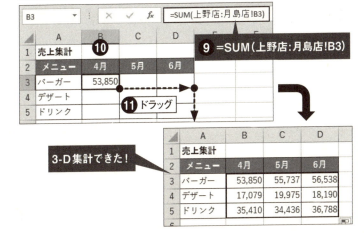

集計と統合
7-2 各シートに作成した表を1つの表に統合したい

別シートに作成した項目の異なる表を1つの表にまとめたい。
「統合」機能を使用すれば、自動で1つにまとめられる。

> 「銀座校」シートと「渋谷校」シートにコース別の受講者数表がある。両校に共通のコースもあるが、「トラベル」「独語」は銀座店、「キッズ」は渋谷店のみにある。共通するコースの受講者数を合計しながら、2つの表を「統合」シートにまとめてみよう。まず、❶「統合」シートで❷統合先のセルを選択して、❸「データ」タブの❹「統合」をクリックする。

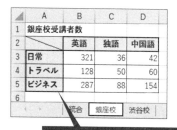

項目の異なる2つの表を1つにまとめたい

設定画面が表示されたら、❺集計方法として「合計」を選択。❻「統合元範囲」欄の中をクリックしてカーソルを表示し、「銀座校」シートの表全体（ここではセルA2～D5）をドラッグして、❼「追加」をクリック。すると、❽「統合元」欄に「銀座校」の表のセル範囲が追加される。

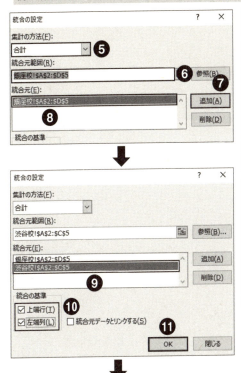

❾同様に「渋谷校」の表の範囲を追加する。❿統合の基準として、「上端行」と「左端列」にチェックを付けて、⓫「OK」をクリックする。すると、各表の上端行と左端列から項目が漏れなく取り出され、表が統合される。必要に応じて罫線などの書式を設定しておこう。

> 統合した表は元のデータとは切り離され、元の表で修正があっても、反映されない。なお、「統合元データとリンクする」をオンにして統合すると、統合した表に元のデータの修正が反映される。

各表の上端と左端から項目が取り出され、データが統合された！

集計と統合 7-3 同じ項目ごとに小計行を挿入してデータを集計!

各商品の売上を対象に、商品分類ごとの小計を求めたい。「小計」機能を使えば、自動で商品分類ごとに小計行を挿入して計算を行える。

商品分類ごとに小計を求めるには、あらかじめ「商品分類」の列を基準に並べ替えを行い、同じ分類の商品データが上下になるように並べておく。❶表内のセルを1つ選択して、❷「データ」タブの❸「小計」をクリックする。

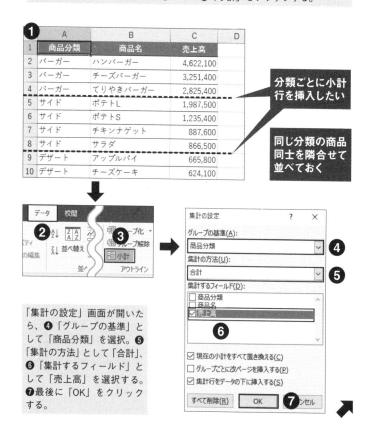

分類ごとに小計行を挿入したい

同じ分類の商品同士を隣合せて並べておく

「集計の設定」画面が開いたら、❹「グループの基準」として「商品分類」を選択。❺「集計の方法」として「合計」、❻「集計するフィールド」として「売上高」を選択する。❼最後に「OK」をクリックする。

		A	B	C
	1	商品分類	商品名	売上高
❽	2	バーガー	ハンバーガー	4,622,100
	3	バーガー	チーズバーガー	3,251,400
	4	バーガー	てりやきバーガー	2,825,400
	5	**バーガー 集計**		10,698,900
	6	サイド	ポテトL	1,987,500
	7	サイド	ポテトS	1,235,400
	8	サイド	チキンナゲット	887,600
	9	サイド	サラダ	866,500
	10	**サイド 集計**		4,977,000
	11	デザート	アップルパイ	665,800
	12	デザート	チーズケーキ	624,100
	13	デザート	バニラアイス	547,000
	14	**デザート 集計**		1,836,900
	15	ドリンク	コーヒー	2,485,100
	16	ドリンク	紅茶	2,172,300
	17	ドリンク	アイスコーヒー	1,826,500
	18	ドリンク	アイスティー	1,653,200
	19	**ドリンク 集計**		8,137,100
	20	総計		25,649,900
	21			

商品分類ごとに小計行が挿入され、表の末尾に総計行が挿入される。また、シートの左端に折りたたみ／展開用のボタンが表示される。例えば、❽「2」ボタンをクリックしてみる。

小計行が挿入された！

総計行が挿入された！

明細行が折りたたまれて、小計行と総計行だけが表示される。❾「＋」ボタンや「－」ボタンを使うと、明細行の展開と折りたたみを個別に切り替えることができる。

		A	B	C
	1	商品分類	商品名	売上高
	5	**バーガー 集計**		10,698,900
	10	**サイド 集計**		4,977,000
❾	14	**デザート 集計**		1,836,900
	19	**ドリンク 集計**		8,137,100
	20	総計		25,649,900
	21			

小計行と総計行だけが表示された！

Column　集計を解除するには

再度、手順❶～❸を実行して「集計の設定」画面を開き、「すべて削除」ボタンをクリックすると、集計を解除できる。

7-4 ピボットテーブルの概要

「ピボットテーブル」とは、大量のデータから一瞬のうちに集計表を作成する魔法の機能だ。「ダイス分析」「スライス分析」「ドリルダウン／ドリルアップ」「ドリルスルー」といった機能も備えており、データ分析に欠かせない。ここでは、ピボットテーブルの概要を押さえておこう。

●ピボットテーブルとは

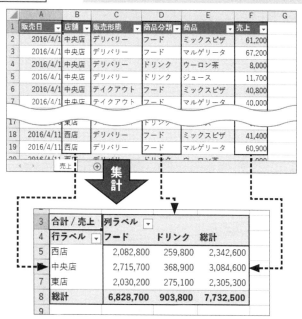

ピボットテーブルは、テーブルなど、データベース形式の表のデータを自動集計する機能だ。「どの項目をどこに配置するか」を指定するだけで、簡単に集計できる。

●テーブル

●ピボットテーブル

●ピボットテーブルの画面構成

ピボットテーブルのセルを選択すると、リボンに「分析」タブと「デザイン」タブが表示される。これらのタブには、ピボットテーブルを編集するためのボタンが集められている。画面右には、「フィールドリスト」が表示される。

第7章 大量のデータも瞬時に集計

●「分析」タブと「デザイン」タブ

エクセル2010/2007では、「分析」タブの代わりに「オプション」タブが表示される。

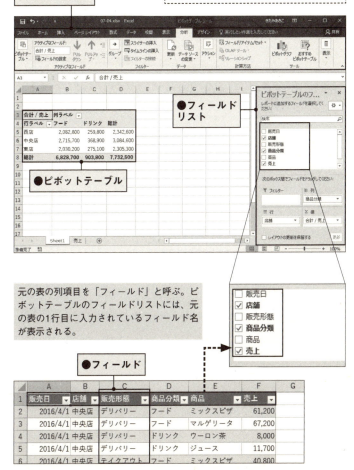

●フィールドリスト

●ピボットテーブル

元の表の列項目を「フィールド」と呼ぶ。ピボットテーブルのフィールドリストには、元の表の1行目に入力されているフィールド名が表示される。

●フィールド

●フィールドリストとピボットテーブルの関係

フィールドリストの役目は、ピボットテーブルの集計項目を指定すること。フィールドリストとピボットテーブルには、それぞれ「行」「列」「値」という3つのエリアがあり、対応している。フィールドリストでフィールドを指定すると、そのデータがピボットテーブルで集計される仕組みだ。

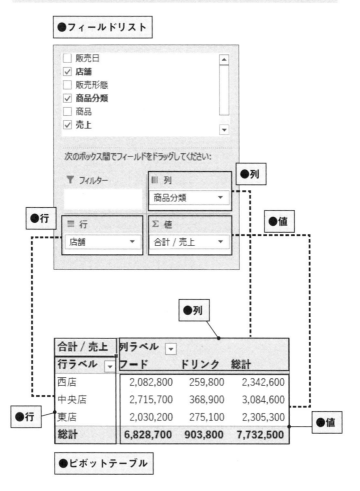

7-5 ピボットテーブルを作成するには

ピボットテーブルは、「土台の作成」と「フィールドの配置」の2段階で作成する。どのようにフィールドを配置すれば目的の集計が行えるのか、イメージしながら操作すれば簡単だ。ここでは、「行」に「商品」、「列」に「店舗」を配置した「売上」の集計表を作る。

●ピボットテーブルの土台を作成する

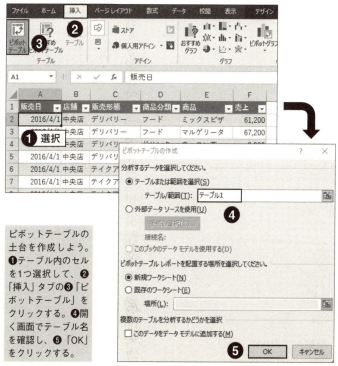

ピボットテーブルの土台を作成しよう。❶テーブル内のセルを1つ選択して、❷「挿入」タブの❸「ピボットテーブル」をクリックする。❹開く画面でテーブル名を確認し、❺「OK」をクリックする。

新しいシートが追加され、❻ピボットテーブルの土台が作成される。❼画面右にはテーブルの先頭行にあるフィールド名が一覧表示される。

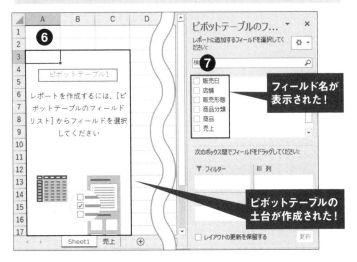

●フィールドを配置して集計する

❶フィールドリストで「商品」を「行」にドラッグして配置すると、❷ピボットテーブルの「行」に商品名が表示される。

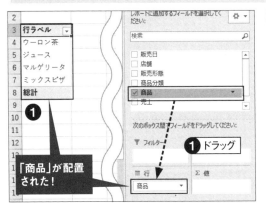

ピボットテーブル以外のセルを選択すると、フィールドリストは消える。ピボットテーブルの操作をするときは、必ずピボットテーブル内のセルを選択しよう。

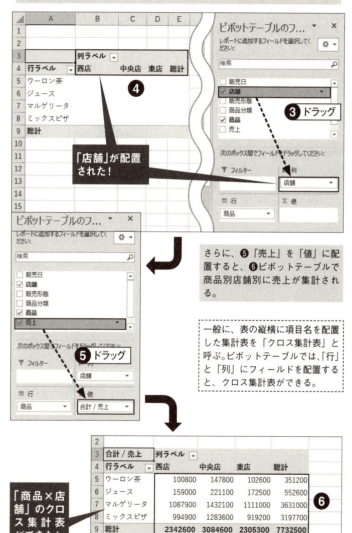

7-6 ピボットテーブルの数値を見やすくするには

ピボットテーブルで金額を集計すると、桁が大きくなるため、そのままでは数値が読みづらい。桁区切りを設定して、わかりやすい集計表にしよう。

ピボットテーブルのセルを選択すると、リボンにピボットテーブル操作用のタブが現れる。数値を3桁区切りにするには、❶数値のセルを選択して、❷「分析」タブ（エクセル2010/2007の場合は「オプション」タブ）にある❸「アクティブなフィールド」グループの「フィールドの設定」をクリックする。

開く画面で、❹「表示形式」をクリックする。

開く画面で、❺「通貨」を選び、❻「記号（通貨記号のこと）」から「なし」を選んで、❼「OK」をクリックする。手順❹の画面に戻るので、「OK」をクリックして閉じる。

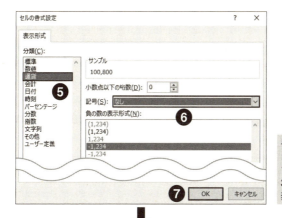

手順❶で選択したセルを含む、すべての数値が3けた区切りで表示される。

合計 / 売上	列ラベル			
行ラベル	西店	中央店	東店	総計
ウーロン茶	100,800	147,800	102,600	351,200
ジュース	159,000	221,100	172,500	552,600
マルゲリータ	1,087,900	1,432,100	1,111,000	3,631,000
ミックスピザ	994,900	1,283,600	919,200	3,197,700
総計	2,342,600	3,084,600	2,305,300	7,732,500

3桁区切りになった！

Column　画面のサイズによってボタンが隠れることがある

リボンのボタンの構成は、画面のサイズによって変化する。「フィールドの設定」ボタンが見えないときは、「アクティブなフィールド」グループボタンの中を探そう。

7-7 元データの変更をピボットテーブルに反映させる

ピボットテーブルの基本

集計元のテーブルでデータを修正したり、追加したりしても、ピボットテーブルの集計結果は変化しない。テーブルの変更を集計結果に反映させるには「更新」操作が必要だ。

❶集計元のテーブルで、「中央店」の「ジュース」の売上を「11,711」に修正する。シートを切り替え、ピボットテーブルを確認すると、❷データは変化していない。変更を反映させるには、❸「分析」タブ（エクセル2010/2007の場合は「オプション」タブ）にある❹「更新」をクリックする。

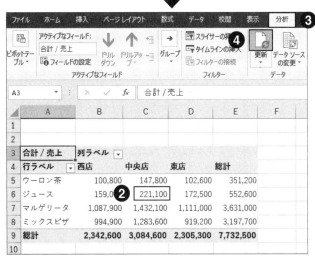

❺「中央店」の「ジュース」の集計値と、❻各総計値が更新される。

合計 / 売上	列ラベル			
行ラベル	西店	中央店	東店	総計
ウーロン茶	100,800	147,800	102,600	351,200
ジュース	159,000	221,111	172,500	552,611
マルゲリータ	1,087,900	1,432,100	1,111,000	3,631,000
ミックスピザ	994,900	1,283,600	919,200	3,197,700
総計	2,342,600	3,084,611	2,305,300	7,732,511

更新された！

Column　集計元が通常の表の場合は注意が必要

集計元のテーブルに新しいデータを追加した場合も、「更新」ボタンをクリックすると、集計表に反映できる。ただし、集計元がテーブルに変換していない通常の表の場合は、「更新」ボタンではうまくいかない。その場合は、「分析」タブ（エクセル2010/2007の場合は「オプション」タブ）にある❶「データソースの変更」をクリックし、❷表示される画面で表の範囲を指定しよう。なお、データの変更の場合は、通常の表でも「更新」ボタンのクリックのみで集計結果を更新できる。

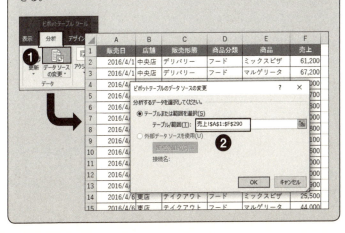

7-8 ピボットテーブルの集計項目を変更するには

ピボットテーブルの基本

ピボットテーブルの最大の特徴は、集計項目を簡単に入れ替えられることだ。ここでは、「商品×店舗」のクロス集計表を「店舗×販売形態」のクロス集計表に作り替える。集計項目を入れ替えることで、視点を変えたデータ分析が可能になる。集計の視点を変化させながらデータを分析することを、サイコロ(ダイス)を転がす様子に例えて、「ダイス分析」と呼ぶ。

● 「商品×店舗」集計表

	A	B	C	D	E	F
1						
2						
3	合計 / 売上	列ラベル				
4	行ラベル	西店	中央店	東店	総計	
5	ウーロン茶	100,800	147,800	102,600	351,200	
6	ジュース	159,000	221,100	172,500	552,600	
7	マルゲリータ	1,087,900	1,432,100	1,111,000	3,631,000	
8	ミックスピザ	994,900	1,283,600	919,200	3,197,700	
9	総計	2,342,600	3,084,600	2,305,300	7,732,500	
10						

↓ フィールドを入れ替える

● 「店舗×販売形態」集計表

	A	B	C	D	E	F
1						
2						
3	合計 / 売上	列ラベル				
4	行ラベル	テイクアウト	デリバリー	総計		
5	西店	853,400	1,489,200	2,342,600		
6	中央店	1,266,700	1,817,900	3,084,600		
7	東店	838,200	1,467,100	2,305,300		
8	総計	2,958,300	4,774,200	7,732,500		

集計表の視点が変わる!

●フィールドを削除する

❶「行」に「商品」、❷「列」に「店舗」が配置された「商品×店舗」のクロス集計表がある。❸フィールドリストの「行」から「商品」を選び、フィールドリストの外にドラッグする。すると、ピボットテーブルの「行」から商品データが消え、❹「店舗別」の集計表になる。

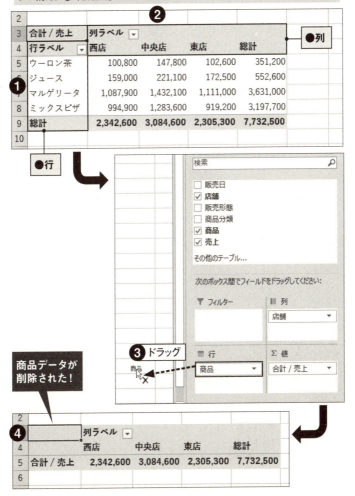

●フィールドを移動する

> ❶「列」に「店舗」が配置された集計表がある。❷フィールドリストの「列」にある「店舗」をドラッグして、❸「行」に移動すると、❹ピボットテーブルの「列」にあった店舗データが「行」に表示される。

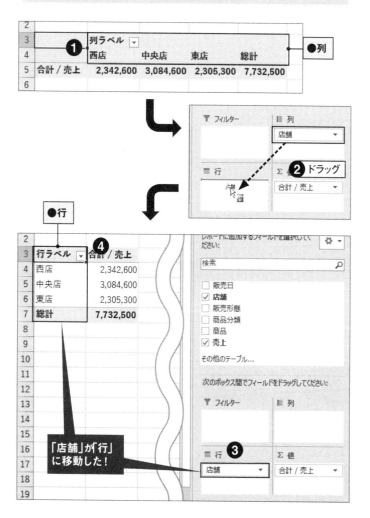

●フィールドを追加する

フィールドリストでは、あとから自由にフィールドを追加できる。❶フィールドの一覧から「販売形態」を「列」までドラッグすると、❷ピボットテーブルの「列」に「販売形態」フィールドのデータが表示され、集計が行われる。

「列」に販売形態データが追加された!

合計 / 売上	列ラベル		
行ラベル	テイクアウト	デリバリー	総計
西店	853,400	1,489,200	2,342,600
中央店	1,266,700	1,817,900	3,084,600
東店	838,200	1,467,100	2,305,300
総計	2,958,300	4,774,200	7,732,500

Column　フィールドリストが表示されないときは

ピボットテーブルのセルを選択すると、通常は自動でフィールドリストが表示される。表示されない場合は、「分析」タブ(エクセル2010/2007の場合は「オプション」タブ)の「表示」グループにある「フィールドリスト」をクリックすると表示できる。

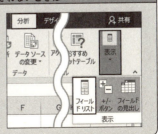

第7章　大量のデータも瞬時に集計

7-9 「商品分類」と「商品」の2階層で集計するには

ピボットテーブルの基本

フィールドリストの「行」や「列」には、複数のフィールドを配置できる。例えば、「行」に「商品分類」と「商品」を配置すると、商品を分類別に集計できる。上から順に「商品分類」「商品」と並ぶように配置することがポイントだ。

❶「行」に商品データが並んだ集計表がある。❷フィールドリストで「商品分類」を選択し、「行」の「商品」の上に太線が表示されるところまでドラッグする。

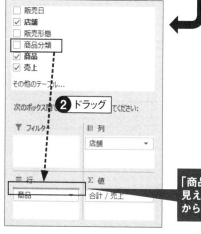

ここでは、すでに「商品」が配置されている表に「商品分類」を配置しているが、先に「商品分類」を配置して、その下に「商品」を配置してもかまわない。

「商品」の上に太線が見えたところでマウスから手を離す

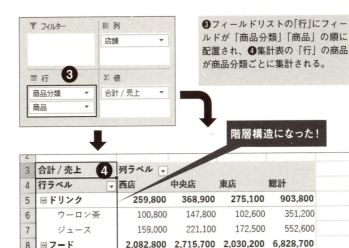

❸フィールドリストの「行」にフィールドが「商品分類」「商品」の順に配置され、❹集計表の「行」の商品が商品分類ごとに集計される。

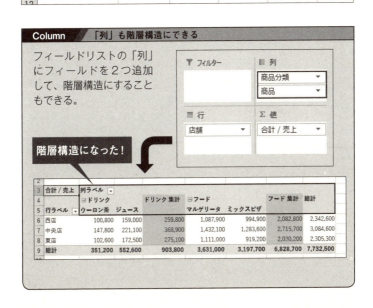

7-10 四半期単位や月単位で集計するには(2016)

グループ化と並べ替え

エクセル2016では、ピボットテーブルに日付のフィールドを配置すると、日付が自動的に「月」単位や「年」単位でグループ化される。ここでは、グループ化を解除する方法や、グループ化の単位を変更する方法などを紹介する。

● 日付のフィールドを配置する

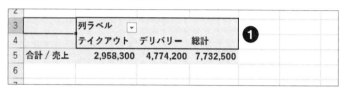

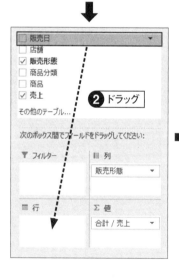

❶「列」に販売形態のデータが並んだ集計表がある。❷フィールドリストで「販売日」を選択し、「行」までドラッグすると、自動的に「月」フィールドが作成され、❸「月」と「販売日」が配置される。

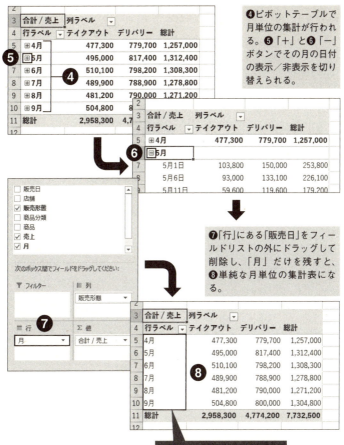

月単位の集計表になった！

Column　グループ化の単位

どの単位でグループ化が行われるかは、集計元のテーブルに含まれる日付データの期間による。複数月のデータが入力されている場合は「月」「日」でグループ化される。また、複数年のデータが入力されている場合は、「年」「四半期」「月」でグループ化される。

●グループ化の単位を変更する

グループ化の単位を変更して、「四半期」と「月」の2階層で集計してみよう。❶日付フィールドのセルを選択して、❷「分析」タブ❸「グループ」→❹「グループの選択」をクリックする。「グループ化」画面が表示される。最初は「日」と「月」が選択されているが、❺「月」と「四半期」を選択。❻「OK」をクリックすると、❼「四半期」「月」単位になる。

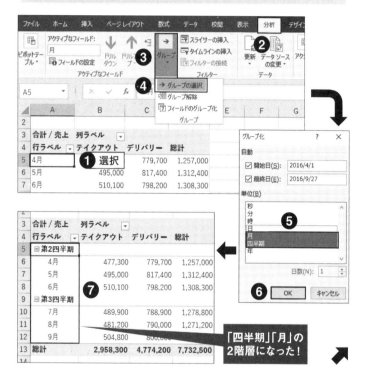

| Column | 週単位でグループ化するには |

「グループ化」画面で「開始日」に最初の月曜日の日付を入力し、「単位」欄で「日」を選択。「日数」欄に「7」と入力すると、日付を月曜日始まりの7日単位でグループ化して集計できる。グループ化した結果は、P245のコラムを参照。

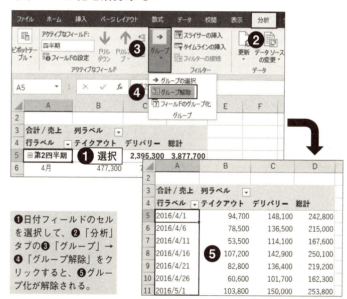

3	合計/売上	列ラベル		
4	行ラベル	テイクアウト	デリバリー	総計
5	⊟第2四半期	1,482,400	2,395,300	3,877,700
6	4月	477,300	779,700	1,257,000
7	5月	495,000	817,400	1,312,400
8	6月	510,100	798,200	1,308,300
9	⊟第3四半期	1,475,900	2,378,900	3,854,800
10	7月	489,900	788,900	1,278,800
11	8月	481,200	790,000	1,271,200
12	9月	504,800	800,000	1,304,800
13	総計	2,958,300	4,774,200	7,732,500

「四半期」の行に小計を表示するには、「デザイン」タブの「小計」→「すべての小計をグループの先頭に表示する」を選ぶ。

「小計」ボタンで小計を表示できる!

●グループ化を解除する

❶日付フィールドのセルを選択して、❷「分析」タブの❸「グループ」→❹「グループ解除」をクリックすると、❺グループ化が解除される。

	A	B	C	D
3	合計/売上	列ラベル		
4	行ラベル	テイクアウト	デリバリー	総計
5	2016/4/1	94,700	148,100	242,800
6	2016/4/6	78,500	136,500	215,000
7	2016/4/11	53,500	114,100	167,600
8	2016/4/16	107,200	142,900	250,100
9	2016/4/21	82,800	136,400	219,200
10	2016/4/26	60,600	101,700	162,300
11	2016/5/1	103,800	150,000	253,800

Column 「日」単位の集計とグループ解除の違い

「グループ化」画面の「単位」欄で「日」だけを選んでグループ化すると、異なる年の同じ日付が同じ「日」としてグループ化される。グループ化を解除した場合は、同じ「年月日」単位の集計になる。

Column　年代別や価格帯別に集計するには

数値のフィールドもグループ化が可能だ。年齢を10歳単位でグループ化して年代別に集計したり、単価を1000円単位でグループ化して価格帯別に集計したりと、さまざまな分析に役立つ。

例えば、❶顧客の「年齢」と「購入額」からピボットテーブルを作成すると、❷最初は同じ年齢でグループ化が行われる。❸「グループ化」画面の「先頭の値」で「20」、「単位」で「10」を設定すると、❹10歳単位の年代別で集計できる。

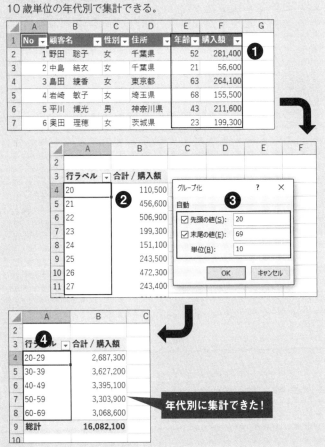

年代別に集計できた！

7-11 四半期単位や月単位で集計するには（2013/2010/2007）

グループ化と並べ替え

エクセル2013/2010/2007では、ピボットテーブルに日付のフィールドを配置すると、同じ日付のデータが集計される。「四半期」や「月」などの単位で集計したい場合は、「グループ化」を行う必要がある。

●日付をグループ化して集計する

❶フィールドリストで「販売日」を選択し、「行」までドラッグすると、❷日付単位で売上が集計される。

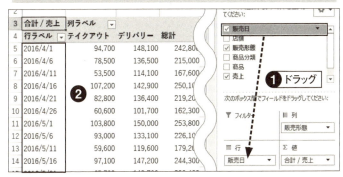

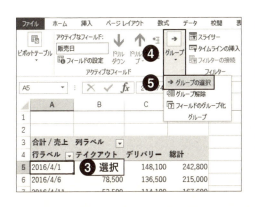

月単位で集計してみよう。❸日付フィールドのセルを選択して、「分析」タブ（エクセル2010/2007では「オプション」タブ）の❹「グループ」→❺「グループの選択」をクリックする。

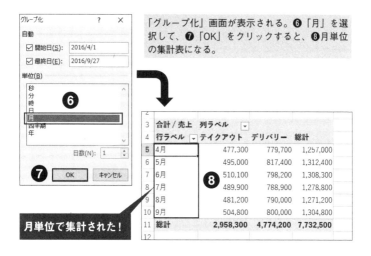

●グループ化の単位を変更する

グループ化の単位を変更して、「四半期」と「月」の2階層で集計してみよう。日付フィールドのセルを選択し、「分析」タブの「グループ」→「グループの選択」をクリックして、「グループ化」画面を表示する。❶「月」と「四半期」を選択して、❷「OK」をクリックすると、❸2階層になる。

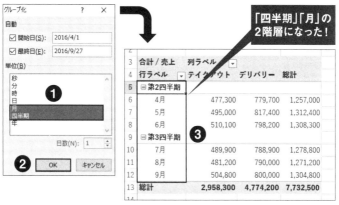

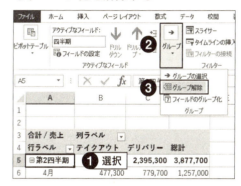

「四半期」の行に小計を表示するには、「デザイン」タブの「小計」→「すべての小計をグループの先頭に表示する」を選ぶ。

「小計」ボタンで小計を表示できる!

●グループ化を解除する

❶日付フィールドのセルを選択して、「分析」タブ(エクセル2010/2007では「オプション」タブ)の❷「グループ」→❸「グループ解除」をクリックすると、グループ化が解除され、P243のひとつ目の画面の状態になる。

Column　週単位でグループ化するには

「グループ化」画面で「開始日」に最初の月曜日の日付を入力し、「単位」欄で「日」を選択。「日数」欄に「7」と入力すると、日付を月曜日始まりの7日単位でグループ化して集計できる。

日付のほか、数値データをグループ化することも可能だ。その方法は、P242を参照のこと。

3	合計 / 売上	列ラベ
4	行ラベル	テイク
5	<2016/4/3	
6	2016/4/3 - 2016/4/9	
7	2016/4/10 - 2016/4/16	
8	2016/4/17 - 2016/4/23	
9	2016/4/24 - 2016/4/30	

7日単位でグループ化

7-12 総計額の高い順に並べ替えるには

グループ化と並べ替え

売れている商品や、成績のよい支店を調べるには、総計値を基準にピボットテーブルを並べ替えるとわかりやすい。

❶総計列のセルを選択して、❷「データ」タブの❸「降順」をクリックすると、❹総計値の高い順に商品データが並べ替えられる。

総計行のセルを選択して「降順」ボタンをクリックすると、総計値の高い順に店舗を並べ替えられる

7-13 自由な位置に並べるには

グループ化と並べ替え

ピボットテーブルの行や列は、ドラッグ操作で簡単に移動できる。特定のデータの位置を変えたいときに便利だ。

「中央店」のデータを表の左端に移動したい。❶「中央店」のセルを選択して、❷枠の部分をドラッグする。❸移動先に太線が表示されたところで手を離すと、❹「中央店」の列ごと移動する。

3	合計/売上	列ラベル			
4	行ラベル	西店	中央店	東店	総計
5	ウーロン茶	100,800	147,800	102,600	351,200
6	ジュース	❷ドラッグ 00	221,100	172,500	552,600
7	マルゲリータ	1,087,900	1,432,100	1,111,000	3,631,000

❶選択 / ❷ドラッグ

↓

3	合計/売上	列ラベル			
4	行ラベル	西店 ❸	中央店	東店	総計
5	ウーロン茶	100,800	147,800	102,600	351,200
6	ジュース	159,000	221,100	172,500	552,600
7	マルゲリータ	1,087,900	1,432,100	1,111,000	3,631,000
8	ミックスピザ	994,900	1,283,600	919,200	3,197,700
9	総計	2,342,600	3,084,600	2,305,300	7,732,500
10					

↓

3	合計/売上	列ラベル❹			
4	行ラベル	中央店	西店	東店	総計
5	ウーロン茶	147,800	100,800	102,600	351,200
6	ジュース	221,100	159,000	172,500	552,600
7	マルゲリータ	1,432,100	1,087,900	1,111,000	3,631,000
8	ミックスピザ	1,283,600	994,900	919,200	3,197,700
9	総計	3,084,600	2,342,600	2,305,300	7,732,500

列ごと移動した！

商品のセルを上下方向にドラッグすると商品を行ごと移動できる

7-14 ピボットテーブルを独自の順序で並べ替えるには

（グループ化と並べ替え）

自社の支店や商品には、会社独自の並び順があることが多い。あらかじめユーザー設定リストに並び順を登録しておけば、ピボットテーブルのデータは自動的にその並び順で並ぶ。

●並び順を登録する

[5-11]（P156）を参考に、❶商品名の並び順を、❷ユーザー設定リストに登録しておく。

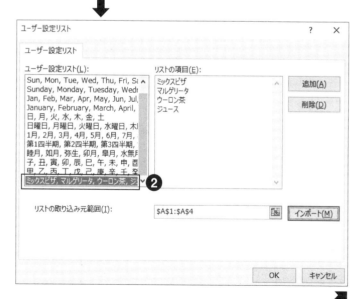

●並べ替えを実行する

ピボットテーブルでは、基本的にユーザー設定リストを基準に並べ替えが行われる。❶商品のセルを選択して、❷「データ」タブの❸「昇順」ボタンをクリックすると、❹登録した並び順で並べ替えられる。

第7章 大量のデータも瞬時に集計

	A	B	C	D	E	F
2						
3	合計 / 売上	列ラベル				
4	行ラベル	西店	中央店	東店	総計	
5	ウーロン茶	❶選択	147,800	102,600	351,200	
6	ジュース	159,000	221,100	172,500	552,600	
7	マルゲリータ	1,087,900	1,432,100	1,111,000	3,631,000	
8	ミックスピザ	994,900	1,283,600	919,200	3,197,700	
9	総計	2,342,600	3,084,600	2,305,300	7,732,500	

	A	B	C	D	E
3	合計 / 売上	列ラベル			
4	行ラベル	西店	中央店	東店	総計
5	ミックスピザ	994,900	1,283,600		
6	マルゲリータ	1,087,900	1,432,100	1,111,000	3,6
7	ウーロン茶	100,800	147,800	102,600	351,200
8	ジュース	159,000	221,100	172,500	552,600
9	総計	2,342,600	3,084,600	2,305,300	7,732,500

❹登録した並び順で並んだ!

Column　最初から登録しておけば並べ替えの実行は不要

あらかじめ並び順を登録してからピボットテーブルを作成すると、特に並べ替えを実行しなくても、最初からデータが登録した並び順で配置される。

7-15 ピボットテーブルの表示項目を絞り込むには

（ピボットテーブルで抽出）

ピボットテーブルでデータ分析をするときに、分析対象のデータだけを表示したいことがある。ピボットテーブルでは、オートフィルターと同じ要領で表示項目を絞り込める。

●行や列の表示項目を絞り込む

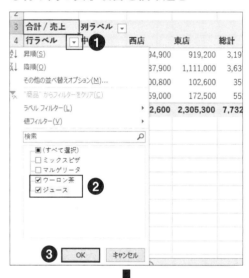

商品を抽出するには、❶「行ラベル」のセルの「▼」ボタンをクリックし、❷抽出する商品だけにチェックを付けて、❸「OK」をクリックする。

「▼」ボタンを使った抽出方法は、オートフィルターとほぼ同じだ。P161 ～ P164 も参考にしよう。

指定した商品が抽出された！

「列ラベル」の「▼」ボタンからは、支店データを抽出できる

●総計行や総計列の数値を条件に絞り込む

下のコラムを参考に、抽出を解除しておく。次に、売上が300万円以上の商品を抽出しよう。❶「行ラベル」のセルの「▼」ボタンをクリックし、❷「値フィルター」→❸「指定の値以上」をクリックする。

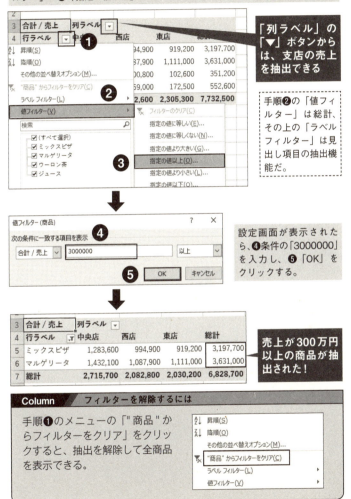

「列ラベル」の「▼」ボタンからは、支店の売上を抽出できる

手順❷の「値フィルター」は総計、その上の「ラベルフィルター」は見出し項目の抽出機能だ。

設定画面が表示されたら、❹条件の「3000000」を入力し、❺「OK」をクリックする。

売上が300万円以上の商品が抽出された！

Column　フィルターを解除するには

手順❶のメニューの「"商品"からフィルターをクリア」をクリックすると、抽出を解除して全商品を表示できる。

7-16 3次元集計で集計対象のデータを絞り込むには

ピボットテーブルで抽出

ピボットテーブルでは、縦横2次元のクロス集計表に3本目の軸を追加した3次元の集計が可能だ。例えば、「商品×販売形態」のクロス集計に「店舗」という軸を追加すると、「中央店の集計表」「西店の集計表」というように、各店舗の集計表を切り出すことができる。このように、切り口を変えて分析する手法を「スライス分析」と呼ぶ。

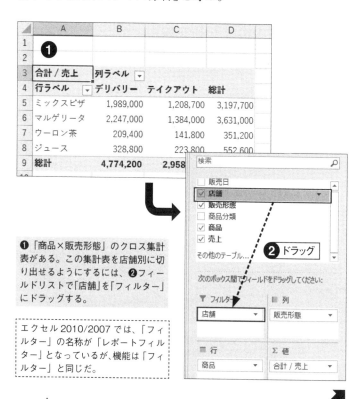

❶「商品×販売形態」のクロス集計表がある。この集計表を店舗別に切り出せるようにするには、❷フィールドリストで「店舗」を「フィルター」にドラッグする。

> エクセル2010/2007では、「フィルター」の名称が「レポートフィルター」となっているが、機能は「フィルター」と同じだ。

❸ピボットテーブルの上に「店舗」が追加された。❹最初は「すべて」の店舗が集計されているが、❺「▼」ボタンをクリックして、❻「中央店」を選び、❼「OK」をクリックすると、❽中央店の集計表に早変わりする。

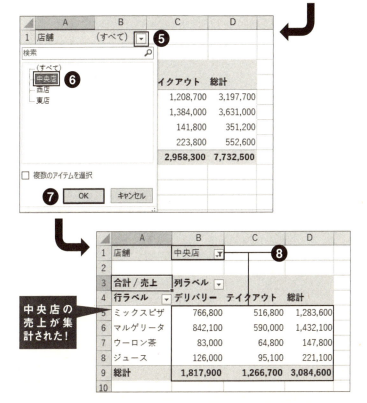

中央店の売上が集計された！

7-17 スライサーで集計対象を絞り込むには（2016/2013/2010）

［7-16］（P252）で「フィルター」を利用したスライス分析を紹介したが、エクセル2016/2013/2010では、「スライサー」を利用してもスライス分析が行える。「フィルター」より操作が簡単で、どんなデータを集計しているのか、見た目にもわかりやすいというメリットがある。

❶ピボットテーブルのセルを選択しておく。❷「分析」タブ（エクセル2010では「オプション」タブ）の❸「スライサーの挿入」をクリックすると、設定画面が開き、❹フィールド名が一覧表示される。❺「店舗」にチェックを付けて、❻「OK」をクリックする。

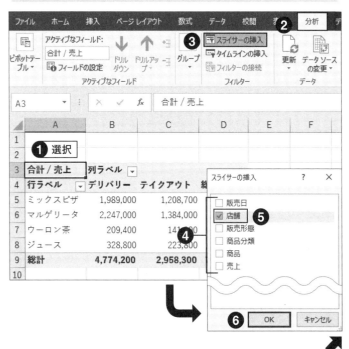

❼スライサーが表示されるので、配置やサイズを整えておく。❽スライサーには、「店舗」データが一覧表示される。

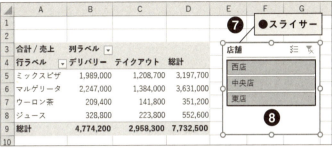

❾「中央店」をクリックすると、❿ピボットテーブルが「中央店」の集計表になる。

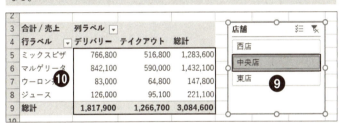

⓫「Ctrl」キーを押しながら「東店」をクリックすると、「中央店」と「東店」の集計表になる。⓬抽出を解除したいときは、「フィルターのクリア」をクリックする。なお、スライサーが不要になったときは、スライサーのタイトルバーをクリックして、「Delete」キーを押すと、削除できる。

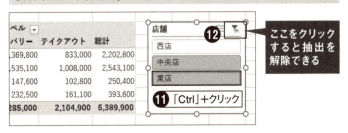

7-18 タイムラインで集計対象を絞り込むには(2016/2013)

エクセル2016/2013では、「タイムライン」を利用すると、指定した集計期間のデータだけを集計できる。わかりやすい操作で「7月」「7月～9月」「2016年」など、さまざまな単位の集計期間を指定できる。

❶ピボットテーブルのセルを選択しておく。❷「分析」タブの❸「タイムラインの挿入」をクリックすると、設定画面が開き、日付のフィールド名が表示される。❹「販売日」にチェックを付けて、❺「OK」をクリックする。

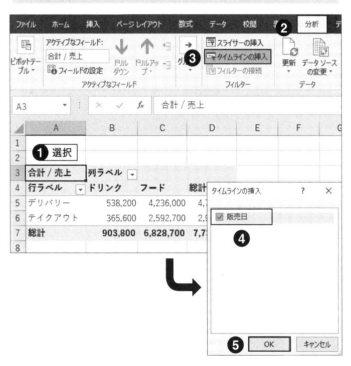

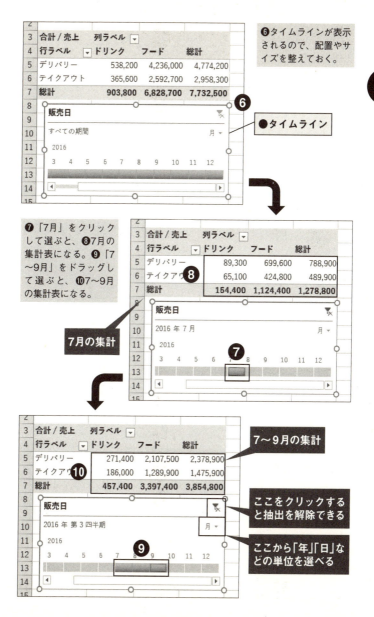

7-19 集計項目を展開して内訳を分析するには

集計結果の中に気になるデータが見つかったときは、その要因を調べることが大切だ。そのようなときによく利用される分析手法に「ドリルダウン分析」がある。「大分類」→「中分類」→「小分類」というように、対象のデータを掘り下げながら分析する手法だ。

反対に、「小分類」→「中分類」→「大分類」と、より大きな視点で分析を進める手法を「ドリルアップ分析」と呼ぶ。ピボットテーブルでは、セルのダブルクリックで簡単にドリルダウンやドリルアップを行える。

●ドリルダウンで分析の視点を詳細化する

合計 / 売上	列ラベル			
行ラベル	7月	8月	9月	総計
フード	❶ダブルクリック 26,000	1,147,000		3,397,400
ドリンク	154,400	145,200	157,800	457,400
総計	1,278,800	1,271,200	1,304,800	3,854,800

「フード」に含まれている商品の売上を確認したい。まず、❶「フード」のセルをダブルクリックする。設定画面が表示されたら、❷「商品」を選択して、❸「OK」をクリックする。

❹「フード」に含まれる商品データが表示された。ドリルダウン分析では、例えば、「フード」の業績が予想を大幅に下回ったときに、その詳細データとなる商品データを確認することで、業績不振の原因を調べることができる。

3	合計 / 売上	列ラベル			
4	行ラベル	7月	8月	9月	総計
5	⊟ フード	1,124,400	1,126,000	1,147,000	3,397,400
6	ミックスピザ	549,200	528,000	547,500	1,624,700
7	マルゲリータ	575,200	598,000	599,500	1,772,700
8	⊞ ドリンク	154,400	145,200	157,800	457,400
9	総計	1,278,800	1,271,200	1,304,800	3,854,800

商品データが表示された!

●ドリルアップで詳細データを集約する

ドリルダウンによって表示した詳細データを折り畳むには、❶「フード」のセルをダブルクリックする。

3	合計 / 売上	列ラベル			
4	行ラベル	7月	8月	9月	総計
5	⊟ フード	❶ ダブルクリック	00	1,147,000	3,397,400
6	ミックスピザ	549,200	528,000	547,500	1,624,700
7	マルゲリータ	575,200	598,000	599,500	1,772,700
8	⊞ ドリンク	154,400	145,200	157,800	457,400
9	総計	1,278,800	1,271,200	1,304,800	3,854,800

⬇

❷詳細データが折り畳まれる。次回からはダブルクリックするだけで、商品データを展開できる。

3	合計 / 売上	列ラベル			
4	行ラベル	7月	8月	9月	総計
5	⊞ フード	1,124,400	1,126,000	1,147,000	3,397,400
6	⊞ ドリンク	154,400	145,200	157,800	457,400
7	総計	1,278,800	1,271,200	1,304,800	3,854,800

商品データが折り畳まれた!

7-20 特定の集計値の元データを確認するには

ピボットテーブルで抽出

集計表の中に気になる数値が見つかったときに、その集計元のデータを確認すると、集計値だけでは推し量れない詳細な分析が行える。このような分析手法を「ドリルスルー分析」という。

西店のウーロン茶の売上を詳細に分析するには、❶「西店」の「ウーロン茶」のセルをダブルクリックする。

3	合計 / 売上	列ラベル			
4	行ラベル	中央店	西店	東店	総計
5	ミックスピザ	1,283,600	994,900	919,200	3,197,700
6	マルゲリータ	1,432,100	1,087,900	1,111,000	3,631,000
7	ウーロン茶	147,800	100,800	❶ ダブルクリック 00	
8	ジュース	221,100	159,000	172,500	552,600
9	総計	3,084,600	2,342,600	2,305,300	7,732,500

↓

新しいワークシートが追加され、❷西店のウーロン茶のデータが表示される。必要に応じて、列幅や並べ替えの設定を行おう。

	A	B	C	D	E	F
1	販売日	店舗	販売形態	商品分類	商品	売上
2	2016/9/26	西店	テイクアウト	ドリンク	ウーロン茶	3200
3	2016/9/26	西店	デリバリー	ドリンク	ウーロン茶	5400
4	2016/9/11	西店	テイクアウト	ドリンク	ウーロン茶	3600
5	2016/9/11	西店	デリバリー	ドリンク	ウーロン茶	6600
6	2016/8/26	西店	テイクアウト	ドリンク	ウーロン茶	3000
7	2016/8/26	西店	デリバリー ❷	ドリンク	ウーロン茶	5200
8	2016/8/11	西店	テイクアウト	ドリンク	ウーロン茶	3800
9	2016/8/11	西店	デリバリー	ドリンク	ウーロン茶	6200
10	2016/7/26	西店	テイクアウト	ドリンク	ウーロン茶	4600
11	2016/7/26	西店	デリバリー	ドリンク	ウーロン茶	5800
12	2016/7/11	西店	テイクアウト	ドリンク	ウーロン茶	3600

7-21 ピボットテーブルでデータ数や平均値を求めるには

フィールドリストの「値」欄に数値データのフィールドをドラッグすると、ピボットテーブルでは合計が計算される。また、文字データのフィールドをドラッグすると、ピボットテーブルではデータ数が求められる。ここでは、それ以外の方法で集計したい場合の手順を紹介する。

●集計元のテーブルを確認する

	A	B	C	D	E	F
1	No	顧客名	性別	住所	年齢	購入額
2	1	野田　聡子	女	千葉県	52	281,400
3	2	中島　結衣	女	千葉県	21	56,600
4	3	島田　綾香	女	東京都	63	264,100
5	4	岩崎　敏子	女	埼玉県	68	155,500
6	5	平川　博光	男	神奈川県	43	211,600
7	6	奥田　理穂	女	茨城県	23	199,300
7	長崎　良平	男	東京都	53	68,300

ここでは、顧客データが入力されたテーブルをもとに、ピボットテーブルで都道府県ごとの顧客数と平均年齢とを求めたい。

●ピボットテーブルにフィールドを配置する

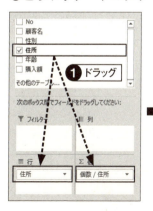

フィールドリストで、❶「住所」を「行」と「値」にそれぞれドラッグする。❷ピボットテーブルに住所データ(ここでは都道府県)と、❸そのデータ数が表示される。

3	行ラベル	個数 / 住所
4	茨城県	9
5	埼玉県	18
6	神奈川県	21
7	千葉県	14
8	東京都	31
9	栃木県	7
10	総計	100

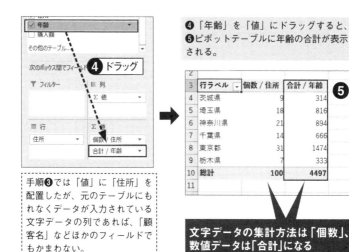

❹「年齢」を「値」にドラッグすると、❺ピボットテーブルに年齢の合計が表示される。

手順❸では「値」に「住所」を配置したが、元のテーブルにもれなくデータが入力されている文字データの列であれば、「顧客名」などほかのフィールドでもかまわない。

文字データの集計方法は「個数」、数値データは「合計」になる

●フィールド名や集計方法を設定する

「値」のフィールドは自動的に「個数/住所」のような名前になる。❶「個数/住所」のセルを選択して、「分析」タブ（エクセル2010/2007の場合は「オプション」タブ）で❷新しい名前を入力すると、❸フィールド名を変更できる。次に、❹「合計/年齢」のセルを選択して、❺「アクティブなフィールド」グループの「フィールドの設定」をクリックする。

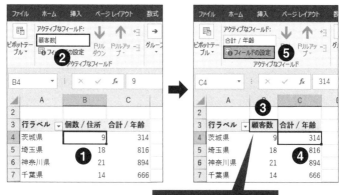

フィールド名が変わった！

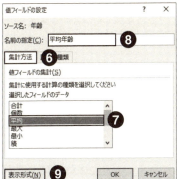

設定画面が現れる。❻「集計方法」タブで❼「平均」を選び、❽フィールド名として「平均年齢」と入力。❾「表示形式」をクリックする。

開く画面で、❿「数値」を選び、⓫「小数点以下の…」欄に「1」と入力し、⓬「OK」をクリック。手順❽の画面に戻るので、「OK」をクリックして閉じる。

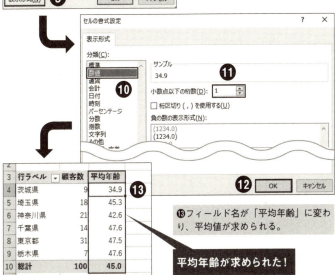

⓭フィールド名が「平均年齢」に変わり、平均値が求められる。

平均年齢が求められた！

Column 「値」のフィールド名

自動で設定される「値」のフィールド名がわかりづらい場合は、適宜変更しよう。手順❽のように設定画面で設定する方法と、P262の手順❷のようにリボンで設定する方法があり、どちらの方法を使ってもよい。なお、手順❼で集計方法を変更すると、自動的にフィールド名が「平均/年齢」に変わってしまうので、フィールド名の設定は集計方法の変更後に行うこと。

7-22 総計行や総計列を基準に売上構成比を求めるには

ピボットテーブルで計算

ピボットテーブルでは、総計の値を基準に、比率を計算することも可能だ。商品の売上構成比を求めると、どの商品が売上に貢献しているのかがダイレクトに伝わる。

「商品×店舗」のクロス集計表で、売上構成比を求めたい。❶数値のセルを選択して、❷「分析」タブ（エクセル2010/2007の場合は「オプション」タブ）の❸「アクティブなフィールド」グループの「フィールドの設定」をクリックする。

❹設定画面でフィールド名として「売上構成比」と入力。❺「計算の種類」タブに切り替え、❻目的の計算方法を選び、❼「OK」をクリックする。

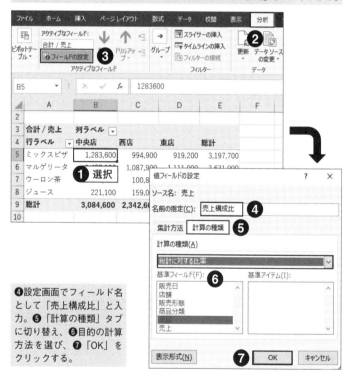

手順❻の選択項目に応じて、売上構成比が求められる。構成比を求めるための主な選択項目は以下のとおりだ。

集計方法 / 計算の種類

計算の種類(A)

総計に対する比率

- 計算なし
- 総計に対する比率
- 列集計に対する比率
- 行集計に対する比率
- 基準値に対する比率

第7章 大量のデータも瞬時に集計

●総計に対する比率(2007では「全体に対する比率」)

売上構成比	列ラベル			
行ラベル	中央店	西店	東店	総計
ミックスピザ	16.60%	12.87%	11.89%	41.35%
マルゲリータ	18.52%	14.07%	14.37%	46.96%
ウーロン茶	1.91%	1.30%	1.33%	4.54%
ジュース	2.86%	2.06%	2.23%	7.15%
総計	39.89%	30.30%	29.81%	100.00%

総合計を100%として計算

●列集計に対する比率(2007では「行方向の比率」)

売上構成比	列ラベル			
行ラベル	中央店	西店	東店	総計
ミックスピザ	41.61%	42.47%	39.87%	41.35%
マルゲリータ	46.43%	46.44%	48.19%	46.96%
ウーロン茶	4.79%	4.30%	4.45%	4.54%
ジュース	7.17%	6.79%	7.48%	7.15%
総計	100.00%	100.00%	100.00%	100.00%

総計行を100%として計算

●行集計に対する比率(2007では「列方向の比率」)

売上構成比	列ラベル			
行ラベル	中央店	西店	東店	総計
ミックスピザ	40.14%	31.11%	28.75%	100.00%
マルゲリータ	39.44%	29.96%	30.60%	100.00%
ウーロン茶	42.08%	28.70%	29.21%	100.00%
ジュース	40.01%	28.77%	31.22%	100.00%
総計	39.89%	30.30%	29.81%	100.00%

総計列を100%として計算

7-23 前月比を求めるには

売上高とその前月比を並べた集計表を作成してみよう。前月からの売上の増加や減少の様子がわかりやすくなる。

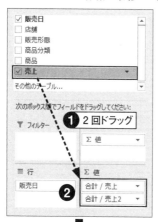

フィールドリストで「売上」をドラッグして「値」に追加。❶もう一度「売上」をドラッグして追加すると、❷1つ目は「合計／売上」、2つ目は「合計／売上2」という具合に、便宜的に異なるフィールド名が付けられる。

「値」欄に複数のフィールドを配置すると、「列」欄に「Σ値」が自動で配置される。「Σ値」が「列」にある場合と「行」に移動した場合とで、集計表のレイアウトが変わる。

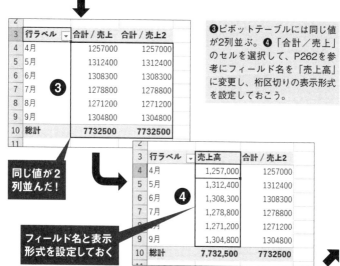

❸ピボットテーブルには同じ値が2列並ぶ。❹「合計／売上」のセルを選択して、P262を参考にフィールド名を「売上高」に変更し、桁区切りの表示形式を設定しておこう。

同じ値が2列並んだ！

フィールド名と表示形式を設定しておく

266

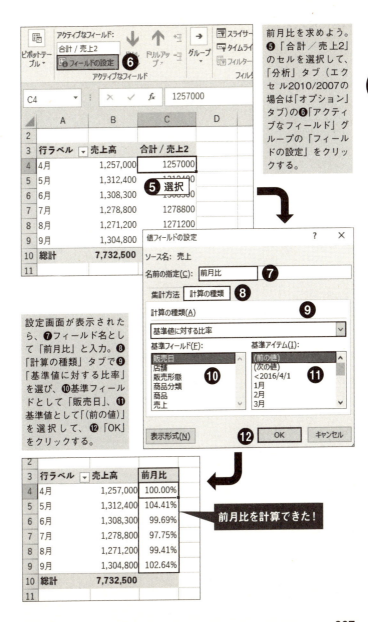

7-24 累計を求めるには

ピボットテーブルでは、累計の計算も可能だ。ここでは、売上高とその累計を並べた集計表を作成してみよう。

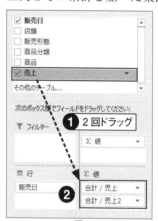

フィールドリストで「売上」をドラッグして「値」に追加。❶もう一度「売上」をドラッグして追加すると、❷1つ目は「合計/売上」、2つ目は「合計/売上2」という具合に、便宜的に異なるフィールド名が付けられる。

「値」欄に複数のフィールドを配置すると、「列」欄に「Σ値」が自動で配置される。「Σ値」が「列」にある場合と「行」に移動した場合とで、集計表のレイアウトが変わる。

❸ピボットテーブルには同じ値が2列並ぶ。❹「合計/売上」のセルを選択して、P262を参考にフィールド名を「売上高」に変更し、桁区切りの表示形式を設定しておこう。

同じ値が2列並んだ!

フィールド名と表示形式を設定しておく

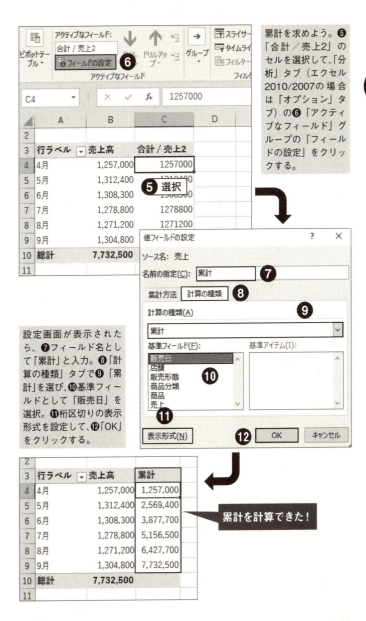

7-25 ピボットグラフを作成して分析するには

ピボットテーブルの集計結果を分析するときは、ピボットグラフを併用すると数値の傾向がわかりやすい。ピボットグラフは、ピボットテーブルから作成するグラフのこと。ピボットテーブルの構成を変更すると、連動してピボットグラフも構成が変わるので、常に集計結果を視覚で分析できる。

●ピボットグラフを作成する

❶ピボットテーブルのセルを選択して、❷「分析」タブ（エクセル2010/2007の場合は「オプション」タブ）で❸「ピボットグラフ」をクリック。開く画面で❹「折れ線」→❺「マーカー付き折れ線」を選び、❻「OK」をクリックする。

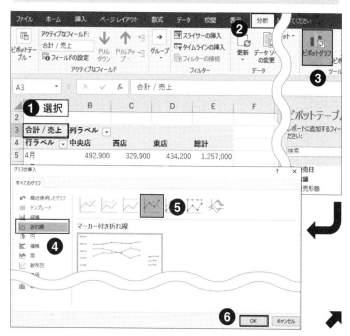

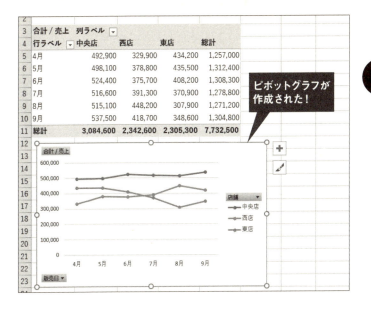

ピボットグラフが作成された！

●項目を入れ替えて分析する

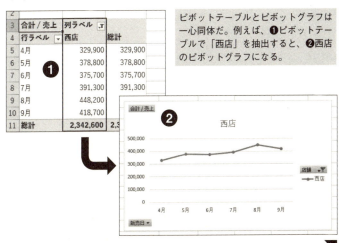

ピボットテーブルとピボットグラフは一心同体だ。例えば、❶ピボットテーブルで「西店」を抽出すると、❷西店のピボットグラフになる。

❸ピボットテーブルで「列」のフィールドを「店舗」から「商品」に入れ替えると、❹ピボットグラフも「店舗」から「商品」に入れ替わる。

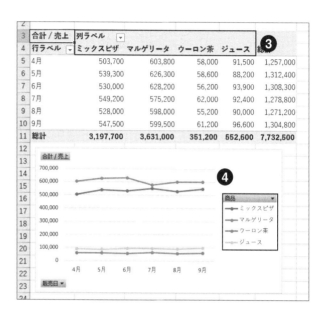

Column　必要に応じてグラフの種類を変えよう

ピボットテーブルのフィールドを入れ替えたときは、データに合わせて最適なグラフの種類に変更するとよい。❶グラフをクリックして選択し、❷「デザイン」タブの❸「グラフの種類の変更」をクリックすると、P270手順❹の画面が表示され、グラフの種類を変更できる。

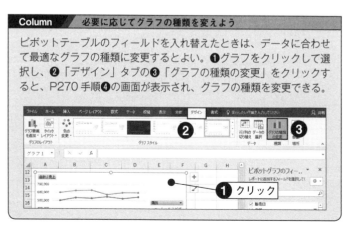

第8章
[データ分析編]

便利機能を徹底活用
——回帰分析とシミュレーション

A　シミュレーション……274
B　回帰分析……280

シミュレーション 8-1 ゴールシークを利用して逆算する

「ゴールシーク」という機能を使用すると、方程式を解くように、数式の結果が目的の値になるような逆算を行える。ここでは例として、損益分岐点の販売数を求めてみる。

❶販売単価2000円の商品にかかる❷変動費（材料費など、商品1個当たりのコスト）が825円、❸固定費（人件費や家賃など、売上の多少にかかわらず発生するコスト）が220万円とする。ゴールシークによって、損益が「0」となるような販売数を求めたい。まずは、❹仮の販売数「1000」を入力する。

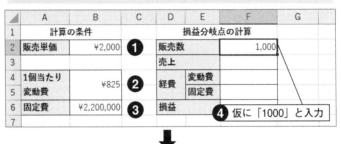

販売数が「1000」の場合の計算をしてみる。❺売上は「販売単価×販売数」、❻変動費は「1個当たり変動費×販売数」、❼固定費は220万円、❽損益は「売上高－変動費－固定費」で求められる。

> ゴールシークでは、求めるセル（ここではセルF2）の数値を少しずつ変化させながら目標の結果（ここではセルF6の損益が「0」になること）が出るように反復計算を行う。場合によっては、答えが見つからなかったり、誤差が出る場合がある。

実際にゴールシークを使って、セルF6の損益が「0」になるような販売数を求めてみよう。❾「データ」タブの❿「What-If分析」→⓫「ゴールシーク」をクリックする。

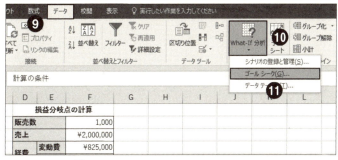

設定画面が表示されたら、⓬「数式入力セル」欄にセルF6、「目標値」欄に「0」、「変化させるセル」欄にセルF2を指定。「セルF6の数式が0になるようにセルF2の値を変化させる」という意味。⓭「OK」をクリックし、表示される確認画面で「OK」をクリックする。

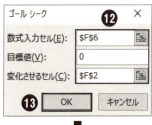

セルF6の数式の結果が「0」になるように、⓮セルF2に販売数「1872」が入力され、⓯それに応じて売上や損益などが計算し直される。以上より、販売数が「1872」より少なければ損失、多ければ利益が生じることがわかった。

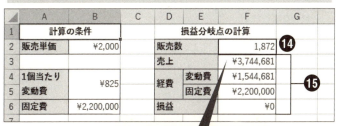

損益分岐点販売数が求められた！

シミュレーション 8-2 予測シートを使用して今後の売上を予測する（2016）

エクセル2016では、「予測シート」という機能を使用すると、過去のデータから未来のデータを予測できる。ここでは、過去2年分の売上データから次の1年間の売上を予測してみる。

夏場に売上が上がる商品の過去24カ月分の売上データから今後の売上を予測したい。❶日付データと売上データを入力したセルを選択して、❷「データ」タブの❸「予測シート」をクリックする。

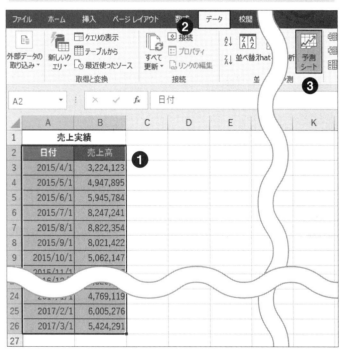

「予測シート」の実行には、等間隔の日付データが必要だ。月別の売上を入力する場合でも、便宜的に「毎月○日」の日付を入力しておく。ここでは、毎月1日の日付を入力した。

「予測ワークシートの作成」画面が表示される。❹「予測終了」欄に、最新の売上データの日付の1年後にあたる「2017/3/1」と入力。次に、❺「オプション」をクリックして、❻「季節性」欄から「手動設定」を選び、「12」と入力して、❼「作成」をクリックする。

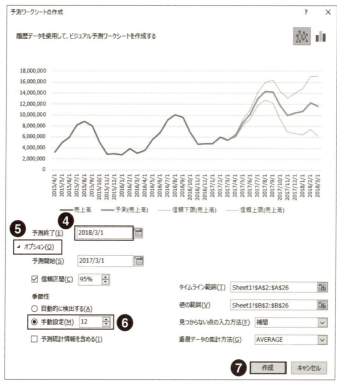

Column　季節性のないデータの場合はオプション設定が不要

ここでは夏場に売上が上がる季節商品を対象にするので、「季節性」に「12」を設定した。これは、「12個のデータで1サイクル」という意味だ。季節性のないデータの場合は、手順❺～❻の操作は不要となる。

❽新しいワークシートが追加され、テーブルが挿入される。テーブルには、❾手順❶で選択したデータと、❿予測データと、⓫それらをもとにした折れ線グラフが表示される。

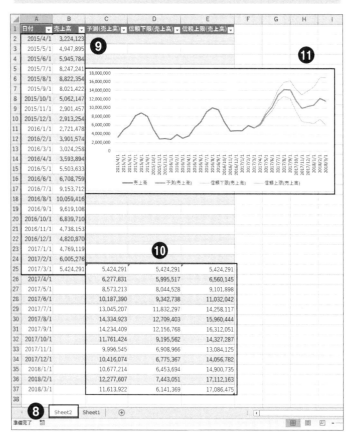

Column　3本の折れ線が表示される

「2017/3/1」以降に表示される3本の折れ線のうち、真ん中の太い折れ線が売上高の予測データだ。上側の折れ線は「信頼上限」、下側の折れ線は「信頼下限」で、初期設定では「信頼区間」が95%に設定されている。

Column　予測と実測値を比較する

「予測ワークシートの作成」画面では、「予測開始」の日付を指定できる。売上の実績データと重複するように「予測開始」の日付を指定すると、一定の期間に実績データの折れ線と予測データの折れ線の両方が表示される。その期間の実績と予測を比較すると、予測の精度を確認できる。

下図では、❶「予測開始」欄に「2016/11/1」と入力した。すると、❷「2016/11/1～2017/3/1」までの期間に、実測データの折れ線と予測データの折れ線の両方が表示される。

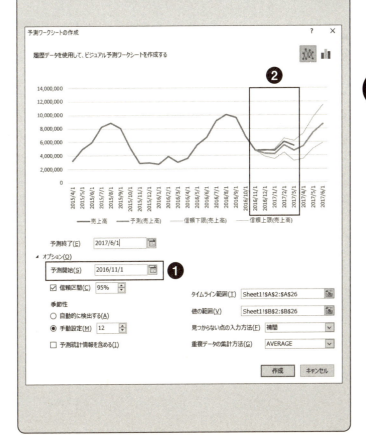

回帰分析
8-3 単回帰分析を行う

「単回帰分析」では、2種類のデータを要因(「X」とする)と結果(「Y」とする)ととらえて、その関係式「Y=aX+b」(「回帰式」と呼ぶ)を求め、求めた回帰式からデータ予測などを行う。「X」は説明変数、「Y」は目的変数と呼ばれる。ここでは関数を使用して、回帰式を求めて予測を行う。

●回帰式を求める

気温(X)がビールの売上数(Y)に及ぼす影響を調べたい。[6-16](P206)で紹介したとおり、散布図に近似曲線を入れると回帰式を求められるが、ここでは関数を使用して求める。❶回帰式の傾き(回帰式の「a」)はSLOPE(スロープ)関数、❷切片(回帰式の「b」)はINTERCEPT(インターセプト)関数で求められる。❸求めた数値は、グラフで求めた回帰式に一致する。

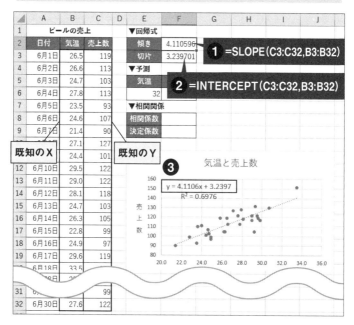

```
=SLOPE(既知の Y, 既知の X)
```

「既知のY」と「既知のX」をもとに、「Y=aX+b」で表される回帰式の傾き「a」を求める。

```
=INTERCEPT(既知の Y, 既知の X)
```

「既知のY」と「既知のX」をもとに、「Y=aX+b」で表される回帰式の切片「b」を求める。

●売上を予測する

気温から売上数を予測するには、回帰式「Y=4.1106X+3.2397」の「X」に気温を代入するか(P209参照)、またはFORECAST(フォーキャスト)関数を使う。❶関数を使う場合は、引数に求める気温、売上数のセル範囲、気温のセル範囲を指定する。32度のときの売上数は約135個と予測される。

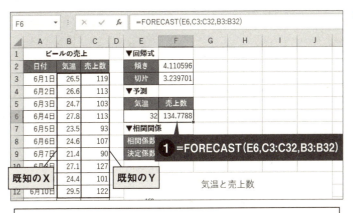

```
=FORECAST(X, 既知の Y, 既知の X)
```

「既知のY」と「既知のX」から求められる回帰式に基づいて、指定した「X」に対する「Y」の値を求める。

> **Column　エクセル 2016 では新関数も使える**
>
> エクセル2016には、FORECAST関数と同じ機能を持っているFORECAST.LINEAR関数がある。引数は、FORECAST関数と同じだ。

●回帰式の精度を調べる

回帰式の精度を表す指標に、「相関係数」と「決定係数（R-2乗値）」がある。
❶相関係数はCORREL（コーレル）関数で、❷決定係数はRSQ関数で求められる。❸求めた決定係数は、グラフで求めたR-2乗値に一致する。

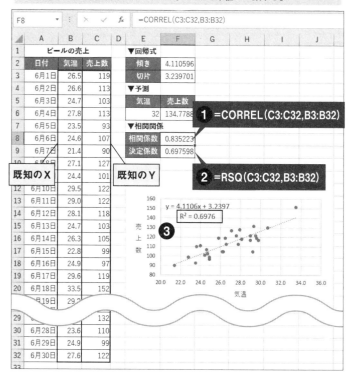

=CORREL（配列1, 配列2）

「配列1」と「配列2」の相関係数を求める。「配列1」と「配列2」の順序は問わない。「配列1」と「配列2」を入れ替えても、同じ結果になる。

=RSQ（既知のY, 既知のX）

「既知のY」と「既知のX」をもとに、決定係数を求める。決定係数は、相関係数の2乗の値になる。

| Column | 相関の強弱と相関係数 |

相関係数は、2種類の数値の相関の度合いを表す指標だ。その値は常に「-1」から「1」までの範囲にある。相関係数が正数の場合は、一方が増加するともう一方も増加する「正の相関」、相関係数が負数の場合は、一方が増加するともう一方が減少する「負の相関」となる。相関係数と相関の強さは次のとおりだ。

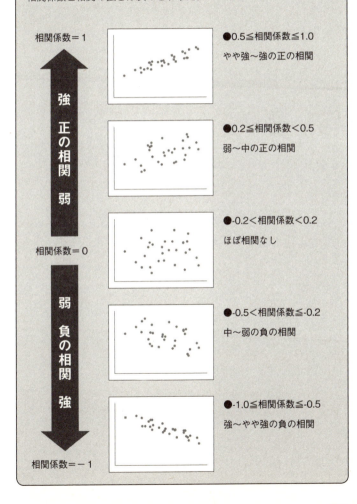

回帰分析

8-4 重回帰分析を行う

目的変数「Y」を1つの説明変数「X」で予測する「単回帰分析」に対して、目的変数「Y」を複数の説明変数「X1、X2、X3…」で予測する回帰分析を「重回帰分析」という。目的変数と説明変数の関係は、「Y=a1X1+a2X2+a3X3+…+b」で表せる。ここでは、関数を使用して新店舗の売上を予測する。

●重回帰式を求める

売場面積、販売員数、広告費から、売上高を予測する式は、LINEST（ライン・エスティメーション）関数で求められる。❶元の表に「売場面積」「販売員数」「広告費」と入力されている場合、❷関数の結果を表示する表には、順序を逆にして「広告費」「販売員数」「売場面積」と入れておく。❸関数の結果を入力するすべてのセル（ここではセルB15～E15）を選択する。

	A	B	C	D	E	F	G
1		店舗別売上表					
2	店舗	売場面積	販売員数	広告費	売上高	❶	
3	店舗1	1,074	28	300	351,887		
4	店舗2	1,189	22	250	348,867		
5	店舗3	970	26	296	305,371		
6	店舗4	1,096	25	261	254,800		
7	店舗5	975	19	257	231,922		
8	店舗6	834	22	231	173,489		
9	店舗7	913	22	185	153,473		
10	店舗8	746	16	212	103,500		
11	店舗9	600	16	188	98,466		
12	店舗10	727	15	176	82,011		
13							
14	重回帰式	❷広告費	販売員数	売場面積	切片		
15						❸選択	
16							
17	新店舗	売場面積	販売員数	広告費	売上高		
18	売上予測	1,000	25	280			
19							

関数の結果を入れるすべてのセルを選択した状態で、❹LINEST関数を入力。引数「既知のY」には「売上高」のセルE3〜E12、「既知のX」には「売場面積」〜「広告費」のセルB3〜D12を指定する。❺入力できたら、「Ctrl」キーと「Shift」キーを押しながら「Enter」キーを押して、数式を確定する。

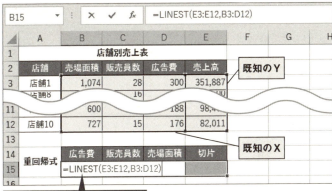

❻数式が波カッコ「{}」で囲まれて「配列数式」になり、❼選択したすべてのセルに結果が表示され、その結果から売上高を予測する式がわかる。

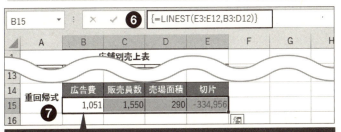

売上高＝290×売場面積＋1550×販売員数＋1051×広告費−334956

=LINEST(既知のY [, 既知のX] [, 定数] [, 補正])

「既知のY」と「既知のX」をもとに、「Y=a1X1+a2X2+a3X3+…+b」の「a1」「a2」「a3」…「b」などを求める。引数「既知のX」に「X1」「X2」「X3」の順序で指定すると、結果は「a3」「a2」「a1」「b」の順序になる。引数「定数」に「TRUE」を指定するか省略すると切片が求められ、「FALSE」を指定すると切片は「0」として計算される。引数「補正」についてはP287参照。

●新店舗の売上を予測する

❶新店舗の売場面積、販売員数、広告費から、売上高を予測するには、TREND（トレンド）関数を使う。❷引数「既知のY」には「売上高」のセルE3～E12、「既知のX」には「売場面積」～「広告費」のセルB3～D12、「新しいX」には新店舗の条件のセルB18～D18を指定する。計算の結果、新店舗の売上高は「288,532」と予測される。

E18		× ✓ fx	=TREND(E3:E12,B3:D12,B18:D18)			
	A	B	C	D	E	F
1			店舗別売上表			
2	店舗	売場面積	販売員数	広告費	売上高	
3	店舗1	1,074	28	300	351,887	既知のY
4	店舗2	1,189	22	250	348,867	
5	店舗3	970	26	296	305,371	
6	店舗4	1,096	25	261	254,800	
7	店舗5	975	19	257	231,922	
8	店舗6	834	22	231	173,489	
9	店舗7	913	22	185	153,473	
10	店舗8	746	16	212	103,500	
11	店舗9	600	16	188	98,466	
12	店舗10	727	15	176	82,011	
13						
14	重回帰式	広告費	販売員数	売場面積	切片	既知のX
15		1,051	1,550	290	-334,956	
16						
17	新店舗	売場面積	販売員数	広告費	売上高	
18	売上予測	1,000	25	280	288,532	
19	❶					

❷ =TREND(E3:E12,B3:D12,B18:D18)

=TREND(既知の Y [, 既知の X] [, 新しい X] [, 定数])

「既知のY」と「既知のX」をもとに、「Y=a1X1+a2X2+a3X3+…+b」の式に基づいて「新しいX」（「X1」「X2」「X3」…）に対する「Y」の値を求める。引数「定数」に「TRUE」を指定するか省略すると切片が計算に入れられ、「FALSE」を指定すると切片は「0」として計算される。

Column　LINEST 関数で求めた式に代入してもよい

P285で求めた

売上高＝290×売場面積＋1550×販売員数＋1051×広告費－334956

の式の「売場面積」「販売員数」「広告費」にセルB18～D18の値をそれぞれ当てはめて計算すると、TREND関数の結果と一致する。

Column　LINEST 関数を使用して決定係数を求める

回帰式の精度が低いと、予測が意味を成さない。LINEST関数の引数「補正」に「FALSE」を指定するか省略するとP285のように1行分の結果が返されるが、「TRUE」を指定すると下図のように5行分の情報が返される。そのうち、3行1列目の値が決定係数だ。決定係数は「0以上1以下」の値を取り、「1」に近いほど精度が高い。重回帰分析で予測を行うときは、あらかじめ決定係数を確認しておくとよいだろう。

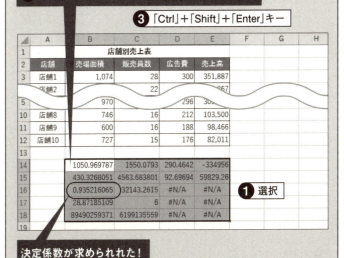

第8章　便利機能を徹底活用

回帰分析 8-5 分析ツールを利用して回帰分析を行う

「分析ツール」アドインを使用すると、簡単に回帰分析を行える。ここでは重回帰分析を例に操作を紹介するが、単回帰分析も同様の操作で行える。

●エクセルで「分析ツール」を使えるようにする

エクセルの初期状態では「分析ツール」は無効だ。有効にするには、❶「ファイル」タブをクリックして「オプション」をクリック(エクセル2007では「オフィス」ボタン→「Excelのオプション」をクリック)。「Excelのオプション」画面が現れたら、❷「アドイン」をクリック。❸「管理」から「Excelアドイン」を選び、❹「設定」をクリックする。

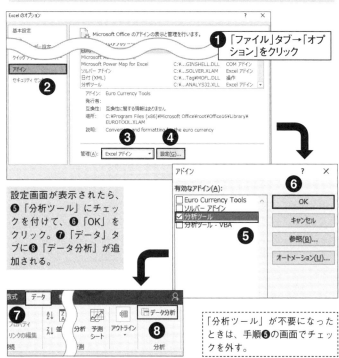

設定画面が表示されたら、❺「分析ツール」にチェックを付けて、❻「OK」をクリック。❼「データ」タブに❽「データ分析」が追加される。

「分析ツール」が不要になったときは、手順❺の画面でチェックを外す。

● 「分析ツール」を使用して回帰分析を行う

❶「売場面積」「販売員数」「広告費」「売上高」が入力された表がある。「分析ツール」を使用して、このデータから売場面積、販売員数、広告費と、売上高の関係を調べたい。❷「データ」タブの❸「データ分析」をクリックする。

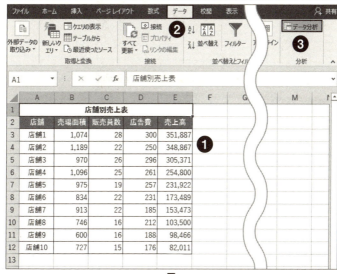

「データ分析」画面が表示されたら、❹「回帰分析」をクリックして、❺「OK」をクリックする。

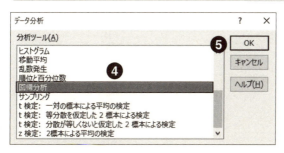

第8章 便利機能を徹底活用

289

「回帰分析」画面が表示されたら、❻「入力Y範囲」にセルE2～E12、「入力X範囲」にセルB2～D12を指定。以上の指定に見出しのセルを含めているので、❼「ラベル」にチェックを付けて、❽「OK」をクリックする。

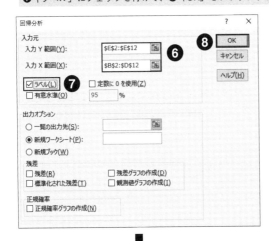

新しいワークシートが追加され、さまざまな情報が表示される。

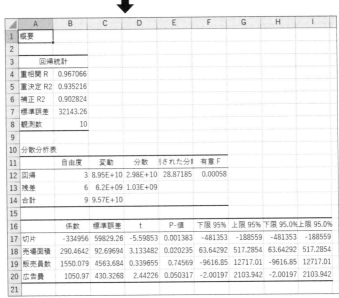

第9章
[マクロ編]

自動化の基本
——マクロの記録と基本構文

A　マクロの準備……292
B　基本操作……296
C　基本構文……320

マクロの準備 9-1 マクロって何?

マクロとは、エクセルの作業を自動化するためのプログラムだ。プログラムとは、操作の指示を並べた手順書のこと。マクロを利用して定型的な作業を自動化すれば、いつもの作業を効率よく行える。

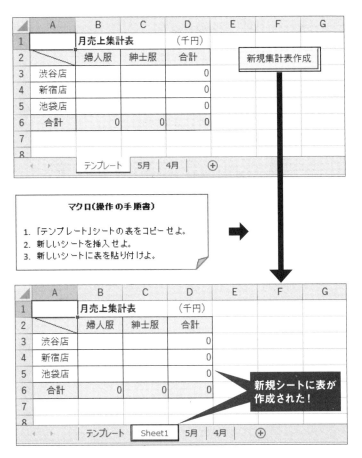

マクロでは、「VBA(ブイビーエー、Visual Basic for Applications)」というプログラミング言語を使って命令文を記述する。プログラミング言語と聞くと難しく感じられるが、エクセルには便利な「マクロの記録」機能が用意されている。これを利用すると、エクセルで実行した操作を、VBAで書かれたプログラムに自動変換できる。まずは、記録マクロを利用して、マクロ作りに慣れるところから始めよう。ただし、記録で作成できるマクロには限界がある。より汎用的なマクロを作成するには、ある程度VBAの構文を覚える必要がある。VBAを覚えれば、記録マクロを改良したり、一から新しいマクロを作成したりできるようになる。

「マクロの記録」を利用すると、エクセルの操作をマクロに自動変換できる!

「VBA」を覚えれば、記録マクロの改良や新規マクロの作成もできるようになる!

9-2 マクロの準備 マクロ作成の環境を整える

マクロを作成する前に、準備として「開発」タブを表示しよう。「開発」タブには、マクロの作成や編集の機能が集められている。また、マクロの実行には、セキュリティに関する知識も必要だ。悪意のあるマクロウイルスによる感染を防ぐために、セキュリティの設定を確認しておこう。

● 「開発」タブを表示する

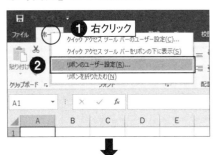

❶リボンのいずれかのタブを右クリックして、❷「リボンのユーザー設定」をクリックする。❸「開発」にチェックを付けて、❹「OK」をクリックすると、リボンに「開発」タブが表示される。

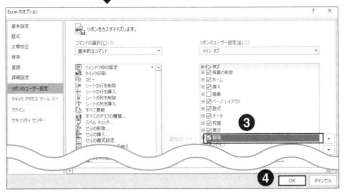

> エクセル2007の場合は、「オフィス」ボタン→「Excelのオプション」をクリックして、表示される設定画面の左のメニューから「基本設定」を選び、「[開発] タブをリボンに表示する」にチェックを付ける。

「開発」タブが表示された！

●セキュリティの設定を確認する

マクロを含むファイルを開いたときに、エクセルがどのような状態になるのか、現在の設定を確認しよう。❶「開発」タブの❷「マクロのセキュリティ」をクリックする。

設定画面が開いたら、❸「マクロの設定」をクリックする。❹初期設定では「警告を表示してすべてのマクロを無効にする」が選ばれているはずだ。この設定であれば、マクロを含むファイルを開いたときに、いったんマクロが無効化されるので、危険なマクロウイルスが実行されるのを阻止できる。本書では、初期設定の状態であることを前提に解説を進める。

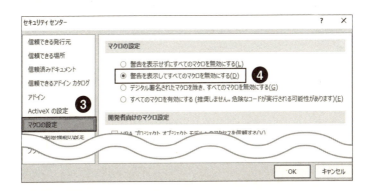

第9章 自動化の基本

295

基本操作 9-3 記録機能を利用してマクロを作る

「マクロの記録」機能を利用して、表を新規シートにコピーするマクロを作成してみよう。必要な操作を過不足なく記録するために、記録する操作を事前に整理しておくとよい。今回は、以下の操作を記録する。

操作1　「テンプレート」シートを選択する
操作2　表のセル範囲を選択する
操作3　コピーする
操作4　新しいシートを追加する
操作5　貼り付ける

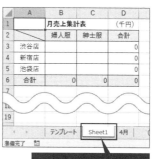

「テンプレート」シートの表を…　　新規シートにコピーする

> **Column　実行時の状況をイメージして記録する**
>
> ここで作成するのは、「テンプレート」シートの表を新規シートにコピーするマクロだ。作成したマクロを実行するとき、「テンプレート」シートを表示した状態から実行する場合は、操作1の「テンプレート」シートを選択する記録を省いてよい。ほかのシートを表示している場合にでも実行可能な汎用的なマクロを作りたい場合は、操作1を記録する必要がある。

●「マクロの記録」を利用してマクロを作成する

❶ファイル内に複数のシートがあることを確認しておく。❷「開発」タブの❸「相対参照で記録」がオフになっていることを確認して、❹「マクロの記録」をクリックする。

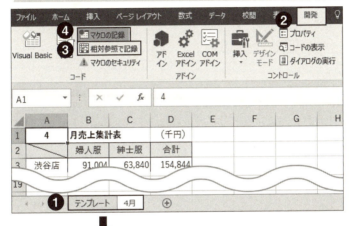

「マクロの記録」画面が表示されたら、❺「マクロ名」(ここでは「新規売上シート作成」)を入力し、❻「マクロの保存先」として「作業中のブック」を選択し、❼「OK」をクリックする。

> マクロ名には、アルファベット、数字、日本語、アンダースコア「_」を使用できる。ただし、1文字目はアルファベットか日本語にする。

記録が開始され、❽画面の左下に記録終了用の「■」ボタンが表示される。❾「テンプレート」シートをクリックする。

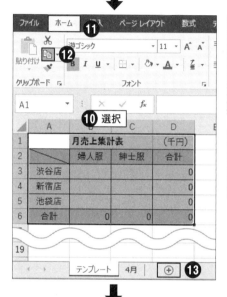

「テンプレート」シートを選択する操作を記録したいので、事前に「テンプレート」シートが表示されている場合でも、手順❾で「テンプレート」シートをクリックしよう。

❿表の範囲を選択して、⓫「ホーム」タブの⓬「コピー」をクリックする。続いて、⓭「新しいシート」をクリックする。

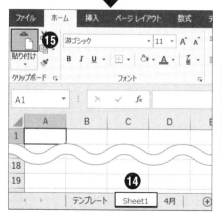

⓮新規シートが追加されるので、⓯「貼り付け」をクリックする。

シートが追加される位置は、エクセルのバージョンによって変わる。2016/2013では「テンプレート」シートの右に、2010/2007では全シートの末尾の位置に挿入される。

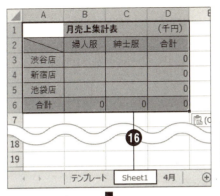

⓰新規シートに表が貼り付けられた。以上で記録する操作は終了だ。⓱「開発」タブの⓲「記録終了」か、⓳画面下の「■」ボタンをクリックして、記録を終了する。

新規シートの表は、「5月」など、新しい月の売上集計に利用できる。

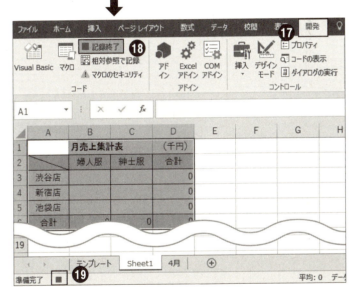

| Column | 記録中に操作を失敗したときは |

記録中に操作を失敗すると、失敗した操作も記録されてしまう。その場合、いったん記録を終了し、もう一度同じマクロ名を付けて記録をやり直そう。

●マクロを含むファイルを保存する

マクロを含むファイルを保存するには、❶「名前を付けて保存」画面を表示し、❷保存場所と❸ファイル名を指定。❹「ファイルの種類」から「Excelマクロ有効ブック」を選択して、❺「保存」をクリックする。

```
「名前を付けて保存」画面の表示方法は、バージョンによって異なる。
2016：「ファイル」タブ→「名前を付けて保存」→「参照」
2013：「ファイル」タブ→「名前を付けて保存」→
      「コンピューター」→「参照」
2010：「ファイル」タブ→「名前を付けて保存」
2007：「オフィス」ボタン→「名前を付けて保存」
```

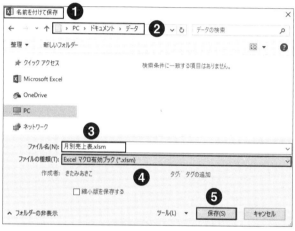

Column 「マクロ有効ブック」形式で保存する

マクロを含むファイルは、エクセルの標準の保存形式（拡張子「.xlsx」）では保存できない。「マクロ有効ブック」（拡張子「.xlsm」）として保存する必要がある。これら2つは、ファイルのアイコンが異なり、アイコンの違いでマクロが含まれているかどうかがわかる。

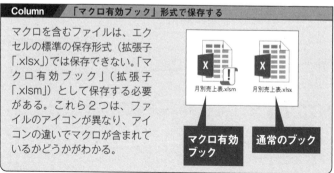

基本操作 9-4 マクロを含むファイルを開くには

エクセルの標準のセキュリティ設定では、「マクロ有効ブック」を開くと、マクロが無効化される。マクロを実行できるようにするには、「コンテンツの有効化」を実行する。

マクロを含むファイルを開くと、❶メッセージバーに「セキュリティの警告」が表示される。マクロが安全だとわかっている場合は、❷「コンテンツの有効化」をクリックすると、メッセージバーが消え、マクロを実行できる状態になる。2回目以降は、メッセージバーが表示されずにファイルが開く。

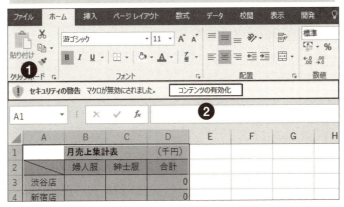

エクセル2007の場合は、メッセージバーの「オプション」をクリックし、表示される画面で「このコンテンツを有効にする」にチェックを付けて、「OK」をクリックする。2回目以降も、ファイルを開くときにこの操作は必要だ。

| Column | 覚えのないファイルは「コンテンツの有効化」を行わない |

エクセルのセキュリティが（[9-2]〈P294〉参照）「警告を表示してすべてのマクロを無効にする」という設定であれば、マクロを含むファイルを開いたときに、マクロが無効化される。開いたファイルが見覚えのないファイルの場合は、「コンテンツの有効化」を行わずにファイルを閉じよう。そうすれば、ファイルに悪意のあるマクロウィルスが含まれていた場合に、感染を防げる。

基本操作 9-5 マクロを実行するには

マクロを実行する方法は複数ある。利用シーンに合わせて、実行方法を使い分けよう。ここでは、一覧画面からマクロを選んで実行する方法を紹介する。この方法は、特に実行のための前準備がいらないので、作成したマクロをテストしたいときに最適だ。

❶「開発」タブの❷「マクロ」をクリックする。

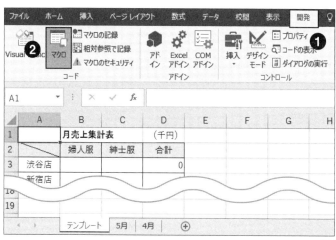

Column　実行前にファイルを保存しておこう

マクロの実行は、クイックアクセスツールバーの「元に戻す」ボタンで戻すことはできない。テストの段階では、マクロを実行する前にファイルを保存しておこう。マクロの実行後に保存せずにファイルを閉じれば、実行前の状態のファイルを保持できる。なお、ファイルの上書き保存を伴うようなマクロを実行する場合は、実行前のファイルをコピーしておくとよいだろう。

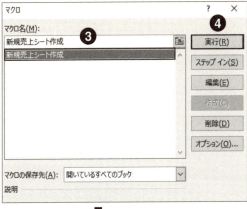

「マクロ」画面が表示されたら、❸実行するマクロを選択して、❹「実行」をクリックする。

「Alt」キーを押しながら「F8」キーを押しても、「マクロ」画面を表示できる。

❺新しいシートに売上集計表が作成される。

	A	B	C	D	E
1		月売上集計表		(千円)	
2		婦人服	紳士服	合計	
3	渋谷店			0	
4	新宿店			0	
5	池袋店			0	
6	合計	0	0	0	
7					
19					

テンプレート | Sheet1 | 5月 | 4月

Column　マクロをショートカットキーで実行できるようにするには

手順❸の画面でマクロを選択して「オプション」ボタンをクリックすると、ショートカットキーの指定画面が表示される。その画面で、例えば小文字の「e」を設定すると「Ctrl」＋「e」キー、大文字の「E」を設定すると「Ctrl」＋「Shift」＋「E」キーでマクロを実行できるようになる。

マクロ オプション

マクロ名：
　新規売上シート作成

ショートカットキー(K)：
　Ctrl+ e

説明(D)：

基本操作 9-6 ワークシートに実行用のボタンを配置するには

ワークシートにマクロ実行用のボタンを用意しておくと、いつでもワンクリックでマクロを実行できるので便利だ。ここでは、[9-3](P296)で作成した「新規売上シート作成」マクロの実行用ボタンを「テンプレート」シートに配置する。

❶「開発」タブの❷「挿入」→❸「ボタン（フォームコントロール）」をクリックして、❹「テンプレート」シート上を❺ドラッグする。

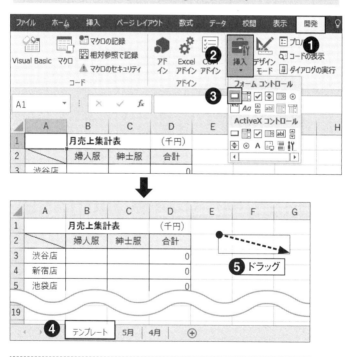

「開発」タブの「挿入」のメニューには、「フォームコントロール」と「ActiveXコントロール」があり、どちらにも「ボタン」がある。ここでは、「フォームコントロール」のボタンを使用する。

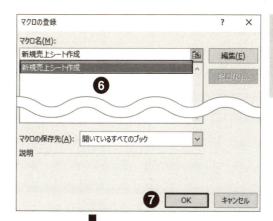

「マクロの登録」画面が表示されたら、❻登録するマクロを選択して、❼「OK」をクリックする。

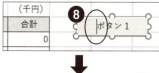

ドラッグした位置にボタンが配置され、配置されたボタンが選択状態になる。❽ボタン上をクリックすると、カーソルが表示される。❾その状態で文字を編集。❿セルをクリックすると、編集が確定される。⓫ボタンをクリックすると、マクロが実行される。

クリックしてマクロを実行！

Column　ボタンを再選択するには

ボタンの配置や文字を変更したいときは、ボタンを選択する必要がある。選択するには、「Ctrl」キーを押しながらボタンをクリックする。単にクリックするだけだと、マクロが実行されてしまうので注意しよう。

基本操作 9-7 クイックアクセスツールバーにボタンを配置して実行!

マクロ実行用のボタンをシートに配置した場合、ボタンを使用するには配置先のシートに切り替えなければならず面倒だ。どのシートからも実行できるようにするには、クイックアクセスツールバーにボタンを配置するとよい。

❶クイックアクセスツールバーの右端の「▼」ボタンをクリックして、❷「その他のコマンド」をクリックする。

Column　全シート共通で使えるマクロに向いている

クイックアクセスツールバーのマクロボタンには、どのワークシートから実行してもよいマクロを割り付けよう。特定のワークシートでしか実行できないマクロを割り付けた場合、ほかのシートで実行したときに想定外の動作になる可能性があるので注意が必要だ。

設定画面が表示される。❸「コマンドの選択」から「マクロ」を選択して、❹その下に表示されるマクロの一覧から登録するマクロを選択。続いて、❺「クイックアクセスツールバーのユーザー設定」欄から「(現在のファイル名)に適用」を選択して、❻「追加」ボタンをクリック。以上の操作で、現在のファイルにのみ、マクロ実行用のボタンが配置される。最後に、❼「OK」をクリックすると、❽ボタンが追加される。

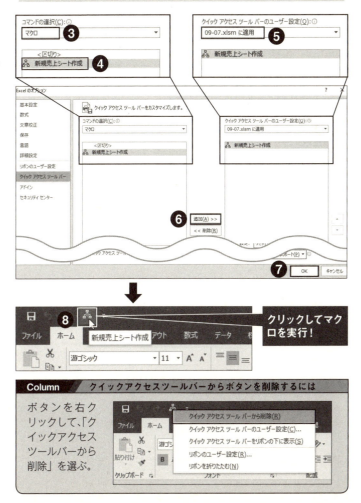

Column　クイックアクセスツールバーからボタンを削除するには

ボタンを右クリックして、「クイックアクセスツールバーから削除」を選ぶ。

基本操作 9-8 VBEを起動／終了するには

「マクロの記録」を利用すると、記録した操作がVBAのプログラムに変換されて、マクロが作成される。VBAのプログラムを確認したり編集したりするには、「VBE（ブイビーイー、Visual Basic Editor）」というツールを利用する。

VBAのプログラムを確認するには、❶「開発」タブの❷「Visual Basic」をクリックする。

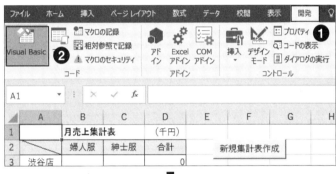

❸VBEが起動した。プログラムが非表示になっている場合は、❹「標準モジュール」の「＋」ボタンをクリックする。「標準モジュール」とは、マクロを入力するためのシートのことだ。

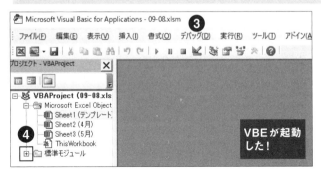

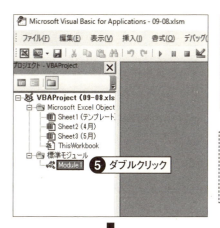

❺「標準モジュール」の下に表示される「Module1」をダブルクリックすると、❻Module1が開き、マクロが表示される。❼VBEを閉じるには、「×」ボタンをクリックする。

VBEの画面左に「プロジェクト」ウィンドウが表示されない場合は、「表示」メニューの「プロジェクトウィンドウ」をクリックして表示する。

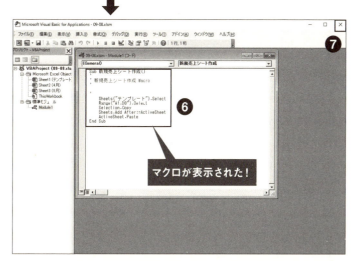

マクロが表示された！

Column エクセルとVBEを素早く行き来するには

「Alt」キーを押しながら「F11」キーを押すと、エクセルの画面とVBEの画面を素早く切り替えられる。なお、VBEを終了してもエクセルは終了しないが、エクセルを終了するとVBEも自動的に終了する。

基本操作 9-9 マクロを編集するには

ここでは、[9-3](P296)で記録したマクロの中身を確認し、練習としてマクロを編集してみよう。

●マクロの構成

マクロは必ず、「Sub マクロ名()」で始まり、「End Sub」で終わる。命令文は、Sub文とEnd Sub文の間に入力する。命令文のことを「コード」と呼ぶ。通常、コードは字下げして入力する。先頭にシングルクォーテーション「'」を付けた文を「コメント」と呼び、覚書を入れるのに利用する。コメントは、自動的に緑色で表示される。

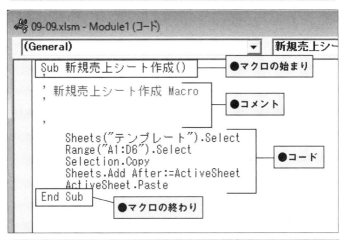

Column　コードは字下げして入力する

通常、コードは字下げして入力する。字下げすることにより、マクロの始まりと終わりが見た目にわかりやすくなる。この字下げのことを「インデント」と呼ぶ。なお、字下げはコードの見た目をわかりやすくするため行うもので、字下げの有無がマクロの動作に影響することはない。

```
Sub マクロ名()
    コード
    コード
    コード
End Sub
```

●コードを読み解く

「新規売上シート作成」マクロを読み解いてみよう。なお、コメント（「'」で始まる文）はマクロの動作に関係がないので、説明を省略する。

```
  Sub 新規売上シート作成()
1   Sheets("テンプレート").Select
2   Range("A1:D6").Select
3   Selection.Copy
4   Sheets.Add After:=ActiveSheet
5   ActiveSheet.Paste
  End Sub
```

1 「テンプレート」シートを選択する。
2 セルA1～D6を選択する。
3 選択範囲をコピーする。
4 アクティブシートの後ろにシートを追加する。
5 アクティブシートに貼り付ける。

Column　エクセル 2010/2007 で記録した場合

エクセル 2010/2007 では、「ワークシートの挿入」をクリックするとシートの末尾に新規のワークシートが追加されるので、記録されるコードが 2016/2013 の場合と異なる。コード4は以下のようになる。「末尾のシートの後ろにシートを追加する」という意味だ。

4　Sheets.Add After:=Sheets(Sheets.Count)

●マクロを編集する

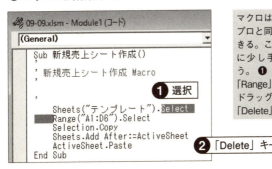

マクロは、基本的にワープロと同じ感覚で編集できる。ここでは、コードに少し手を加えてみよう。❶「Select」から「Range」の直前までをドラッグして選択し、❷「Delete」キーを押す。

もとの2つのコードが1つにつながった。続いて、❸「Select」から「Selection.」までをドラッグして選択し、❹「Delete」キーを押す。

```
    '
        Sheets("テンプレート").Range("A1:D6").Select     ❸ 選択
        Selection.Copy
        Sheets.Add After:=ActiveSheet
        ActiveSheet.Paste
    End Sub
```

⬇ ❹「Delete」キー

以上で、❺もとの3つのコードが1つにつながった。次に、❻「ActiveSheet.Paste」の行末をクリックしてカーソルを表示し、❼「Enter」キーを押す。

```
    '
        Sheets("テンプレート").Range("A1:D6").Copy ── ❺
        Sheets.Add After:=ActiveSheet
        ActiveSheet.Paste|  ❻
    End Sub
```

⬇ ❼「Enter」キー

次行に空白行が挿入されるので、❽半角文字で図のようにコードを入力する。

```
    '
        Sheets("テンプレート").Range("A1:D6").Copy
        Sheets.Add After:=ActiveSheet
        ActiveSheet.Paste
        Range("A1").Select ── ❽「Range("A1").Select」と入力
    End Sub
```

⬇

マクロを実行してみよう。VBEからマクロを実行するには、❾実行したいマクロの「Sub」から「End Sub」までのどこかをクリックしてカーソルを表示し、❿ツールバーの「実行」ボタンをクリックするか、「F5」キーを押す。

> VBEの「実行」(正確には「Sub/ユーザーフォームの実行」) ボタンをクリックすると、カーソルがある行を含むマクロ全体が実行される。コードの編集中にテスト実行するのに便利だ。なお、シートが前面に表示されていることが前提に動作するマクロの場合、VBEから実行するとエラーになることがあるので注意。

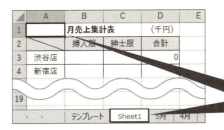

新規シートに集計表が貼り付けられ、セルA1が選択される。

新規シートに集計表が作成され、セルA1が選択された!

```
Sub 新規売上シート作成()
1   Sheets("テンプレート").Range("A1:D6").Copy
2   Sheets.Add After:=ActiveSheet
3   ActiveSheet.Paste
4   Range("A1").Select
End Sub
```

1 「テンプレート」シートのセルA1〜D6をコピーする。
2 アクティブシートの後ろにシートを追加する。
3 アクティブシートに貼り付ける。
4 セルA1を選択する。

コード1ではシート名を明記しているので、どのシートがアクティブシート(前面に表示されているシート)の場合でも、「テンプレート」シートのセルがコピーされる。コード2ではアクティブシートの後ろにシートを追加しているが、追加先を固定したい場合は「After:=Sheets("テンプレート")」などとして、追加する位置を指定するとよいだろう。
なお、コード2でシートを追加すると新規シートがアクティブシートになり、コード4ではアクティブシートである新規シートのセルA1が選択される。

Column　マクロではセルを選択せずにコピー/貼り付けを行える

手動でセルをコピー/貼り付けするには、コピーする前にコピー対象のセルを選択する必要がある。P311の記録マクロのコード1とコード2では、コピー対象のシートとセルを選択している。しかし、マクロではコピー対象を選択しなくても、コピー/貼り付けを行える。そこで、ここではコードを編集する練習を兼ねて、コードから選択(Select)の部分を削除した。
また、記録マクロではマクロ実行後に貼り付けられたセル範囲が選択状態になっていたが、ここではセルA1を選択するコードを追加したので、マクロ実行後にセルA1が選択される。

基本操作
9-10 マクロをイチから作成したい！

記録に頼らずにマクロを作成するには、VBEで直接コードを入力する。ここでは、メッセージ文を表示するだけの簡単なマクロを例に、作成方法を紹介する。

●標準モジュールを挿入する

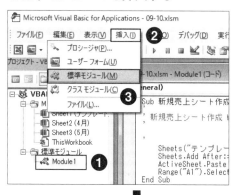

❶現在のファイルに、「Module1」が存在することを確認する。❷「挿入」メニューをクリックして、❸「標準モジュール」をクリックすると、❹新しいモジュール「Module2」が追加される。

新しい標準モジュールが追加された！

●マクロをイチから作成する

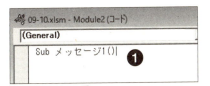

❶追加した標準モジュールの新しい行に「Sub メッセージ1()」と入力して、❷「Enter」キーを押す。

⬇ ❷「Enter」キー

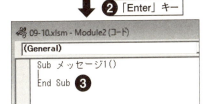

❸自動的に「End Sub」が入力され、間の行にカーソルが表示される。❹「Tab」キーを押すと、❺カーソルが半角4文字分右に移動する。

⬇ ❹「Tab」キー

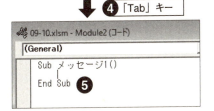

「Tab」キーを押すと、字下げが行われる。「Shift」+「Tab」キーを押すと、字下げを取り消せる。

⬇

```
Sub メッセージ1()
    MsgBox "こんにちは!"
End Sub
```

❻「MsgBox "こんにちは!"」と入力

❻「MsgBox "こんにちは!"」と入力。「こんにちは!」以外は半角で入力すること。

Column 標準モジュール

マクロの入力用シートである標準モジュールは、初期状態のファイルには存在しない。「マクロの記録」を利用してマクロを作成すると自動挿入されて、その中にマクロが記述される。新しいマクロを入力するときは、既存の標準モジュールに入力してもよいし、新規の標準モジュールを挿入して入力してもよい。

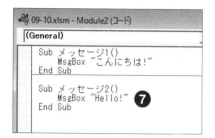

❼同様に、「メッセージ2」マクロを入力する。

コードが似ているマクロを作成するときは、ツールバーの「コピー」ボタンと「貼り付け」ボタンを利用すると効率よく作成できる。

Sub メッセージ1() 1　　MsgBox "こんにちは！" End Sub	1　「こんにちは！」と書かれたメッセージ画面を表示する。
Sub メッセージ2() 1　　MsgBox "Hello!" End Sub	1　「Hello!」と書かれたメッセージ画面を表示する。

❽「上書き保存」ボタンをクリックして、❾VBEを閉じておく。

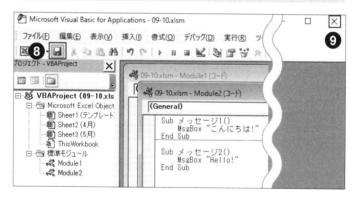

Column	エクセルの「上書き保存」と VBE の「上書き保存」

エクセルのクイックアクセスツールバーと VBE のツールバーのどちらの「上書き保存」ボタンを使っても、ワークシートとコードの両方が保存される。

316

●マクロを実行する

「マクロ」画面（[9-5]〈P302〉参照）を表示して、❶マクロを選択し、❷「実行」をクリックすると、❸メッセージ画面が表示される。❹「OK」をクリックすると、マクロの実行が終了する。

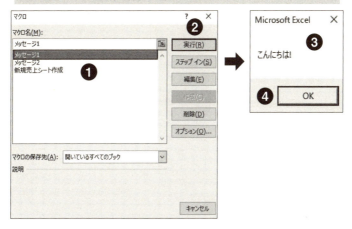

> **Column　マクロを削除するには**
>
> VBEで「Sub マクロ名()」から「End Sub」までをドラッグして選択し、「Delete」キーを押すと、マクロを削除できる。

> **Column　標準モジュールを削除するには**
>
> 「プロジェクト」ウィンドウでモジュールを右クリックし、「(モジュール名)の解放」を選ぶ。表示される画面で「いいえ」をクリックすると、標準モジュールが削除される。なお、「はい」をクリックすると、削除する標準モジュール内のコードを別ファイルに保存できる。

基本操作 9-11 エラーが発生したときは

コードの入力中や、マクロの実行中にエラーが発生することがある。ここでは、エラーが発生したときの対処方法を紹介する。

●コンパイルエラーに対処する

コードの入力中に誤って改行してしまったときや閉じカッコを入れ忘れたときなど、コードに文法上の間違いが見つかると、❶「コンパイルエラー」が発生し、エラーメッセージが表示される。❷「OK」をクリックして、❸コードを入力し直す。

Column	マクロ実行時に発生することもある

コンパイルエラーは、マクロの実行時に発生することもある。その場合は、エラーメッセージの「OK」をクリックした後、P319の手順❸の操作を行おう。

●実行時エラーに対処する

マクロを正しく実行できないと、実行が中断し、「実行時エラー」が発生する。
❶表示されるエラーメッセージの「デバッグ」ボタンをクリックする。

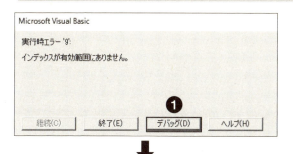

VBEが表示され、❷中断中のコードが黄色く反転し、行頭に「→」マークが表示される。どのコードで実行が中断されているかがわかるので、エラーの原因を探る手掛かりになる。❸「リセット」ボタンをクリックして実行を終了し、対処を行う。

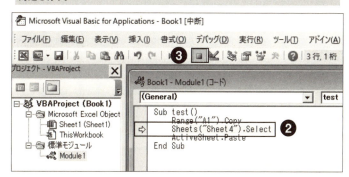

Column　実行時エラーの対処

マクロのコードに構文の誤りがないにもかかわらず、実行する環境が適していないために、実行時エラーが発生することがある。例えば、選択しようとした「Sheet4」シートが存在しない場合などだ。その場合、コード中のシート名を修正するか、またはファイルに「Sheet4」シートを追加して、再実行する。

基本構文 9-12 オブジェクトとメソッド、プロパティ

VBAでは、シートやセルなど、処理対象のことを「オブジェクト」と呼ぶ。オブジェクトに対する命令を記述するための基本構文は2つある。

オブジェクト.動作　　→ オブジェクトを○○する
オブジェクト.属性=値 → オブジェクトの属性を○○にする

オブジェクトの動作を「メソッド」、属性を「プロパティ」と呼ぶ。「=」は数学では「等しい」という意味だが、VBAでは「右側の値を左側にセットする」という意味になる。

●オブジェクト（シート）の基本的な指定例

記述例	説明
Sheets("Sheet1")	「Sheet1」という名前のシート
Sheets(2)	左から2番目のシート
Sheets(Sheets.Count)	末尾のシート（「Sheets.Count」はファイル内のシート数のこと。例えば4枚のシートがある場合、4番目のシートは末尾のシートということになる）

●オブジェクト（セル）の基本的な指定例

記述例	説明
Range("A1")	（アクティブシートの）セルA1
Range("A1:D6")	（アクティブシートの）セルA1～D6
Range("A1","D6")	
Range("A1,D6")	（アクティブシートの）セルA1とセルD6
Sheets(2).Range("A1")	左から2番目のシートのセルA1（アクティブシート以外のセルは、シート名を明記する必要がある）

●メソッド（動作）の記述例

（構文）	オブジェクト.メソッド
（使用例）	Range("B7").Select
（意味）	セルB7を選択する。Selectメソッドは、「選択する」という動作を指示するメソッド。

●プロパティ（属性）の記述例

（構文）	オブジェクト.プロパティ＝値
（使用例）	Range("D2:D5").Value = "東京都"
（意味）	セルD2～D5の値に「東京都」を設定する。Valueプロパティは「値」を意味するプロパティ。結果として、セルD2～D5に「東京都」が入力される。

> メソッドやプロパティの中には引数を持つものもある。引数の指定のルールはいろいろあるので、本書ではその都度解説する。

Column　　入力候補を活用しよう

オブジェクトに続けてピリオド「.」を入力したときに、入力候補が表示される場合、候補から選択して入力すると、簡単だし入力ミスも防げる。例えば、「range("B7").」と入力すると、入力候補が一覧表示される。「s」と入力すると「s」で始まる項目までジャンプするので、目的の項目をダブルクリックして入力しよう。なお、「range」は小文字で入力しても、確定時に自動的に先頭文字が大文字に変わる。

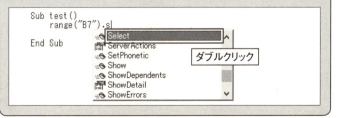

基本構文 9-13 マクロ実行時に入力画面を表示するには

InputBox関数を使うと、マクロの実行時に入力画面を表示して、ユーザーに入力を促すことができる。ここでは、[9-9](P310)のマクロを改良して、ユーザーが「月」を指定できるようにする。「マクロの記録」だけでは作成不可能な「対話型のマクロ」が実現する。

●マクロを編集する

「新規売上シート作成」マクロを表示し、❶コード5を追加しよう。

```
  Sub 新規売上シート作成()
1   Sheets("テンプレート").Range("A1:D6").Copy
2   Sheets.Add After:=ActiveSheet
3   ActiveSheet.Paste
4   Range("A1").Select
5   Range("A1").Value = InputBox("何月の表を作成しますか？")
  End Sub
```

❶

1 「テンプレート」シートのセルA1～D6をコピーする。
2 アクティブシートの後ろにシートを追加する。
3 アクティブシートに貼り付ける。
4 セルA1を選択する。
5 「何月の表を作成しますか？」と書かれた入力画面を表示し、入力された文字をセルA1に入力する。

●InputBox関数

コード5で使用した「InputBox」は、入力画面を表示するためのVBA関数だ。VBAには、VBA専用の関数が用意されている。InputBox関数では、入力画面に入力された文字が戻り値（関数の結果のこと）となる。例えば、入力画面に「6」と入力して「OK」をクリックすると、戻り値が「6」となり、「Range("A1").Value」（セルA1の値）が「6」になる。

```
5  Range("A1").Value = InputBox("何月の表を作成しますか?")
```

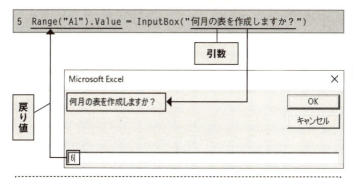

入力画面には「OK」と「キャンセル」の2つのボタンがある。入力画面に入力したデータが戻り値となるのは「OK」がクリックされた場合だ。「キャンセル」がクリックされた場合、戻り値は空の文字列「""」になる。

●マクロを実行する

マクロを実行すると、❶入力画面が表示される。❷「6」と入力して、❸「OK」をクリックすると、新規シートが追加され、表がコピー/貼り付けされて、セルA1に「6」が入力される。

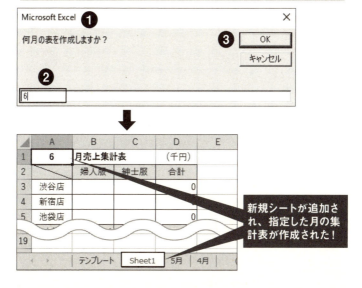

新規シートが追加され、指定した月の集計表が作成された!

基本構文 9-14 変数を使用するには

プログラムの中でたびたび使う値は、「変数」という入れ物に保管しておくと、何度も利用できて便利だ。ここでは、[9-13]（P322）のマクロに変数を追加して、ユーザーが指定した月をセルとシート名の両方に設定する。

●マクロを編集する

「新規売上シート作成」マクロを表示し、❶冒頭にコードを追加、修正して、❷末尾のコードを修正、追加する。

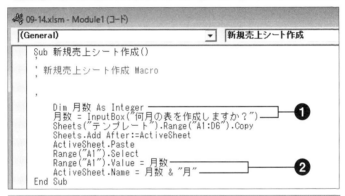

```
Sub 新規売上シート作成()
1   Dim 月数 As Integer
2   月数 = InputBox("何月の表を作成しますか？")
3   Sheets("テンプレート").Range("A1:D6").Copy
4   Sheets.Add After:=ActiveSheet
5   ActiveSheet.Paste
6   Range("A1").Select
7   Range("A1").Value = 月数
8   ActiveSheet.Name = 月数 & "月"
  End Sub
```

> VBEでは、ワープロの感覚で文字の編集が行える。コピーや移動は、ツールバーのボタンやマウスのドラッグ操作（コピーは「Ctrl」＋ドラッグ）で行える。

1 「月数」という名前の整数型の変数を用意する
2 「何月の表を作成しますか?」と書かれた入力画面を表示し、入力された文字を変数「月数」に代入する。
3 「テンプレート」シートのセルA1～D6をコピーする。
4 アクティブシートの後ろにシートを追加する。
5 アクティブシートに貼り付ける。
6 セルA1を選択する。
7 セルA1に変数「月数」の値を入力する。
8 変数「月数」の値に「月」の文字を連結して、アクティブシートの名前とする。

●変数の宣言と主なデータ型

変数を使用するには、通常、プログラムの冒頭に変数の宣言文を入れる。コード1が変数宣言のコードだ。変数宣言では、使用する変数の名前とその変数に入れるデータの種類(データ型)を指定する。

(構文)	**Dim 変数名 As データ型**
(使用例)	Dim 月数 As Integer
(意味)	「月数」という名前の整数型の変数を用意する

データ型		格納するデータ
Boolean	ブール型	True または False
Integer	整数型	-32,768～32,767の整数
Long	長整数型	-2,147,483,648～2,147,483,647の整数
Double	倍精度浮動小数点数型	実数
Currency	通貨型	通貨(正確な計算が必要な数値)
Date	日付型	日付と時刻
String	文字列型	文字列
Variant	バリアント型	あらゆる種類のデータ

変数の中にどのようなデータを入れるのかによって、最適なデータ型を選ぼう。バリアント型はあらゆる種類の値を格納できるが、処理速度が遅く、使用するメモリの容量も大きい。

●変数にデータを代入する

> 変数にデータを入れるには、「＝」を使う。「＝」は「等しい」という意味ではなく、「代入する」という意味だ。文字データはダブルクォーテーション「"」で囲み、日付はシャープ「#」で囲んで「月日年」の順序で指定する。

(構文)	変数名＝データ
(使用例)	Dim 個数 As Integer 個数 = 10
(意味)	整数型の変数「個数」に「10」を代入する
(使用例)	Dim 部署 As String 部署 = "営業部"
(意味)	文字列型の変数「部署」に「営業部」を代入する
(使用例)	Dim 受注日 As Date 受注日 = #9/20/2016#
(意味)	日付型の変数「受注日」に「2016/9/20」を代入する

> 変数名は、アルファベット、日本語、数字、アンダースコア「_」を使って指定する。ただし、1文字目に数字とアンダースコアは使えない。本書では、VBAのキーワードと見分けが付きやすい日本語の変数名を使う。

Column　セルやワークシート用の変数も使える

セルを入れる変数は Range 型、ワークシートを入れる変数は Worksheet 型で宣言する。セルやワークシートなど、オブジェクトを入れる変数を「オブジェクト変数」と呼ぶ。宣言の方法は整数型や文字列型の場合と同様だが、代入の際には先頭に「Set」を付ける。オブジェクト変数に格納されるのは、オブジェクト自体ではなく、オブジェクトの情報が保管されている記憶領域の情報だ。

(構文)	Set 変数名＝データ
(使用例)	Dim セル As Range Set セル = Range("A1")
(意味)	Range型の変数「セル」にセルA1を代入する

●マクロを実行する

マクロを実行してみよう。❶「新規集計表作成」ボタンをクリックする。

入力画面が表示されたら、❷「6」と入力して、❸「OK」をクリックすると、新規シートに貼り付けられた集計表のセルA1に「6」が入力され、シート名が「6月」になる。

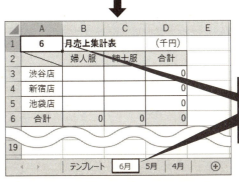

セルA1の値と新規シートのシート名に、指定した月が設定された！

基本構文 9-15 条件が成立するかどうかで処理を分けるには

条件が成立する場合としない場合とで実行する処理を分けるには、If文を使う。条件分岐の処理は記録マクロでは作成できないので、If文は手入力で追加する必要がある。ここでは、[9-14] (P324) のマクロにIf文を追加して、入力画面で1以上12以下の数値が入力されたときだけ、集計表作成の処理を実行する。

●If文の構文

If文を使うと、条件が成立する場合としない場合とで、異なる処理を行える。それぞれの処理は、複数のコードを指定できる。条件が成立しない場合に何も行わなくてよい場合は、「Else」以降を省略してよい。

(構文)	If 条件式 Then
	　　条件式が成立する場合の処理
	Else
	　　条件式が成立しない場合の処理
	End If

(使用例)	```
	If Range("A1").Value >= 70 Then
	    MsgBox "合格"
	Else
	    MsgBox "不合格"
	End If
	``

(意味)	セルA1の値が70以上である場合にメッセージ画面に「合格」と表示し、そうでない場合は「不合格」と表示する。

(使用例)	```
	If Range("A1").Value >= 70 Then
	    MsgBox "合格"
	End If
	``

(意味)	セルA1の値が70以上である場合にメッセージ画面に「合格」と表示し、そうでない場合は何もしない。

●マクロを編集する

ここでは、入力画面の戻り値を格納する変数「月数」が「1以上12以下」である場合にのみ売上集計表を作成する。

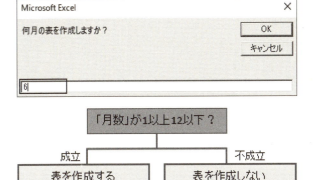

「新規売上シート作成」マクロを表示し、❶冒頭と❷末尾にIf文のコードを追加する。「月数 >= 1 And 月数 <= 12」は変数「月数」が1以上12以下であるという条件式。

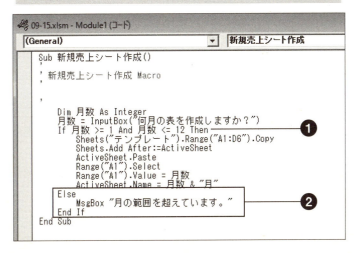

```
Sub 新規売上シート作成()
1    Dim 月数 As Integer
2    月数 = InputBox("何月の表を作成しますか?")
3    If 月数 >= 1 And 月数 <= 12 Then
4      Sheets("テンプレート").Range("A1:D6").Copy
5      Sheets.Add After:=ActiveSheet
6      ActiveSheet.Paste
7      Range("A1").Select
8      Range("A1").Value = 月数
9      ActiveSheet.Name = 月数 & "月"
10   Else
11     MsgBox "月の範囲を超えています。"
12   End If
End Sub
```

1 「月数」という名前の整数型の変数を用意する
2 「何月の表を作成しますか?」と書かれた入力画面を表示し、入力された文字を変数「月数」に代入する。
3 【If文開始】変数「月数」が1以上12以下の場合、
4 「テンプレート」シートのセルA1〜D6をコピーする。
5 アクティブシートの後ろにシートを追加する。
6 アクティブシートに貼り付ける。
7 セルA1を選択する。
8 セルA1に変数「月数」の値を入力する。
9 変数「月数」の値に「月」の文字を連結して、アクティブシートの名前とする。
10 そうでない場合、
11 「月の範囲を超えています。」と書かれたメッセージ画面を表示する。
12 【If文終了】

Column　複数行をまとめて字下げするには

複数の行を選択して「Tab」キーを押すと、選択した行をまとめて字下げできる。

●条件式の記述例

次表はIf文の条件式の例だ。複数の条件を組み合わせる場合、「条件1 And 条件2」とすると、条件1と条件2が両方成立する場合に全体として成立となる。また、「条件1 Or 条件2」とすると、条件1と条件2の少なくとも1つが成立する場合に全体として成立となる。

記述例	説明
個数 = 1000	「個数」が1000に等しい
個数 > 1000	「個数」が1000より大きい
個数 <> 1000	「個数」が1000に等しくない
受付日 <= #12/31/2016#	「受付日」が「2016/12/31」以前
部署 = "営業部"	「部署」が「営業部」
部署 Like "営業部*"	「部署」が「営業部」で始まる
年齢 >= 20 And ランク = "A"	「年齢」が20以上かつ「ランク」が「A」
ランク = "A" Or ランク = "B"	「ランク」が「A」または「B」

●マクロを実行する

マクロを実行すると、❶入力画面が表示される。❷「100」と入力して、❸「OK」をクリックすると、❹メッセージ画面が表示されるだけでマクロが終了する。

変数「月数」は整数型なので、小数を入力した場合、自動的に小数部が丸められで整数が代入される。そのため、例えば「0.7」と入力すると、「1月」の表が作成される。入力画面で「キャンセル」ボタンをクリックした場合や、既存の集計表と同じ月数を指定した場合は実行時エラーが発生するので注意しよう。

基本構文 9-16 処理を繰り返し実行するには

繰り返し処理の構文を覚えると、何百行、何千行とある表をマクロで効率よく処理できるようになる。構文は複数用意されているが、ここではカウンター変数という変数を使って回数を数えながら処理を繰り返すFor～Next文を紹介する。

●For～Next文の構文

For～Next文では、「カウンター変数」の値が「初期値」から「最終値」になるまで1ずつ加算しながら処理を繰り返す。1以外の値を加算したい場合は、「増分値」を指定する。

(構文)	**For カウンター変数 = 初期値 To 最終値 [Step 増分値]** 　　処理 **Next**
(使用例)	For i = 1 To 10 　　処理 Next
(意味)	変数「i」が「1」から「10」になるまで「1」ずつ加算しながら処理を繰り返す。変数「i」は「1、2、3、…10」と変化し、処理は10回繰り返される。
(使用例)	For i = 1 To 10 Step 2 　　処理 Next
(意味)	変数「i」が「1」から「10」になるまで「2」ずつ加算しながら処理を繰り返す。変数「i」は「1、3、5、7、9」と変化し、処理は5回繰り返される

「増分値」には負数を指定することもできる。例えば、
　　For i = 10 To 1 Step -2
とした場合、変数「i」は「10、8、6、4、2」と変化し、処理は5回繰り返される。

●マクロを作成する

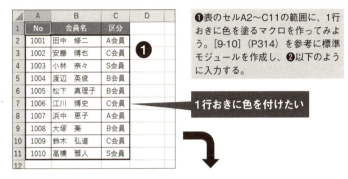

❶表のセルA2～C11の範囲に、1行おきに色を塗るマクロを作ってみよう。[9-10](P314)を参考に標準モジュールを作成し、❷以下のように入力する。

1行おきに色を付けたい

ワークシートの2行目から11行目に1行おきに色を付けたいので、For～Next文の初期値に「2」、最終値に「11」、増分値に「2」を指定する。

```
  Sub 縞模様設定()
1   Dim i As Integer
2   For i = 2 To 11 Step 2
3     Range("A" & i, "C" & i).Interior.ThemeColor = 5
4     Range("A" & i, "C" & i).Interior.TintAndShade = 0.8
5   Next
  End Sub
```

1 整数型の変数「i」を用意する。
2 【For文開始】変数「i」が2から11になるまで2ずつ加算しながら繰り返す。
3 A列i行からC列i行のセルの塗りつぶしの色を5列目の色にする。
4 A列i行からC列i行のセルの塗りつぶしの明るさを0.8にする。
5 【For文の終了】

●色の設定

「ホーム」タブの「塗りつぶしの色」のカラーパレットにある「テーマの色」を設定するには、ThemeColorプロパティとTintAndShadeプロパティを使う。構文は次のとおりだ。

(構文)	セル.Interior.ThemeColor = 色合い セル.Interior.TintAndShade = 明るさ
(使用例)	Range("A1").Interior.ThemeColor = 5 Range("A1").Interior.TintAndShade = 0.8
(意味)	セルA1の塗りつぶしの色を5列目の色にする セルA1の塗りつぶしの明るさを0.8にする

ThemeColorプロパティには、カラーパレットの左から数えた列番号を設定する。TintAndShadeプロパティには、カラーパレットの行数に応じた数値を設定する。

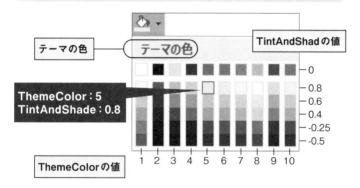

Column 「テーマの色」以外の色を設定するには

「テーマの色」以外の色を設定するには、Colorプロパティを使う。設定値は、記録マクロを作って調べるとよい。なお、記録マクロではColorプロパティ以外のコードも作成されるが、手動で記述するときはColorプロパティだけを記述すればよい。

(構文)	セル.Interior.Color = 色の数値
(使用例)	Range("A1").Interior.Color = 255
(意味)	セルA1の塗りつぶしの色を赤にする

●マクロを実行する

「For i = 2 To 11 Step 2」と指定したので、変数「i」は「2、4、6、8、10」と変化する。

- 「i=2」のとき　：　セルA2〜C2に色が設定される
- 「i=4」のとき　：　セルA4〜C4に色が設定される
- 「i=6」のとき　：　セルA6〜C6に色が設定される
- 「i=8」のとき　：　セルA8〜C8に色が設定される
- 「i=10」のとき　：　セルA10〜C10に色が設定される

Column	フォントの色を設定するには

コード3とコード4の「Interior」の部分は、「塗りつぶし」を表す。「Interior」の代わりに「Font」を使うと、フォントの色を設定できる。

```
(使用例)  Range("A1").Font.ThemeColor = 5
          Range("A1").Font.TintAndShade = 0.8
          Range("A2").Font.Color = 255
(意味)    セルA1のフォントの色を5列2段目の色にする
          セルA2のフォントの色を赤にする
```

基本構文 9-17 汎用性を高めるセルの指定方法

「Range("A1")」「Range("B2:D6")」など、セル番号でセルを指定する方法では、常に決まったセルにしか処理を実行できない。汎用性のあるマクロを作るには、より多彩なセルの指定方法を知っておく必要がある。ここでは、さまざまなセルの指定方法を紹介する。

●ActiveCellとSelection：選択中のセルとセル範囲

記述例	説明
ActiveCell	アクティブセル（選択している単一のセル）
Selection	セルやセル範囲、グラフ、図形など、選択しているもの

●RowsとColumns：行と列

記述例	説明
Rows(2)	行2
Rows("2:5")	行2〜5
Columns(2)	列2
Columns("B")	列B
Columns("B:E")	列B〜E
Range("B2:D6").Rows(2)	セルB2〜D6の中の2行目（セルB3〜D3）
Range("B2:D6").Columns(2)	セルB2〜D6の中の2列目（セルC2〜C6）

●Count：行数や列数のカウント

記述例	説明
Selection.Rows.Count	選択範囲の行数
Selection.Columns.Count	選択範囲の列数
Rows	ワークシート全体の行数

●Offset：基準のセルから○行○列移動したセル

記述例	説明
Range("C4").Offset(1,0)	セルC4の1行下のセル（セルC5）
Range("C4").Offset(2,3)	セルC4の2行下3列右のセル（セルF6）
Range("C4").Offset(-2,-1)	セルC4の2行上、1列左のセル（セルB2）

●Resize：基準のセルから○行○列分のセル範囲

記述例	説明
Range("C4").resize(2,4)	セルC4から2行4列の範囲（セルC4〜F5）
Range("C4").resize(1,3)	セルC4から1行3列の範囲（セルC4〜E4）

●CurrentRegion：基準のセルを含むデータ範囲

記述例	説明
Range("B3").CurrentRegion	セルB3を含むデータ範囲
Range("B3").CurrentRegion.Rows(1)	セルB3を含むデータ範囲の1行目
Range("B3").CurrentRegion.Columns(1)	セルB3を含むデータ範囲の1列目

Column　「CurrentRegion」は空白行と空白列で囲まれた範囲

「Range("B3").CurrentRegion」は、セルB3を含む空白行と空白列で囲まれた範囲を表す。❶表の周りに何も入力されていない場合は、表全体の取得に利用できる。❷隣接するセルにタイトルなどが入力されている場合は、タイトルも含めた長方形の範囲が取得される。

第9章　自動化の基本

Column	同じオブジェクトに対して複数の処理を記述する

マクロでは、同じオブジェクトに対する複数の処理を何行にもわたって記述することがある。そのようなときは、With文を使うとオブジェクトを繰り返し入力する手間を省ける。処理速度が高速化するというメリットもある。

(構文)	With オブジェクト 　　.オブジェクトに対する処理 　　.オブジェクトに対する処理 　　End With

例えば、次のコードでは全行に「Range("B3").CurrentRegion」が存在する。

```
Range("B3").CurrentRegion.Borders.LineStyle = xlContinuous
Range("B3").CurrentRegion.Font.Name = "MS Pゴシック"
Range("B3").CurrentRegion.Rows(1).Interior.ThemeColor = 5
Range("B3").CurrentRegion.Rows(1).Font.ThemeColor = 1
Range("B3").CurrentRegion.Rows(1).Font.Bold = True
```

上のコードは、次のように書き換えることができる。

```
With Range("B3").CurrentRegion
    .Borders.LineStyle = xlContinuous
    .Font.Name = "MS Pゴシック"
    .Rows(1).Interior.ThemeColor = 5
    .Rows(1).Font.ThemeColor = 1
    .Rows(1).Font.Bold = True
End With
```

ちなみに上記のコードを実行すると、表全体に格子罫線と「MSP ゴシック」が設定され、表の先頭行に塗りつぶしの色、フォントの色、太字が設定される。表が何行何列の場合でも、セルB3を含む表で、かつ表の周りが空白であれば実行可能だ。

第10章
[マクロ編]

マクロを活用するとできること

A 実用マクロ……340

実用マクロ 10-1 ふりがなのないセルにふりがなを一括作成する

この章では、エクセルの日常の業務に役立ちそうなマクロを紹介していく。ここでは、ふりがな情報を持たないセルに瞬時にふりがなを作成するマクロを作る。

●マクロを作成する

漢字データが入力されたセルを選択して、❶「ホーム」タブの❷「ふりがなの表示／非表示」をクリックする。エクセルで入力を行ったセルであればふりがなが表示されるはずだが、ワードなど、ほかのアプリからコピーしたデータの場合は、❸ふりがなが表示されない。

VBEを起動し、標準モジュールを挿入して、❹図のようにマクロを作成する。「SetPhinetic」は、指定したセルにふりがなを作成するメソッドだ。

```
    Sub ふりがな作成()
1       Range("B3:B52").SetPhonetic
    End Sub
```

1	セルB3～B52にふりがなを作成する。

●マクロを実行する

マクロを実行すると、❶セルB3〜B52にふりがなが作成される。

> コード1を「Selection.SetPhonetic」のように変えると、選択したセル範囲にふりがなを作成できる。処理対象のセルを明記しないことで、マクロの汎用性が高くなる。

第10章 マクロを活用するとできること

Column　自動作成後のチェックは必須

漢字の読み方は複数あるので、SetPhineticメソッドで必ずしも目的通りのふりがなが作成されるとは限らない。マクロ実行後に、必ずふりがなをチェックしよう。目的とは異なる場合は、❶セルをダブルクリックしてカーソルを表示し、❷その状態でふりがなをクリックしてふりがな上にカーソルを移動し、❸修正しよう。

実用マクロ 10-2 ひらがなや半角カタカナを一気に全角カタカナに変換！

エクセルには全角と半角や、大文字と小文字を変換する関数はあるが、ひらがなとカタカナを変換する関数はない。VBAには用意されているので、利用しよう。

●マクロを作成する

	A	B	C
1		スムージーメニュー	
2	商品名	材料	価格
3	グリーンA	ケール、ほうれん草、ばなな	¥550
4	グリーンB	ケール、セロリ、りんご	¥500
5	パープルA	アサイー、ばなな、ブルーベリー	¥560
6	パープルB	ﾌﾞﾙｰﾍﾞﾘｰ、ﾘﾝｺﾞ、みかん	¥530
7			

❶ひらがな、全角カタカナ、半角カタカナが混在しているセルB3～B6を、全角カタカナに統一したい。以下のようにマクロを作成する。

```
Sub 全角カタカナに統一()
1   Dim i As Integer
2   For i = 3 To 6
3       Range("B" & i).Value = StrConv(Range("B" & i).Value, _
            vbKatakana + vbWide)
4   Next
End Sub
```

1 整数型の変数「i」を用意する。
2 【For文の開始】変数「i」が3から6になるまで繰り返す。
3 B列i行のセルの値を全角カタカナに変換して、B列i行のセルに入力する。
4 【For文の終了】

Column　長いコードを途中で改行するには

長いコードを2行に分けるときは、コード3のように1行目の行末に半角スペースとアンダースコア「_」を入力する。アンダースコアは、「Shift」＋ひらがなの「ろ」キーを押して入力する。

●マクロを実行する

	A	B	C
1		スムージーメニュー	
2	商品名	材料 ❶	価格
3	グリーンA	ケール、ホウレン草、バナナ	¥550
4	グリーンB	ケール、セロリ、リンゴ	¥500
5	パープルA	アサイー、バナナ、ブルーベリー	¥560
6	パープルB	ブルーベリー、リンゴ、ミカン	¥530
7			

マクロを実行すると、❶セルB3～B6のひらがなと半角カタカナが全角カタカナに変換される。

●（詳解）StrConv関数

「StrConv」は、文字種を変換するための関数だ。引数「変換方法」に文字種を指定する。複数の変換を同時に行いたいときは、「変換方法」の設定値を「vbKatakana + vbWide」のように「+」で組み合わせて指定する。

（構文） StrConv(文字列, 変換方法)
（使用例） StrConv(Range("A1").Value, vbWide)
（意味） セルA1の文字列を全角文字に変換する。

StrConv関数では、変換対象外の文字はそのまま戻される。例えば、「ほうれん草」を全角カタカナに変換すると、ひらがなの部分だけが全角カタカナに変換され、戻り値は「ホウレン草」となる。

変換方法	説明
vbUpperCase	小文字を大文字に変換
vbLowerCase	大文字を小文字に変換
vbProperCase	単語の先頭を大文字、2文字目以降を小文字に変換
vbWide	半角文字を全角文字に変換
vbNarrow	全角文字を半角文字に変換
vbKatakana	ひらがなをカタカナに変換
vbHiragana	カタカナをひらがなに変換

引数「変換方法」に複数の設定値を指定する場合、指定できるのは矛盾のない組み合わせだ。「全角＋半角」のような指定は行えない。

実用マクロ 10-3 ワンクリックで表が並べ替えられるようにする

表を並べ替えるマクロを作って、ボタンに割り付けよう。エクセルの操作に不慣れな人でも、ワンクリックで表を並べ替えられるので便利だ。

●作成するマクロの動作

❶「社員番号順」ボタンをクリックすると、❷「社員番号」の昇順に並べ替え、❸「部署順」ボタンをクリックすると、❹「部署コード」の昇順、❺同じ部署コードの中では「社員番号」の昇順に並べ替えられるようにしたい。

●マクロを作成する

以下のようにマクロを2つ作成し、それぞれの実行用のボタンを配置する。

```
  Sub 社員番号順()
1   Range("A3").Sort Key1:=Range("A3"), Order1:=xlAscending, _
      Header:=xlYes
  End Sub
```

1 セルA3を含む表の2行目以降をA列の昇順に並べ替える。

```
  Sub 部署順()
1   Range("A3").Sort Key1:=Range("C3"), Order1:=xlAscending, _
      Key2:=Range("A3"), Order2:=xlAscending, Header:=xlYes
  End Sub
```

1 セルA3を含む表の2行目以降をC列の昇順、A列の昇順に並べ替える。

●(詳解)Sortメソッド

「Sort」は、並べ替えのためのメソッドだ。先頭に単一セルを指定すると、そのセルを含む表が並べ替えられ、セル範囲を指定すると、指定した範囲全体が並べ替えられる。引数「Key1」～「Key3」には、並べ替えの基準となる列のセルを優先順位の高い順に指定。引数「Header」は、先頭行の扱いを指定。見出しであると指定した場合は、先頭行を除く2行目以降が並べ替えの対象となる。

(構文)	セル.Sort _ 　　Key1:=並べ替えの基準, Order1:=並べ替えの順序, _ 　　Key2:=並べ替えの基準, Order2:=並べ替えの順序, _ 　　Key3:=並べ替えの基準, Order3:=並べ替えの順序, _ 　　Header:=xlYes
(使用例)	Range("C5:D7").Sort Key1:=Range("D5"), _ 　　Order1:=xlAscending, Header:=xlNo
(意味)	セルC5～D7を先頭行も含めてD列の昇順に並べ替える。

「Order1～3」の設定値	
xlAscending	昇順
xlDescending	降順

「Header」の設定値	
xlGuess	Excelが自動判断する
xlNo	先頭行は見出しではない
xlYes	先頭行は見出しである

Column	引数の指定方法

引数の指定方法は、引数名を省略して設定値だけを指定する方法と、引数名を明記して「引数名:=設定値」のように指定する方法がある。引数名を省略する場合は、構文で定められた順序で引数を指定する必要がある。例えば、

オブジェクト.メソッド 引数1, 引数2, 引数3

という構文のメソッドで引数1に設定値1、引数3に設定値3を指定する場合、設定値3が3番目の引数の設定値であることがわかるように、

オブジェクト.メソッド 設定値1, , 設定値3

と指定する(「設定値1」と「設定値3」の間に「,」を2つ入れる)。引数名を明記する場合は、指定の順序は構文通りでなくてよい。引数1と引数3を指定する場合、

オブジェクト.メソッド 引数1:=設定値1, 引数3:=設定値3

と指定する。このような引数の指定方法を「名前付き引数」と呼ぶ。引数名と設定値を結ぶのは、「=」ではなく「:=」(コロンとイコール)であることに注意が必要だ。

Column	Sort メソッドの引数

Sortメソッドの正式な構文は、

オブジェクト.Sort(Key1, Order1, Key2, Type, Order2, Key3, Order3, Header, OrderCustom, MatchCase, Orientation, SortMethod, DataOption1, DataOption2, DataOption3)

と、引数の数が非常に多い。いずれの引数も省略可能だ。これらの引数のうち、指定したいものだけを順番通りに指定しようとすると、「,」の数を間違いやすい。多くの引数を持つメソッドでは、名前付き引数で指定したほうが「,」の数を数えなくて済むし、どの引数を指定しているかが見た目にもわかりやすい。

実用マクロ
10-4 セルに入れた文字を条件に抽出を実行する

セルに入力したデータをキーワードとして、表からデータを抽出するマクロを作ろう。エクセルのオートフィルターの機能を利用する。

●作成するマクロの動作

❶セルC2にキーワードを入力して、❷「抽出」ボタンをクリックすると、❸キーワードを含むデータが「所属」欄から抽出されるようにしたい。また、❹「解除」ボタンをクリックすると、❺抽出が解除されるようにしたい。

	A	B	C	D	E	F	G
2	売上成績表		❶営業所		抽出 ❷ 解除		
4	No	社員名	所属	年齢	売上高		
8	1004	岩下 英之	横浜営業所	47	¥9,810,000		
9	1005	谷川 敦	松山営業所	32	¥1,460,000		
11	1007	福永 隆	仙台営業所	40	¥5,500,000		
29	1025	篠原 裕子	横浜営業所	❸	¥4,860,000		
33	1029	福沢 祐二	仙台営業所	29	¥6,890,000		
37	1033	仲間 愛子	横浜営業所	26	¥7,790,000		
38	1034	越智 紀子	仙台営業所	24	¥2,950,000		
41	1037	浜田 真樹	松山営業所	48	¥8,660,000		
55							

↓

	A	B	C	D	E	F	G
2	売上成績表		営業所		抽出 解除 ❹		
4	No	社員名	所属	年齢	売上高		
5	1001	野崎 健一	本社営業1課	44	¥3,620,000		
6	1002	井本 昌弘	札幌支社営業部	28	¥970,000		
7	1003	柳川 百合	大阪支社営業部	❺	¥4,760,000		
8	1004	岩下 英之	横浜営業所	47	¥9,810,000		
9	1005	谷川 敦	松山営業所	32	¥1,460,000		
10	1006	高井 佳子	大阪支社営業部	37	¥7,420,000		

第10章 マクロを活用するとできること

347

●マクロを作成する

以下のようにマクロを2つ作成し、それぞれの実行用のボタンを配置する。

```
  Sub 所在地抽出()
1   Range("A4").AutoFilter 3, "*" & Range("C2").Value & "*"
  End Sub
```

1　セルA4を含む表にオートフィルターを設定して、セルC2の文字を含むデータを3列目から抽出する。

```
  Sub 抽出解除()
1   ActiveSheet.AutoFilterMode = False
  End Sub
```

1　アクティブシートのオートフィルターを解除する。

●(詳解1) AutoFilterメソッド

「AutoFilter」は、オートフィルターを実行するためのメソッドだ。各引数の内容は以下のとおりだ。

- Field ： 条件を指定する列を左から数えた列番号で指定する。
- Criteria1 ： 抽出条件を指定する。
- Operator ： 抽出条件の種類を下表の設定値で指定する。
- Criteria2 ： 2つ目の抽出条件を指定する。
- VisibleDropDown ： 「False」を設定すると「▼」ボタンが非表示になる。

(構文)　**セル.AutoFilter([Field],[Criteria1],[Operator],_
　　　　[Criteria2],[VisibleDropDown])**

(使用例)　Range("A4").AutoFilter 3, "横浜営業所"

(意味)　セルA4を含む表にオートフィルターを設定して、3列目から「横浜営業所」を抽出する。

「Operator」の主な設定値	
xlAnd	「Criteria1」かつ「Criteria2」に合致するデータを抽出
xlOr	「Criteria1」または「Criteria2」に合致するデータを抽出
xlTop10Items	大きい順に「Criteria1」位までのデータを抽出
xlBottom10Items	小さい順に「Criteria1」位までのデータを抽出

●(詳解2)さまざまな抽出

AutoFilterメソッドでは、引数の指定次第でさまざまな抽出が行える。

(使用例)	Range("A4").AutoFilter 4, ">=35", xlAnd, "<40"
(意味)	4列目から「35以上」かつ「40未満」を抽出する。
(使用例)	Range("A4").AutoFilter 3, "横浜営業所", _ xlOr, "仙台営業所"
(意味)	3列目から「横浜営業所」または「仙台営業所」を抽出する。
(使用例)	Range("A4").AutoFilter 5, 10, xlTop10Items
(意味)	5列目から上位10個のデータを抽出する。
(使用例)	Range("A4").AutoFilter 3, "*営業所" Range("A4").AutoFilter 4, "<30"
(意味)	3列目から「営業所で終わる」データを抽出し、4列目から「30未満」のデータを抽出する。結果として、「営業所で終わる」かつ「30未満」が抽出される。

●(詳解3)抽出の解除

「ActiveSheet.AutoFilterMode = False」と記述すると、抽出が解除され、列見出しの「▼」ボタンが非表示になる。
なお、複数の列で抽出を行っている場合に、特定の列だけ抽出を解除するには、「Range("A4").AutoFilter 3」(3列目の抽出を解除)のように、AutoFilterメソッドの引数「Field」の列番号だけを記述する。

Column　名前付き引数で指定してもよい

ここでは、AutoFilterメソッドの引数名を指定せずに設定値だけを並べたが、「引数名：＝設定値」と指定してもよい。各設定値が何を表しているのかが見た目にわかりやすくなるメリットがある。

実用マクロ 10-5 四半期ごとに小計表を挿入する

月ごとの集計表に、「四半期計」を挿入してみよう。3行おきに新しい行を挿入して、SUM関数を入力すればよい。手作業では面倒な処理だが、マクロを使えば瞬時に実行できる。

●作成するマクロの動作

❶72カ月分の売上高が入力された表がある。❷3行ごとに新しい行を挿入して、3カ月ごとの合計を求めたい。

	A	B	C
1	売上集計表		
2			
3	月	売上高	❶
4	2011年4月	10,050,000	
5	2011年5月	10,303,000	
6	2011年6月	10,962,000	
7	2011年7月	9,618,000	
8	2011年8月	9,756,000	
9	2011年9月	11,587,000	
10	2011年10月	9,636,000	
11	2011年11月	12,876,000	
12	2011年12月	11,120,000	
…	2012年1月	10,312,000	
72	2016年12月	14,470,000	
73	2017年1月	11,938,000	
74	2017年2月	13,094,000	
75	2017年3月	10,504,000	
76			

→

	A	B	C
1	売上集計表		
2			
3	月	売上高	❷
4	2011年4月	10,050,000	
5	2011年5月	10,303,000	
6	2011年6月	10,962,000	
7	四半期計	31,315,000	
8	2011年7月	9,618,000	
9	2011年8月	9,756,000	
10	2011年9月	11,587,000	
11	四半期計	30,961,000	
12	2011年10月	9,636,000	
13	2011年11月	12,876,000	
14	2011年12月	11,120,000	
15	四半期計	33,632,000	
16	2012年1月	10,312,000	
17	2012年2月	12,419,000	
94	2016年12月	14,470,000	
95	四半期計	35,192,000	
96	2017年1月	11,938,000	
97	2017年2月	13,094,000	
98	2017年3月	10,504,000	
99	四半期計	35,536,000	
100			

ここではFor文を利用して、行76、73、…、13、10、7と、下から上に向かって3行ごとに以下の処理を繰り返す。

・行を挿入
・挿入行のA列のセルに見出しを入力
・挿入行のB列のセルに数式を入力
・挿入行のA〜B列のセルに色を設定

●マクロを作成する

以下のようにマクロを作成する。

```
  Sub 小計行挿入()
1   Dim i As Integer
2   For i = 76 To 7 Step -3
3     Rows(i).Insert
4     Range("A" & i).Value = "四半期計"
5     Range("B" & i).Formula = _
        "=SUM(B" & i - 3 & ":B" & i - 1 & ")"
6     Range("A" & i, "B" & i).Interior.ThemeColor = 5
7     Range("A" & i, "B" & i).Interior.TintAndShade = 0.8
8   Next
  End Sub
```

1 整数型の変数「i」を用意する。
2 【For文の開始】変数「i」が76から7になるまで3ずつ減算しながら繰り返す。
3 i行目に行を挿入する。
4 A列i行目のセルに「四半期計」と入力する。
5 B列i行目のセルにSUM関数を入力する。
6 A列i行目〜B列i行目のセルにテーマの色の5列目の色を設定する。
7 A列i行目〜B列i行目のセルの明るさを「0.8」にする。
8 【Next文の終了】

●(詳解1)行の挿入

行を挿入するには、Insertメソッドの前に、挿入先の行を指定する。

(構文)	**行.Insert**
(使用例)	Rows(2).Insert
(意味)	行2に行を挿入する。

●(詳解2)データの入力

文字や数値などのデータをセルに入力するには、Valueプロパティを使う。

(構文)	**セル.Value = データ**
(使用例)	Range("A7").Value = "四半期計"
(意味)	セルA7に「四半期計」と入力する。

●(詳解3)数式の入力

セルに数式を入力するには、Formulaプロパティを使う。

(構文)	セル.Formula ＝ 数式
(使用例)	Range("B7").Formula = "=SUM(B4:B6)"
(意味)	セルB7に「=SUM(B4:B6)」と入力する。

コード5の「"=SUM(B" & i - 3 & ":B" & i - 1 & ")"」は、3行上のセルから1行上のセルまでを合計するSUM関数の数式だ。例えば「i=7」のとき、「=SUM(B4:B6)」という数式が入力される。

●(詳解4)表の下から上に向かって順に行を挿入する

表の「○行おき」に行を挿入するときは、まず挿入前の表を見て、挿入する位置を確かめる。今回は、行番号が「7、10、…70、73、76」の位置に行を挿入したい。ただし、上の行から順番に行を挿入すると、下の行の行番号がずれてしまう。そこで、ここでは下から順に行を挿入していく。「76、73、70、…、10、7」という具合に3行ずつ上に移動しながら行を挿入していくので、For文は以下のようになる。

```
For i = 76 To 7 Step -3
    Rows(i).Insert
Next
```

「i=76」のとき
Rows(76).Insert

68	2016年8月	12,4
69	2016年9月	13,1
70	2016年10月	10,8
71	2016年11月	9,8
72	2016年12月	14,4
73	2017年1月	11,9
74	2017年2月	13,0
75	2017年3月	10,5
76		
77		
78		

ここに挿入

「i=73」のとき
Rows(73).Insert

68	2016年8月	12,4
69	2016年9月	13,1
70	2016年10月	10,8
71	2016年11月	9,8
72	2016年12月	14,4
73	2017年1月	11,9
74	2017年2月	13,0
75	2017年3月	10,5
76		
77		
78		

ここに挿入

「i=70」のとき
Rows(70).Insert

68	2016年8月	12,4
69	2016年9月	13,1
70	2016年10月	10,8
71	2016年11月	9,8
72	2016年12月	14,4
73	2017年1月	11,9
74	2017年2月	13,0
75	2017年3月	10,5
76		
77		
78		

ここに挿入

実用マクロ 10-6 4行単位で横罫線が点線となる罫線を引く

罫線を設定するマクロを作ろう。実線と点線が混在したデザインだと手動の設定では面倒だが、マクロなら何十行何百行とある表でも簡単に設定できる。

●作成するマクロの動作

3カ月ごとに小計行が挟まれた表に罫線を設定したい。全体の罫線はほぼ実線だが、各月の間の横線だけは点線にする。

	A	B	C	D	E
1	売上集計表				
2					
3	月	売上高			
4	2011年4月	10,050,000			
5	2011年5月	10,303,000			
6	2011年6月	10,962,000			
7	四半期計	31,315,000			
8	2011年7月	9,618,000			
9	2011年8月	9,756,000			
10	2011年9月	11,587,000			
11	四半期計	30,961,000			
…	2011年…	9,62…			
97	2017年2月	13,094,000			
98	2017年3月	10,504,000			
99	四半期計	35,536,000			
100					

各月の間の横罫線は点線

その他の罫線はすべて実線

ここでは、最初に表全体に実線の格子罫線を設定してから、For文を利用して、4行ごとに上3行の中罫線を点線にしていく。

●マクロを作成する

以下のようにマクロを作成する。

```
  Sub 罫線設定()
1   Dim i As Integer
2   Range("A3:B99").Borders.LineStyle = xlContinuous
3   For i = 4 To 99 Step 4
4     Range("A" & i, "B" & i + 2). _
          Borders(xlInsideHorizontal).LineStyle = xlDot
5   Next
  End Sub
```

1 整数型の変数「i」を用意する。
2 セルA3～B99に実線の格子罫線を引く。
3 【For文の開始】変数「i」が4から99になるまで4ずつ加算しながら繰り返す。
4 A列i行目～B列「i+2」行目のセルの内側の横線を点線にする。
5 【Next文の終了】

●(詳解1)格子罫線の設定

セル範囲に格子罫線を設定するには、以下の構文を使用する。
「Range("B2:D5").Borders」は、「セルB2～D5の格子罫線」という意味。

(構文)	セル.Borders.LineStyle = 線種
(使用例)	Range("B2:D5").Borders.LineStyle = xlContinuous
(意味)	セルB2～D5に実線の格子罫線を設定する。
(使用例)	Range("B2:D5").Borders.LineStyle = xlnoe
(意味)	セルB2～D5に設定されている罫線を消す。

「LineStyle」の設定値	
xlContinuous	実線 ———
xlDash	破線 - - - - -
xlDot	点線 ....
xlDouble	二重線 ═══
xlNone	線なし

P363～364でも罫線の設定方法について解説しているので参考にしよう。

LineStyleプロパティに「xlNone」を設定すると、セルに設定されている罫線を消せる。

●(詳解2)セル範囲の特定の位置の罫線設定

セル範囲の中の特定の位置に罫線を引くには、「セル.Borders(Index)」という構文を使う。例えば、「Range("B2:D5").Borders(xlInsideHorizontal)」とすると、セルB2〜D5の範囲の内側の横線を設定できる。「xlInsideHorizontal」は、「セル範囲の内側の横線」を意味する設定値だ。そのほかの設定値は、P364参照。

(構文)	セル.Borders(Index).LineStyle = 線種
(使用例)	Range("B2:D5").Borders(xlInsideHorizontal).LineStyle _ = xlDot
(意味)	セルB2〜D5の範囲の内側の横線を点線にする。

●(詳解3)4行ごとに上3行の内側の横線を点線に変える

コード2では、セルA3〜B99に実線の格子罫線を引いている。コード3以降のFor文では、変数「i」が「4、8、12…」と変化しながら、4行ごとに上3行の内側の横線が点線に変わっていく。

	A	B
1	売上集計表	
2		
3	月	売上高
4	2011年4月	10,050,000
5	2011年5月	10,303,000
6	2011年6月	10,962,000
7	四半期計	31,315,000
8	2011年7月	9,618,000
9	2011年8月	9,756,000
10	2011年9月	11,587,000
11	四半期計	30,961,000
12	2011年10月	9,636,000
13	2011年11月	12,876,000
14	2011年12月	11,120,000
15	四半期計	33,632,000

コード2により、最初に表全体に実線の格子罫線が引かれる

「i=4」のとき
セルA4〜B6の範囲の内側の横線が点線に変わる

「i=8」のとき
セルA8〜B10の範囲の内側の横線が点線に変わる

「i=12」のとき
セルA12〜B14の範囲の内側の横線が点線になる

実用マクロ 10-7 納品書のデータを一覧表に転記する

納品書に入力したデータを自動で一覧表に転記するマクロを作ってみよう。一覧表に転記すれば、売上データベースとして、ピボットテーブルで集計するなど活用の道が広がる。

●作成するマクロの動作

❶「納品書」シートに入力した各データを、❷「一覧表」シートの末尾に転記したい。転記後、納品書に入力したデータは削除したい。

	A	B	C	D	E	F	G
1		納 品 書					
3	市川　修二	様	No：	1003		転記	
4			日付：	2017/1/5			
6	品名	単価	数量	金額			
7	ソファー	¥120,000	1	¥120,000			
8	クッション	¥3,000	2	¥6,000			
9				¥0			
10				¥0			
11			合計	¥126,000			
12							

❶ 納品書 ／ 一覧

	A	B	C	D	E	F	G
1	No	日付	顧客名	品名	単価	数量	金額
2	1001	2017/1/4	岡村　秀文	座椅子	¥8,900	2	¥17,800
3	1002	2017/1/4	野田　美紀子	カウチソファー	¥80,000	1	¥80,000
4	1002	2017/1/4	野田　美紀子	ソファー	¥60,000	1	¥60,000
5	1002	2017/1/4	野田　美紀子	ローテーブル	¥20,000	1	¥20,000
6	1003	2017/1/5	市川　修二	ソファー	¥120,000	1	¥120,000
7	1003	2017/1/5	市川　修二	クッション	¥3,000	2	¥6,000
8							
9							

納品書 ／ 一覧

●マクロを作成する

以下のようにマクロを作成して、実行用のボタンを配置する。

```
   Sub 納品書転記()
1    Dim 行 As Long
2    Dim i As Integer
3    行 = Sheets("一覧").Range("A1").CurrentRegion.Rows.Count
4    For i = 1 To 4
5      If Range("A" & i + 6).Value <> "" Then
6        Range("D3").Copy Sheets("一覧").Range("A" & 行 + i)
7        Range("D4").Copy Sheets("一覧").Range("B" & 行 + i)
8        Range("A3").Copy Sheets("一覧").Range("C" & 行 + i)
9        Range("A" & i + 6, "D" & i + 6).Copy _
              Sheets("一覧").Range("D" & 行 + i)
10     End If
11   Next
12   Range("A3,D3:D4,A7:C10").ClearContents
   End Sub
```

1 長整数型の変数「行」を用意する。
2 整数型の変数「i」を用意する。
3 「一覧」シートのセルA1を含む表の行数を変数「行」に代入する。
4 【For文の開始】変数「i」が1から4になるまで繰り返す。
5 【If文の開始】A列「i+6」行目のセルが未入力でない場合、
6 セルD3を「一覧」シートのA列「行+i」行目のセルにコピーする。
7 セルD4を「一覧」シートのB列「行+i」行目のセルにコピーする。
8 セルA3を「一覧」シートのC列「行+i」行目のセルにコピーする。
9 A列「i+6」行目～D列「i+6」行目のセルを「一覧」シートのD列「行+i」行目のセルにコピーする。
10 【If文の終了】
11 【Next文の終了】
12 セルA3、D3～D4、A7～C10のデータを消去する。

●(詳解1)一覧表の行数を調べる

このマクロのポイントは、納品書のデータを一覧表の末尾に正しく転記することだ。そのためには、一覧表のセル範囲や行数を求める必要がある。[9-17](P336)で紹介したとおり、「CurrentRegion」と「Rows.Count」を使用すると求められる。ここでは、「納品書」シートのボタンのクリックでマクロを実行するので、アクティブシートは「納品書」シートになる。そこで、「一覧」シートの行数を求めるときは、コード3のようにシート名を明記する必要がある。

(構文)	セル.CurrentRegion.Rows.Count
(使用例)	Sheets("一覧").Range("A1").CurrentRegion.Rows.Count
(意味)	「一覧」シートのセルA1を含む表の行数

	A	B	C	D	E	F	G	H
1	No	日付	顧客名	品名	単価	数量	金額	
2	1001	2017/1/4	岡村　秀文	座椅子	¥8,900	2	¥17,800	
3	1002	2017/1/4	野田　美紀子	カウチソファー	¥80,000	1	¥80,000	
4	1002	2017/1/4	野田　美紀子	ソファー	¥60,000	1	¥60,000	
5	1002	2017/1/4	野田　美紀子	ローテーブル	¥20,000	1	¥20,000	
6								

転記前の表の行数は「5」なので、変数「行」に「5」が代入される

●（詳解2）商品名が入力されている行数分をコピーする

納品書の明細欄は4行あるので、転記するデータは最大4行分となる。そこで、For文を使用して、4回の処理を繰り返す。ただし、明細欄がすべて埋まっているとは限らない。ここでは、If文を使用して、A列の商品名が入力されている場合にのみコピーを実行する。

```
For i = 1 To 4
    If Range("A" & i + 6).Value <> "" Then
        コピー処理
    End If
Next
```

	A	B	C	D
1		納　品　書		
3	市川　修二	様	No：	1003
4			日付：	2017/1/5
6	品名	単価	数量	金額
7	ソファー	¥120,000	1	¥120,000
8	クッション	¥3,000	2	¥6,000
9				¥0
10				¥0
11			合計	¥126,000

For文を使用して、4行分の処理を繰り返す

If文を使用して、A列が未入力でない場合にだけコピーを実行

●(詳解3)変数「i」でコピー元とコピー先を指定する

	A	B	C
1	納品書		
3	市川 修二	様	No：
4			日付： 20
6	品名	単価	数量
7	ソファー	¥120,000	1
8	クッション	¥3,000	2
9			
10			
11			合計

コピー元の行番号は、変数「i」を使用して「i+6」で求められる。

「i=1」のときコピー元は「i+6=7」行目

「i=2」のときコピー元は「i+6=8」行目

	A	B	C	D	E
1	No	日付	顧客名	品名	単価
2	1001	2017/1/4	岡村 秀文	座椅子	¥8,900
3	1002	2017/1/4	野田 美紀子	カウチソファー	¥80,000
4	1002	2017/1/4	野田 美紀子	ソファー	¥60,000
5	1002	2017/1/4	野田 美紀子	ローテーブル	¥20,000
6					
7					
8					

コピー先の行番号は、変数「i」と変数「行」（ここでは「5」）を使用して「行+i」で求められる。

「i=1」のときコピー先は「行+i=6」行目

「i=2」のときコピー先は「行+i=7」行目

●(詳解4)セルのコピー

セルをコピーするには、Copyメソッドの引数にコピー先のセルを指定する。ここでは、コピー元の「納品書」シートがアクティブシートなので、コピー元のセルはシート名を付けなくてもよいが、コピー先セルにはシート名が必要だ。

(構文)	セル.Copy([Destination])
(使用例)	Range("D3").Copy Sheets("一覧").Range("A6")
(意味)	セルD3を「一覧」シートのセルA6にコピーする

P366でコピー、P360でデータの消去について解説しているので参考にしよう。

第10章 マクロを活用するとできること

付録1
マクロ例文集

●セルの選択

Range("C3:E6").**Select**

セルC3〜E6を選択する。

> セルのさまざまな指定方法については、P320とP336を参照。

●データと数式の入力

Range("A1").**Value** = "顧客名簿"

セルA1に「顧客名簿」と入力する（データはValueプロパティに設定）。

Range("D3").**Formula** = "=B3*C3"

セルD3に「=B3*C3」と入力する（数式はFormulaプロパティに設定）。

●データと書式のクリア

Range("A1").**Clear**

セルA1のデータと書式を消去する。

Range("A2").**ClearContents**

セルA2のデータを消去する。

Range("A3").**ClearFormats**

セルA3の書式を消去する。

●表示形式の設定

Range("A1").**NumberFormatLocal** = "#,##0"

セルA1に「#,##0」の表示形式（桁区切りの表示形式）を設定する。

Range("B1").**NumberFormatLocal** = "m""月""d""日"""

セルB1に「m"月"d"日"」の表示形式を設定する。

> 設定値の中に文字を入れたいときは、「""月""」のように2重の「"」で囲む。

●文字の配置

Range("A1").**HorizontalAlignment** = xlCenter
セルA1の横方向の配置を中央揃えにする。
Range("A1").**VerticalAlignment** = xlTop
セルA1の縦方向の配置を上揃えにする。

「HorizontalAlignment」の設定値	
xlGeneral	標準
xlLeft	左揃え
xlCenter	中央揃え
xlRight	右揃え

「VerticalAlignment」の設定値	
xlTop	上揃え
xlCenter	中央揃え
xlBottom	下揃え

●セルの結合

Range("A1:C1").**MergeCells** = True
セルA1〜C1を結合する。
Range("A1").**MergeArea**.HorizontalAlignment = xlCenter
セルA1を含む結合セルを中央揃えにする。
Range("A1").**MergeArea**.Value = "集計表"
セルA1を含む結合セルに「集計表」と入力する。
Range("A1:C1").**MergeCells** = False
セルA1〜C1の結合を解除する。

●文字の方向と折り返し

Range("A1").**Orientation** = xlVertical
セルA1を縦書きにする（横書きにするには「xlHorizontal」を設定）。
Range("A1").**WrapText** = True
セルA1の文字列を折り返して表示する（解除するには「False」を設定）。

●文字の書式

Range("A1").**Font.Name** = "MS ゴシック"
セルA1のフォントを「MS ゴシック」にする。
Range("A1").**Font.Size** = 14
セルA1のフォントサイズを14ポイントにする。
Range("A1").**Font.Bold** = True
セルA1に太字を設定する。
Range("A1").**Font.Italic** = True
セルA1に斜体を設定する。
Range("A1").**Font.Underline** = True
セルA1に下線を設定する。

> フォント名は、「ホーム」タブの「フォント」の一覧に表示されているとおりに指定する。例えば、「MS ゴシック」の場合、「MS」と「ゴシック」の間に半角スペースを入れる。

> 太字、斜体、下線を解除するには、「True」の代わりに「False」を設定する。

●テーマの色の設定

Range("A1").**Interior.ThemeColor** = 6
セルA1の塗りつぶしの色をテーマの色の6列目の色にする。
Range("A1").**Interior.TintAndShade** = -0.5
セルA1の塗りつぶしの明るさを「-0.5」にする。
Range("A1").**Font.ThemeColor** = 8
セルA1のフォントの色をテーマの色の8列目の色にする。
Range("A1").**Font.TintAndShade** = 0.8
セルA1のフォントの明るさを「0.8」にする。

> カラーパレットの「テーマの色」の設定値はP334を参照。

●塗りつぶしの色の解除

Range("A1").**Interior.ColorIndex** = xlNone
セルA1の塗りつぶしの色を「塗りつぶしなし」にする。

●テーマの色以外の色の設定

Range("A1").Interior.Color = 65535
セルA1の塗りつぶしの色を黄にする。
Range("A2").Font.Color = 255
セルA2のフォントの色を赤にする。

> Colorプロパティには、色を表す数値を指定する。約1677万色の色を表現できる。
> カラーパレットの「標準の色」の設定値は以下のとおり。
> 濃い赤…192　　　赤…255　　　オレンジ…49407　　黄…65535
> 薄い緑…5296274　緑…5287936　薄い青…15773696　青…12611584
> 濃い青…6299648　紫…10498160

●格子罫線の設定と罫線削除

Range("B2:D4").Borders.LineStyle = xlContinuous
セルB2～D4に格子罫線を設定する。
Range("B2:D4").Borders.Weight = xlMedium
セルB2～D4の罫線の太さを中太にする。
Range("B2:D4").Borders.LineStyle = xlNone
セルB2～D4の罫線を削除する。

「LineStyle」の設定値	
xlContinuous	実線
xlDash	破線
xlDot	点線
xlDouble	二重線
xlNone	線なし

「Weight」の設定値	
xlHairline	細線
xlThin	中細（標準の太さ）
xlMedium	中太
xlThick	太

> セルに罫線を設定するには、LineStyleプロパティに線の種類を設定するか、Weightプロパティに線の太さを設定する。同じセル範囲にLineStyleプロパティとWeightプロパティの両方を設定して、線の種類と太さを組み合わせることもできるが、設定できない組み合わせ（例えば太い二重線は不可）もあるので注意しよう。

●セル範囲の特定の位置の罫線設定

Range("B2").**Borders(xlDiagonalDown)**.LineStyle = xlContinuous
セルB2に右下がりの罫線を引く。
Range("B2:D4").**Borders(xlInsideHorizontal)**.Weight = xlHairline
セルB2～D4の範囲の内側に細線の横線を引く。

「Borders」の引数の設定値			
	xlEdgeTop		xlInsideHorizontal
	セル範囲の上端		セル範囲の内側の横線
	xlEdgeBottom		xlInsideVertical
	セル範囲の下端		セル範囲の内側の縦線
	xlEdgeLeft		xlDiagonalDown
	セル範囲の左端		セルの右下がりの罫線
	xlEdgeRight		xlDiagonalUp
	セル範囲の右端		セルの右上がりの罫線

> セル範囲の位置に応じて異なる罫線を引きたい場合は、「Borders(位置)」のように記述して位置を指定し、LineStyleプロパティかWeightプロパティを使用して罫線の種類を指定する。

●セル範囲の外枠罫線の設定

Range("B2:D4").**BorderAround** Weight:=xlThick
セルB2～D4の外枠に太枠を引く。
Range("B2:D4").**BorderAround** LineStyle:=xlDouble
セルB2～D4に外枠に二重線を引く。

> 「BorderAround」はメソッドで、「Weight」や「LineStyle」はその引数だ。引数を指定するときは、「引数＝設定値」ではなく「引数：＝設定値」というようにコロン「：」とイコール「＝」を使うことに注意しよう。設定値は、P363の表を参照。

●行高と列幅の設定

Rows("3:8").**RowHeight** = 36
行3～8の行高を「36」にする（単位は「ポイント」）。
Columns("B").**ColumnWidth** = 12
列Bの列幅を「12」にする（単位は標準フォントの半角の「0」の文字数）
Columns("C:E").**AutoFit**
列C～Eの列幅を自動調整する。
Range("A3:D8").**Columns.AutoFit**
セルA3～D8のデータに合わせて列幅を自動調整する。

●行と列の表示／非表示

Rows(3).**Hidden** = True
行3を非表示にする。

「True」の代わりに「False」を設定すると、再表示できる。「Rows(3)」の代わりに「Columns(3)」とすると列3（列C）を非表示にできる。

●行と列の挿入

Rows(2).**Insert**
行2に行を挿入する（既定で新しい行に上の行の書式が適用される）。
Rows(2).**Insert** CopyOrigin:=xlFormatFromRightOrBelow
行2に行を挿入して、新しい行に下の行と同じ書式を適用する。
Columns("B:C").**Insert**
列B～Cに列を挿入する（既定で新しい列に左の行の書式が適用される）。

●行と列の削除

Rows("2:3").**Delete**
行2～3を削除する。

「Columns("B").Delete」とすると、列Bを削除できる。

●セルの移動と貼り付け

Range("A1:C3").**Cut** Range("E1")
セルA1～C3をセルE1に移動する。
Range("A1:C3").**Cut** ActiveSheet.**Paste** Range("E1")
セルA1～C3を切り取る（セルがクリップボードに格納される）。 アクティブシートのセルE1にクリップボードのセルを貼り付ける。

> Cutメソッドでは、移動先を引数で指定できる。移動先を指定しなかった場合は、別途、Pasteメソッドを使用して貼り付けを実行する必要がある。

●セルのコピーと貼り付け

Range("A1:C3").**Copy** Range("E1")
セルA1～C3をセルE1にコピーする。
Range("A1:C3").**Copy** ActiveSheet.**Paste** Range("E1") ActiveSheet.**Paste** Range("E5")
セルA1～C3をコピーする（セルがクリップボードに格納される）。 アクティブシートのセルE1にクリップボードのセルを貼り付ける。 アクティブシートのセルE5にクリップボードのセルを貼り付ける。
Range("A1:C3").**Copy** Range("E1").**PasteSpecial** xlPasteValues Range("E5").**PasteSpecial** xlPasteFormats
セルA1～C3をコピーする（セルがクリップボードに格納される）。 セルE1にクリップボードのセルの値を貼り付ける。 セルE5にクリップボードのセルの書式を貼り付ける。
Application.CutCopyMode = False
コピーモードを解除する（コピー元のセルの周囲の点滅が消える）。

> Copyメソッドでは、移動先を引数で指定できる。移動先を指定しなかった場合は、別途、PasteメソッドやPasteSpecialメソッドを使用して貼り付けを実行する必要がある。コピーモードの間は何度でも貼り付けを実行できる。

●シートの選択、名前の変更

Sheets("Sheet2").**Select**
「Sheet2」シートを選択する。
ActiveSheet.**Name** = " 集計 "
アクティブシートの名前を「集計」にする。

●シートの追加

Sheets.Add After:=Sheets(Sheets.Count)
シートの末尾に新しいシートを追加する。

> Addメソッドでは、追加先を「Before:=追加先シート」または「After:=追加先シート」で指定する。追加先の指定を省略すると、アクティブシートの前に追加される。なお、追加後は、追加された新規シートがアクティブシートになる。

●シートの削除

Sheets(4).**Delete**
左から4番目のシートを削除する。

> Deleteメソッドを実行すると、通常、削除確認のメッセージが表示される。確認メッセージを表示せずに削除するには、「Application.DisplayAlerts」（P369参照）を使用する。

●シートの移動、コピー

Sheets(" 集計 ").**Move** Before:=Sheets(1)
「集計」シートを先頭のシートの前に移動する。
Sheets(" 集計 ").**Copy** After:=Sheets(" 集計 ")
「集計」シートを「集計」シートの後ろの位置にコピーする。

> Copyメソッドを実行すると、コピーされたシートがアクティブシートになるので、「ActiveSheet.Name="シート名"」と記述して名前を変更するとよい。

●メッセージの表示

> **MsgBox** " データを削除します。"
>
> ❶「データを削除します。」と書かれたメッセージ画面を表示する。
>
> 変数 ＝ **MsgBox**(" 削除してよいですか？ ", vbYesNo)
>
> ❷「削除してよいですか？」と書かれた、❸「はい」「いいえ」ボタンがあるメッセージ画面を表示し、クリックされたボタンに対応する数値を変数に代入する。表示するボタンの設定値とクリックされたボタンの数値は下表参照。

「はい」がクリックされた場合は、変数に「6」が代入される

「いいえ」がクリックされた場合は、変数に「7」が代入される

表示するボタンの設定値	
指定なし	「OK」のみ
vbOKCancel	「OK」「キャンセル」
vbYesNo	「はい」「いいえ」

クリックされたボタン	
「OK」ボタン	1
「キャンセル」ボタン	2
「はい」ボタン	6
「いいえ」ボタン	7

> **Column** 戻り値を受け取る場合は引数をカッコで囲む
>
> 関数やメソッドなどで引数を指定するときに、引数をカッコ「( )」で囲む場合と囲まない場合がある。単に関数やメソッドを実行するだけのときは、囲まずに「MsgBox "データを削除します。"」のように記述する。実行結果の戻り値を受け取る場合（戻り値を変数に代入する場合など）は、「回答 ＝ MsgBox("削除してよいですか？ ", vbYesNo)」のように引数をカッコで囲む。

●入力画面の表示

> 変数 = **InputBox**("氏名を入力してください。")

❶「氏名を入力してください。」と書かれた入力画面を表示し、❷入力された文字を変数に代入する。「キャンセル」ボタンがクリックされた場合は、変数に空の文字列「""」が代入される。

ここに入力した文字が変数に代入される

●印刷

> ActiveSheet.**PrintPreview**

アクティブシートの印刷プレビューを表示する。

> Sheets("集計").**PrintOut**

「集計」シートを印刷する。

●システムの制御

> **Application.ScreenUpdating** = False

「Application.ScreenUpdating」に「False」を設定すると、画面の更新が一時的に止まる。マクロの中でシートを切り替えたり、大量のデータを入力したりするときに画面がちらつくが、ちらつく処理の前に「False」を設定しておくと画面の変化がないまま処理が行われる。ちらつく処理の後に「True」を設定し直すと、画面が一気に更新される。

> **Application.DisplayAlerts** = False

「Application.DisplayAlerts」に「False」を設定すると、確認メッセージが表示されないようになる。シートの削除など、確認メッセージが表示される処理の前に「False」を設定しておくと、確認メッセージが表示されないので、ユーザーの意思確認をせずに強制的に処理を実行できる。目的の処理の後に「True」を設定し直すと、確認メッセージが表示される状態に戻る。

付録2
関数索引

A

=AND(論理式1 [, 論理式2] …) P130

「論理式」がすべて成立する場合に成立、それ以外は不成立とする。

=ASC(文字列) P116

「文字列」中の全角文字を半角文字に変換する。

=AVERAGE(数値1 [, 数値2] …) P54

指定した「数値」の平均を求める。

=AVERAGEA(数値1 [, 数値2] …) P55

指定した「数値」の平均を求める。文字列は「0」と見なされる。

=AVERAGEIF(条件範囲, 条件 [, 平均範囲]) P56

条件に合うデータの平均を求める。

=AVERAGEIFS(平均範囲, 条件範囲1, 条件1 [, 条件範囲2, 条件2] , …) P57

複数の条件に合うデータの平均を求める。

C

=CEILING(数値, 基準値) P92

「数値」を「基準値」の倍数のうち、もっとも近い値に切り上げる。

=CHAR(数値) P126

引数に文字コード（JISコード）を指定して、対応する文字に変換する。

=CHOOSE(インデックス, 値1 [, 値2] …) P139

「インデックス」の数値に対応する「値」を取り出す。

=CORREL(配列1, 配列2) P282

「配列1」と「配列2」の相関係数を求める。

=COUNT(値1 [, 値2] …) P60

指定した「値」に含まれる数値の数を求める。

| =COUNTA(値1 [,値2] …) | P61 |

指定した「値」に含まれるデータの数を求める。未入力のセルはカウントされない。

| =COUNTBLANK(セル範囲) | P62 |

指定した「セル範囲」に含まれる空白のセルをカウントする。

| =COUNTIF(条件範囲,条件) | P63 |

「条件範囲」の中から条件に合うデータの数を求める。

| =COUNTIFS(条件範囲1,条件1 [,条件範囲2,条件2] ,…) | P64 |

「条件範囲」の中から複数の条件に合うデータの数を求める。

D

| =DATE(年,月,日) | P101 |

引数に「年」「月」「日」の数値を指定して、日付データを作成する。

| =DATEDIF(開始日,終了日,単位) | P114 |

「開始日」から「終了日」までの間隔を、指定した「単位」で求める。

| =DAVERAGE(データベース,フィールド,条件範囲) | P83 |

データベースの中から条件に合うデータの平均を求める。

| =DAY(日付) | P100 |

「日付」から「日」の数値を取り出す。

| =DCOUNT(データベース,フィールド,条件範囲) | P83 |

データベースの中から条件に合う数値の数を求める。

| =DCOUNTA(データベース,フィールド,条件範囲) | P83 |

データベースの中から条件に合うデータの数を求める。

| =DMAX(データベース,フィールド,条件範囲) | P83 |

データベースの中から条件に合うデータの最大値を求める。

| =DMIN(データベース,フィールド,条件範囲) | P83 |

データベースの中から条件に合うデータの最小値を求める。

付録2 関数索引

| | =DSUM(データベース , フィールド , 条件範囲) | P81 |

データベースの中から条件に合うデータの合計を求める。

E =EOMONTH(開始日 , 月) P102

「開始日」から「月」数前後の月末日を求める。

F =FIND(検索文字列 , 対象 [, 開始位置]) P121

「対象」の中に「検索文字列」が「開始位置」から数えて何文字目にあるかを求める。

=FLOOR(数値 , 基準値) P92

「数値」を「基準値」の倍数のうち、もっとも近い値に切り捨てる。

=FORECAST(X, 既知の Y, 既知の X) P281

「既知のY」と「既知のX」をもとに指定した「X」に対する「Y」の値を求める。

=FREQUENCY(データ配列 , 区間配列) P201

「データ配列」の中から、「区間配列」ごとのデータ数を求める。

I =IF(論理式 , 真の場合 , 偽の場合) P128

「論理式」が成り立つかどうかで表示する値を切り替える。

=IFERROR(値 , エラーの場合の値) P134

引数「値」に指定した式がエラーになる場合に、「エラーの場合の値」を表示する。

=INDEX(範囲 , 行番号 [, 列番号]) P141

「範囲」の上から「行番号」目、左から「列番号」目の位置にあるデータを取り出す。

=INDIRECT(参照文字列) P142

「参照文字列」を実際のセル参照に変換する。

=INT(数値) P90

指定した「数値」を、「数値」以下のもっとも近い整数に切り捨てる。

	=INTERCEPT(既知のY, 既知のX)	P280
	「既知のY」と「既知のX」をもとに回帰式の切片を求める。	
J	=JIS(文字列)	P116
	「文字列」中の半角文字を全角文字に変換する。	
L	=LARGE(範囲, 順位)	P70
	「範囲」の数値から、大きいほうから数えて「順位」番目にあたる数値を求める。	
	=LEFT(文字列 [, 文字数])	P118
	「文字列」の先頭から「文字数」分の文字列を取り出す。	
	=LINEST(既知のY [, 既知のX] [, 定数] [, 補正])	P285
	「既知のY」と「既知のX」をもとに回帰式の情報を求める。	
	=LOWER(文字列)	P117
	「文字列」中の英字を小文字に変換する。	
M	=MATCH(検査値, 検査範囲 [, 照合の型])	P140
	「検査値」が「検査範囲」の何番目にあるかを調べる。	
	=MAX(数値1 [, 数値2] …)	P66
	指定した「数値」の最大値を求める。	
	=MEDIAN(数値1 [, 数値2] …)	P79
	数値データの中央値を求める。	
	=MID(文字列, 開始位置, 文字数)	P118
	「文字列」の「開始位置」から「文字数」分の文字列を取り出す。	
	=MIN(数値1 [, 数値2] …)	P66
	指定した「数値」の最小値を求める。	
	=MOD(数値, 除数)	P86
	「数値」を「除数」で割ったときの余りを求める。	

付録2 関数索引

	=MONTH(日付)	P100

「日付」から「月」の数値を取り出す。

=MROUND(数値, 基準値) P93

「数値」を「基準値」の倍数のうち、もっとも近い値に切り上げ、または切り捨てる。

N **=NETWORKDAYS(開始日, 終了日 [, 祭日])** P108

土日祝日を除いた営業日数を求める。

=NETWORKDAYS.INTL(開始日, 終了日 [, 週末] [, 祭日]) P109

指定した定休日と祝日を除いた営業日数を求める。(2007:非対応)

=NOW() P99

コンピューターの内部時計を元に、現在の日付と時刻を表示する。

O **=OR(論理式1 [, 論理式2] …)** P131

「論理式」のうち少なくとも1つが成立する場合に成立、それ以外は不成立とする。

P **=PHONETIC(参照)** P115

引数「参照」で指定したセルに記憶されているふりがなを取り出す。

=PMT(利率, 返済回数, 借入額) P96

一定の利率で定期的に定額の返済をする、元利均等方式のローンの定期返済額を求める。

=POWER(数値, 指数) P87

「数値」の「指数」乗を求める。

=PROPER(文字列) P117

「文字列」中の英字の単語ごとに先頭文字を大文字、2文字目以降を小文字に変換する。

=PV(利率, 返済回数, 定期支払額) P97

一定の利率で定期的に定額の返済をする、元利均等方式のローンの借入額を求める。

| Q | =QUOTIENT(数値,除数) | P86 |

「数値」を「除数」で割ったときの商の整数部分を求める。

| R | =RANK.EQ(数値,参照[,順序]) | P68 |

順位を求める。(2007:RANK関数)

=RIGHT(文字列[,文字数]) — P118

「文字列」の末尾から「文字数」分の文字列を取り出す。

=ROUND(数値,桁数) — P88

指定した「数値」を指定した「桁数」に四捨五入する。

=ROUNDUP(数値,桁数) — P89

指定した「数値」を指定した「桁数」に切り上げる。

=ROUNDDOWN(数値,桁数) — P89

指定した「数値」を指定した「桁数」に切り捨てる。

=RSQ(既知のY,既知のX) — P282

「既知のY」と「既知のX」をもとに決定係数を求める。

| S | =SLOPE(既知のY,既知のX) | P280 |

「既知のY」と「既知のX」をもとに回帰式の傾きを求める。

=SMALL(範囲,順位) — P71

「範囲」の数値から、小さいほうから数えて「順位」番目にあたる数値を求める。

=SQRT(数値) — P87

「数値」の正の平方根を求める。

=STDEV.P(数値1,[,数値2]…) — P76

引数に母集団の数値を指定して、標準偏差を求める。(2007:STDEVP関数)

=STDEV.S(数値 1, [, 数値 2] …)　P77

引数に標本の数値を指定して、母集団の標準偏差を推定する。
(2007：STDEV関数)

=SUBSTITUTE(文字列, 検索文字列, 置換文字列 [, 置換対象])　P119

「文字列」中の「検索文字列」を「置換文字列」で置換する。

=SUBTOTAL(集計方法, 範囲 1 [, 範囲 2] …)　P51

「範囲」の数値を、指定した「集計方法」で集計する。

=SUM(数値 1 [, 数値 2] …)　P40

指定した「数値」の合計を求める。

=SUMIF(条件範囲, 条件 [, 合計範囲])　P43

条件に合うデータを合計する。

=SUMIFS(合計範囲, 条件範囲 1, 条件 1 [, 条件範囲 2, 条件 2], …)　P47

複数の条件に合うデータを合計する。

T　=TEXT(値 [, 表示形式])　P111

指定した「値」を指定した「表示形式」の文字列に変換する。

=TODAY()　P99

コンピューターの内部時計を元に、現在の日付を表示する。

=TREND(既知の Y [, 既知の X] [, 新しい X] [, 定数])　P286

「既知のY」と「既知のX」をもとに「新しいX」に対する「Y」の値を求める。

=TRIM(文字列)　P125

「文字列」から全角／半角のスペースを削除する。

=TRIMMEAN(配列, 割合)　P59

上下から一定の割合を除いて、「配列」の数値の平均を求める。

U	=**UPPER**(文字列)	P117
	「文字列」中の英字を大文字に変換する。	
V	=**VAR.P**(数値1, [, 数値2] …)	P74
	引数に母集団の数値を指定して、分散を求める。(2007：VARP関数)	
	=**VAR.S**(数値1, [, 数値2] …)	P75
	引数に標本の数値を指定して、母集団の分散を推定する。(2007：VAR関数)	
	=**VLOOKUP**(検索値, 範囲, 列番号 [, 検索の型])	P132
	「範囲」の1列目から「検索値」を探し、「列番号」列目にあるデータを引き出す。	
W	=**WEEKDAY**(日付 [, 種類])	P110
	指定した「日付」の曜日番号を求める。	
	=**WORKDAY**(開始日, 日数 [, 祭日])	P104
	土日祝日を除いた営業日を求める。	
	=**WORKDAY.INTL**(開始日, 日数 [, 週末] [, 祭日])	P105
	指定した定休日と祝日を除いた営業日を求める。(2007：非対応)	
Y	=**YEAR**(日付)	P100
	「日付」から「年」の数値を取り出す。	

付録2 関数索引

索　引

関数

AND	130
ASC	116
AVERAGE	54, 78
AVERAGEA	55
AVERAGEIF	56, 58
AVERAGEIFS	57
CEILING	92, 94
CHAR	126
CHOOSE	139
CLEAN	126
COLUMNS	61
CORREL	282
COUNT	60
COUNTA	61
COUNTBLANK	62
COUNTIF	63
COUNTIFS	64
DATE	101
DATEDIF	114
DAVERAGE	82-84
DAY	100, 105
DCOUNT	83
DCOUNTA	83
DMAX	83
DMIN	83
DSUM	80
EOMONTH	102-103, 105
FIND	120-121
FLOOR	92, 94
FORECAST	281
FREQUENCY	200-201
IF	105, 122-123, 128-131
IFERROR	134-136
INDEX	72-73, 140-141
INDIRECT	142
INT	90
INTERCEPT	280-281
JIS	116
LARGE	70, 72
LEFT	118, 120, 122
LEN	120-121
LINEST	285, 287
LOWER	117
MATCH	72-73, 140-141
MAX	66-67
MEDIAN	79
MID	118, 120-122
MIN	66-67
MOD	86
MONTH	53, 100
MROUND	93
NETWORKDAYS	108
NETWORKDAYS.INTL	109
NOW	99
OR	131
PHONETIC	115
PMT	96
POWER	87
PROPER	117
PV	97
QUOTIENT	86
RANK	68
RANK.EQ	68-69, 72
RIGHT	118
ROUND	88
ROUNDDOWN	89-91
ROUNDUP	89, 91
ROWS	61
RSQ	282
SLOPE	280-281
SMALL	71, 72
SQRT	87
STDEV	77
STDEV.P	76, 78
STDEV.S	77
STDEVP	76

SUBSTITUTE	119, 122-126
SUBTOTAL	50-52, 65
SUM	40-42, 112, 216-217
SUMIF	43-46, 53
SUMIFS	47-49
TEXT	111
TODAY	99, 114
TREND	286
TRIM	125
TRIMMEAN	59
UPPER	117
VAR	75
VAR.P	74
VAR.S	75
VARP	74
VLOOKUP	132-136, 138
WEEKDAY	110
WORKDAY	104-105
WORKDAY.INTL	106
YEAR	100

マクロキーワード

ActiveCell	336
Add	367
Application	366, 369
AutoFilter	348
AutoFilterMode	349
AutoFit	365
Bold	362
BorderAround	364
Borders	354, 363-364
Clear	360
ClearContents	360
ClearFormats	360
Color	334, 363
ColorIndex	362
Columns	336
ColumnWidth	365
Copy	359, 366, 367
Count	336, 358
CurrentRegion	337, 358
Cut	366
CutCopyMode	366
Delete	365, 367
Dim	325
DisplayAlerts	369
Font	335, 362-363
For	332
Formula	352, 360
Hidden	365
HorizontalAlignment	361
If	328
InputBox	322, 369
Insert	351, 365
Interior	334, 362-363
Italic	362
LineStyle	354
MergeArea	361
MergeCells	361
Move	367
MsgBox	315, 368
Name	362, 367
NumberFormatLocal	360
Offset	337
Orientation	361
PasetaSpecial	366
Paste	366
PrintOut	369
PrintPreview	369
Range	320
Resize	337
RowHeight	365
Rows	336, 358
ScreenUpdating	369
Select	360, 367
Selection	336
Set	326
SetPhonetic	340
Sheets	320, 367
Size	362
Sort	345
StrConv	343
Sub	310
ThemeColor	334, 362
TintAndShade	334, 362
Underline	362
Value	351, 360

vbOKCancel	368
vbYesNo	368
VerticalAlignment	361
Weight	363
With	338
WrapText	361
xlContinuous	354, 363-364
xlDot	354
xlInsideHorizontal	354, 364
xlNone	362-363

マクロ構文

色の設定	362-363
印刷	369
オートフィルター	348
折り返し	361
行／列操作	365
行数と列数	336
行の挿入	351
クリア	360
繰り返し処理	332
罫線	354, 363-364
シート操作	367
システム制御	369
条件分岐	328
セル結合	361
セルの移動	366
セルのコピー	359, 366
セルの指定	336
セルの選択	360
並べ替え	345
入力（値）	351
入力（数式）	352
入力画面の表示	369
塗りつぶしの色	334
引数の指定方法	346, 368
表示形式	360
表の行数	358
フォントの色	335
ふりがな	340
変数	324
方向	361
メッセージ画面の表示	368

記号・数字・英字

「開発」タブ	294
3-D集計	216
ABC分析	210
CSVファイル	176
VBA	293
VBE	308
Zチャート	196

あ

アイコンセット	181
値のコピー	123, 149
エラーインジケーター	37
エラー値	36
円グラフ	192-193
演算子	22
オートSUM	40
オートフィルター	52, 65, 160-161
集計	52, 65
オブジェクト	320

か

回帰式	209, 280-282
回帰分析	280-290
カウント	60-65
カラースケール	180
関数	22-142
検索／行列関数	132-142
互換性	38
財務関数	96-97
数学／三角関数	86-95
データベース関数	80-84
統計関数	54-79
入力	24-25
引数	23
日付／時刻関数	98-114
文字列操作関数	115-126
文字種の変換	343
文字書式	362
文字配置	361

論理関数	128-131
切り上げ	89
切り捨て	89
近似曲線	208
勤務時間	112
串刺し集計	216
グラフ	182-214
グラフ要素	184
作成	182
数値軸	188
グラフの種類	186-187
Zチャート	196
円グラフ	192-193
散布図	206
パレート図	211
ヒストグラム	200
ピボットグラフ	270
棒グラフ	189-191
レーダーチャート	194-195
グラフ要素	184
繰り返し処理	332
クロス集計表	227
検索	145
検索/行列関数	132-142
合計	40-53
構造化参照	32
ゴールシーク	274
コピー（数式）	26-30
値のコピー	123, 149
書式なしコピー	27
コンパイルエラー	318

さ

最小値	66-67
最大値	66-67
財務関数	96-97
散布図	206
四捨五入	88
実行時エラー	319
重回帰分析	284
順位	68-73
小計	220
条件付き書式	178-181

条件分岐	328
消費税	91
書式なしコピー	27
シリアル値	98
数学/三角関数	86-95
スライサー	170, 254-255
スライス分析	252
セキュリティの警告	301
絶対参照	29
セル参照	28-35
絶対参照	29
相対参照	28
テーブル	32
名前	33
複合参照	30
ほかのシート	31
相関	209
相関係数	283
相対参照	28
損益分岐点	274

た

ダイス分析	232
タイムライン	256
単回帰分析	280
置換	146
中央値	79
抽出	160-168
重複データ	150-151
データ型	325
データバー	181
データベース	144
データベース関数	80-84
テーブル	169-172
テキストファイル	173
統計関数	54-79
統合	218
度数分布表	200
ドリルアップ分析	259
ドリルスルー分析	260
ドリルダウン分析	258

な

名前	33
削除	35
参照範囲の変更	34
名前付き引数	346
並べ替え	152-159
年齢	114

は

配列数式	46, 201
端数処理	88-95
ばらつき	74-79
パレート図	211
比較演算子	44
引数	23
ヒストグラム	200
日付／時刻関数	99-114
ピボットグラフ	270
ピボットテーブル	222-272
階層集計	236
グループ化	238-247
更新	230
作成	225
集計方法の変更	261
数値のグループ化	242
抽出	250-260
並べ替え	246-249
日付のグループ化	238, 243
表示形式	228
比率の計算	264-267
フィールドの削除	233
フィールドの配置	226
フィールドの変更	232
累計の計算	268
標準偏差	76-77
標準モジュール	315
削除	317
挿入	314
開く	308
表引き	132-142
フィルターオプションの設定	166-168
複合参照	30
ふりがな	115
編集	153
プロパティ	321
分散	74-75
分析ツール	288
平均	54-59
偏差値	78
変数	324
オブジェクト変数	326
代入	326
棒グラフ	189-191

ま

マクロ	292-319
エラー	318-319
構成	310
実行	302-307, 317
マクロの記録	296-297
マクロのセキュリティ	295
マクロ有効ブック	300
開く	301
保存	300
メソッド	321
文字列操作関数	116-126

や

ユーザー設定リスト	156, 158-159, 248-249
曜日	110-111
予測シート	276

ら - わ

累計	42
レーダーチャート	194-195
ローンの計算	96
論理関数	128-131
論理式	128
ワイルドカード	45

著者紹介

きたみあきこ
東京都生まれ、神奈川県在住。テクニカルライター。お茶の水女子大学理学部化学科卒。大学在学中に分子構造の解析を通してプログラミングと出会う。プログラマー、パソコンインストラクターを経て、現在はコンピューター関係の雑誌や書籍の執筆を中心に活動中。

仕事の成果がみるみる上がる！
ひとつ上のエクセル大全

2017年2月5日　第1刷

著　者	きたみあきこ
発行者	小澤源太郎
責任編集	株式会社プライム涌光
	電話　編集部　03(3203)2850
発行所	株式会社青春出版社

東京都新宿区若松町12番1号☎162-0056
振替番号　00190-7-98602
電話　営業部　03(3207)1916

印刷・大日本印刷　　製本・ナショナル製本

万一、落丁、乱丁がありました節は、お取りかえします
ISBN978-4-413-11201-7 C0034
©Akiko Kitami 2017 Printed in Japan

本書の内容の一部あるいは全部を無断で複写(コピー)することは
著作権法上認められている場合を除き、禁じられています。

できる大人の大全シリーズ

図解 考える 話す 読む 書く
しごとのきほん大全

知的生活追跡班［編］

ISBN978-4-413-11180-5

なぜか人はダマされる
心理のタブー大全

おもしろ心理学会［編］

ISBN978-4-413-11181-2

誰もがその顛末を話したくなる
日本史のネタ全書

歴史の謎研究会［編］

ISBN978-4-413-11185-0

誰も教えてくれなかった
お金持ち100人の秘密の習慣大全

㊙情報取材班［編］

ISBN978-4-413-11188-1